现代公民法律实用丛书

U0878013

MODERN CIVIL LAW 常用法律常识速查速用 百姓身边的法律服务

（应用版）

公民法律基础知识

徐运全／主编

增强法律观念·提高维权意识

内蒙古人民出版社

图书在版编目(CIP)数据

公民法律基础知识/王朝晖编著. -呼和浩特:内蒙古人民出版社,2016.7

(现代公民法律实用丛书/徐运全主编)

ISBN 978-7-204-14208-8

Ⅰ.①公… Ⅱ.①王… Ⅲ.①法律-基本知识-中国 Ⅳ.①D920.5

中国版本图书馆CIP数据核字(2016)第184337号

现代公民法律实用丛书·公民法律基础知识

主　　编	徐运全
编　　著	王朝晖
责任编辑	王　曼
责任校对	李好静
责任监印	王丽燕
封面设计	宋双成
出版发行	内蒙古人民出版社
地　　址	呼和浩特市新城区中山东路8号波士名人国际B座
网　　址	http://www.nmgrmcbs.com
印　　刷	北京龙跃印务有限公司
开　　本	710mm×1000mm　1/16
印　　张	17.5
字　　数	300千
版　　次	2016年9月第1版
印　　次	2016年9月第1次印刷
印　　数	1—7000册
书　　号	ISBN 978-7-204-14208-8/D·293
定　　价	35.00元

目　录
CONTENTS

第一篇　法学基本知识

法的概念

如何界定法的概念，在法学发展史上，哲学家与法学家的争论，从国家和法律产生之时就已经开始，延续了几千年，至今仍无统一的解释。

中文的“法”字古体写作“灋”。根据东汉文字学家许慎所著《说文解字》一书的解释：“灋，刑也，平之如水，从水；廌，所以触不直者去之，从去。”“灋”之所以偏旁为“水”，是因为法律如水那样公平；而之所以有“廌”，因为“廌”是传说中古代的一种独角兽，生性正直，古代用它进行“神明裁判”，廌见到不公平的人，会用角去顶，因此也就有了“去”。许慎的解释有三层含义：第一，法与刑通用，含有刑戮、罚罪的意义，还有规范、模范的意思；第二，法者平之如水，含有“公平”的意义；第三，含有“明断曲直”的意义。

中国历代对法的称谓不一，有法、律、令、典、敕、格、式、科、比、例等十余种。中国最早把“法”“律”连用的记载见于《管子·七臣七主篇》“法律政令者，吏民规矩绳墨也。”到了清代末期民国初期，由于受日本法的影响，“法”逐渐由“法律”一词代替。

西方历史上法的名称源于拉丁文 jus，这是具有哲理意义的多意概念，有“法”“权力”“正义”“公平”等意义。英语国家，法的名称统一为“law”，但在具体场合要通过单复数或者冠词的变化来表达“法”的一般意义和特殊意义。

法理学、法学研究的法的概念是指“国法”（国家的法律），而与哲学意义、宗教意义上的“法”是不同的。“国法”的外延包括：国家立法机关制定的法（成文法）；法官或法院在判决中创制的法（判例法）；国家通过一定方式认可的习惯法（不成文法）；其他执行国法职能的法。

我国现在对于法的概念一般从广义和狭义两方面理解。广义的法指法的整体，即国家制定或认可并以国家强制力保证实施的行为规范的总和。它包括全国人民代表大会及其常委会制定的法律，国务院制定的行政法规，各地方国家机关制定的地方性法规等。狭义的法仅指全国人民代表大会及其常委会制定的法律。

由于我国属于制定法（成文法）国家，故我们主要研究的是立法机关制定的成文法。鉴于本课程是面对非法学专业学生，因而只介绍成文法基础原理、基础知识，而对于判例法、习惯法等方面的理论则不予涉及。

法的产生

关于法的产生，中外法学理论有各种不同的看法，形成了许多种学说。历史唯物主义认为，法不是从来就有的，而是人类社会发展到一定历史阶段的产物。法是随着私有制、阶级和国家的出现而产生的。法的产生经历了一个长期演进的过程。

原始社会作为人类历史发展中的第一个社会形态，那时的社会生产力水平极端低下，生产工具十分简陋。人类以采集和渔猎为生，而且单个人的能力不足以独立应付自然和外族的压力，人们只有依靠集体的力量才能得以生存和发展。因此，人们共同劳动，生产资料共有，劳动产品平均分配。在人类漫长的原始社会条件下，没有私有制，没有阶级，也没有剥削，彼此之间处于一种原始的平等互助关系，称为原始公有制。那时也没有代表复杂社会组织和制度形态的国家和法律。但并不意味着它是一个无秩序的社会，原始社会有着与其生产方式相适应的社会调控机制。它的社会组织是以血缘关系为纽带形成的“氏族”，后来，逐渐由氏族组成了部落和部落联盟。原始社会无政府、无法律而有规范。在原始社会，人们也有共同遵守的行为规范，如习惯、道德和宗教。靠这些规范维系秩序，保障和促进氏族的生存与发展。

随着人类智慧的进步，生产工具的不断改进，劳动生产率逐渐提高，生产力有了较大的发展，出现了剩余产品，使原始社会后期发生了三次较大规模的社会分工。社会大分工大大地促进了社会生产力的发展，使剩余产品丰富，人类出于本能的占有剩余产品成为可能。于是，私有制出现并逐渐取代了原始社会公有制，形成了一个新兴的阶级——奴隶主阶级。他们为了维护自己的利益，镇压敌对阶级的反抗，设立官吏、警察、军队、监狱等暴力机关，由此形成了国家。随着氏族社会向国家演变，维系氏族社会的习惯、道德、宗教等也逐渐向法演变。当国家建立和形成，法也最终建立和形成，取代了原始习惯。

从这个过程可以看出，法的产生不是偶然的，它的产生有着深刻的根源。

——生产力的发展、私有制和商品经济的产生，是法产生的经济根源；

——氏族分化，阶级产生是法产生的阶级根源；

——社会的发展、社会矛盾的复杂化是法产生的社会根源。

法的发展

最初形成的法是习惯法，它大多数是从原始习惯演变而来。因此，可以说，习惯是法的主要历史渊源。习惯到习惯法的过渡，其间要经过国家的认可，国家按照现实需要对原始习惯进行选择，在经过国家有选择的认可之后，习惯就演变为习惯法。后来，随着社会经济、政治和文化的发展，国家机构的完善，立法经验的积累，成文法才逐渐发展起来。最早的成文法，大多是习惯法的记载和汇编，后来才出现由国家依照一定的立法程序制定，以条文形式颁布实行的严格意义上的成文法。因此，法的形成经历了一个从习惯到习惯法，再到成文法的漫长历史发展过程。

人类历史上已知最早的成文法典是《乌尔纳姆法典》。乌尔是个古已有之的城邦国家，一个名叫乌尔纳姆的人在公元前 2110 年建立了乌尔第三王朝。通过多次战争，乌尔纳姆消灭了各个恢复的城邦，建立了如同阿卡德王国那样的集权制大国，自称是“苏美尔阿卡德之王”，是他编制了这部法典。

中国历史上第一部成文法典《法经》，是战国时期魏国李悝在周威烈王十九年（公元前 407 年）完成的。

法的历史类型是按照法所赖以存在的经济基础及其所体现的阶级意志的不同而对法进行分类的，法的历史类型与国家的历史类型和社会形态相适应，人类迄今为止经历了四种不历史类型的法，即奴隶制法、封建制法、资本主义法和社会主义法。

1. 奴隶制法

奴隶制法是人类历史上最早出现的法，也是最早的私有制类型的法，它随着私有制、阶级和国家的出现而出现，是在氏族制度的基础上建立起来的奴隶制社会上层建筑的组成部分。奴隶制社会的阶级结构主要是奴隶主与奴隶两个根本对立的阶级，奴隶主阶级剥削、统治奴隶阶级。奴隶制法的本质和特征是由奴隶制社会的经济基础所决定的。奴隶制社会的经济基础就是奴隶主阶级占有全部生产资料，并完全占有奴隶。因此，奴隶制法是奴隶主阶级意志和利益的体现，其目的在于维护有利于奴隶主阶级的社会关系和社会秩序。

2. 封建制法

封建制法是继奴隶制法之后出现的又一种私有制类型的法。封建制法存在的历史较长，在法的历史发展进程中有着重要的地位和影响，封建制法赖以建立和存在的经济基础是地主占有土地和部分占有农民或农奴，依靠封建土地所有制和经济剥削迫使农民依附于封建地主阶级。地主阶级是统治阶级，因此，封建制法是地主阶级意志和利益的体现，是由封建国家制定或认可，并以国家强制力保证其实施的行为规范，是维护和巩固地主阶级压迫和剥削农民的工具。

3. 资本主义法

在欧洲封建社会中后期，随着资本主义生产关系的出现，带有资本主义因素的法开始出现了。资本主义法是通过资产阶级革命推翻封建统治建立起来的，人类历史上最后一种私有制类型的法。英国是资本主义法建立最早的国家，资本主义法是建立在资本主义经济基础之上并为之服务的上层建筑，它是资产阶级意志和利益的体现。在资本主义生产关系的作用下，形成了社会的两大对立阶级，即资产阶级和无产阶级，资产阶级是有产者、剥削者，无产阶级是无产者、被剥削者，两者之间的矛盾尖锐而不可调和。资本主义的这种生产关系和阶级关系，决定了资本主义法必然是为维护资本主义私有制和剥削制度，维护资产阶级对无产阶级的统治服务的。

4. 社会主义法

无论是奴隶制法、封建制法，还是资本主义法，都是建立在生产资料私有制经济基础之上的，体现剥削阶级意志、剥削阶级类型的法。而社会主义法则是建立在生产资料公有制经济基础上，维护和反映无产阶级和广大人民意志和利益的法，是人类历史上新型的，也是最高类的法，它们之间存在根本的区别。关于社会主义法的本质和特征将在本篇中介绍。

法的本质

法的本质，是相对于法的现象而言的，它是指法的内部联系，是法区别于其他事物的根本属性。法作为一种社会现象，人们可以通过感觉而认识它的存在。法的本质则是潜藏于法的背后的精神、物质因素，或它们的相互联系之中。因此，法的本质不是靠人们的直接观感就能把握的，而是靠抽象的思维，做深入的分析，透过法的现象，深入法的内部联系，方能揭示法的本质。历史上的许多思想家、法学家曾对法的本质做过认真的研究，对法的本质提出了各种各样的学说，诸如神意说、理性说、意志说、主权命令说、民族精神说，等等。但是这些思想家、法学家都没有能够揭示出法的本质。随着马克思主义的诞生，马克思主义法学第一次科学地揭示了法的本质。

1. 法的阶级性

法是一种意志的体现，但究竟是谁的意志的体现，对此思想家、法学家们众说不一，有的说法是神的意志，有的说法是社会公共意志，还有的说是主权者的意志。马克思主义产生后，马克思主义法学对法体现谁的意志的问题，做了科学的分析和论断。马克思、恩格斯在《共产党宣言》中揭露资产阶级法的本质时指出："你们的法不过是被奉为法律的你们这个阶级的意志"。列宁在《国家与革命》中也指出："法律就是取得胜利，掌握政权的阶级的意志的表现，"这两段话都说明了法是统治阶级意志的体现，法具有阶级性，而且法的阶级性是法的根本属性。统治阶级意志本身不是法，只有"被奉为法律"才是法，也就是通过国家机关把统治阶级意志以国家意志形式表现出来才是法。

法所体现的是统治阶级的意志，它不可能体现被统治阶级的意志。自从人类进入阶级社会以来，人与人之间的基本关系是阶级关系。各个阶级由于经济地位不同，由此而决定政治地位也不同，因而各阶级的意志存在着很大差异。"一个阶级是社会上占统治地位的物质力量，同时也是社会上占统治地位的精神力量，支配着物质生产资料的阶级，同时也支配着精神生产的资料，因此，那些没有精神生产资料的人的思想，一般的是受统治阶级支配的。"其他处于被统治地位的阶级，由于不掌握国家政权，它的阶级意志就不能通过国家"奉为法律"，因此，在阶级对立社会，法体现的是统治阶级意志，而不是被统治阶级的意志。

法所体现的统治阶级意志是统治阶级的共同意志，具有整体性。它不是个别统治者的任性，也不是统治者个人意志的简单相加。法只反映统治阶级的整体意志和根本利益，而不体现统治阶级成员的个别意志和个别利益。法体现的统治阶级意志具有整体性，是基于统治阶级内部各阶层、各集团、各个成员有着共同的物质生活条件。这就从根本上决定了共同意志和根本利益的存在。为了维护本阶级赖以生存的物质生活条件，实现共同意志和根本利益，统治阶级不仅迫使被统治阶级遵从法律，而且也要求统治阶级内部各阶层、各集团和每个成员都必须遵守法律。对统治阶级内部成员的违法犯罪行为也要追究法律责任，给予法律制裁。统治阶级制裁内部成员所舍弃的是个别场合的个别利益，保护的则是本阶级在一般场合下的整体意志和根本利益，法体现的统治阶级意志具有整体性。这就要求统治阶级内部的任何组织和个人都不能违背本阶级的共同意志和根本利益，而提出一些特殊的要求，尤其是统治阶级的代表人物、执政党在处理各种利益关系时，绝对不可背离本阶级的共同意志和根本利益，一意孤行。否则将会损害和动摇本阶级的政治统治。

在阶级对立的社会中，法体现的是统治阶级的意志，但同时反映被统治阶级和统治阶级间者的某些要求和利益。这种现象在古往今来的立法中是屡见不鲜的。在剥削阶级国家，统治阶级往往在法律内规定一些有利于劳动人民的条款，以图缓和阶级矛盾，巩固阶级统治地位。如美国宪法 1787 年生效至今，又先后制定 26 条修正案。依其内容而论，大体可分为两类：一类是对美国政治制度某些环节的修改，如对国会立法权的限定，对总统任期的限制；另一类则是一些有利于劳动者的条款，它反映了被统治阶级的某些愿望和要求。如公民生命财产安全的保护性规定，男女平等权利的规定，审理案件禁施酷刑和禁止过重罚金的规定等。这在一定程度上反映了阶级力量对比关系的重大变化，它是工人阶级和其他劳动者同资产阶级斗争所取得的成果。但是，某些反映被统治阶级一定利益要求的法律条款，在国家的全部法律中只具有局部意义，并不能影响或改变该国法律的阶级性质。

2. 法的社会性

法是统治阶级意志的体现，是维护阶级统治的工具，具有鲜明的阶级性。同时，法本身也具有社会性。法的社会性主要表现为法对人类社会基本生活条件的维护。如法对社会治安、交通秩序、环境保护、生态平衡等方面的维护，法对社会生产和商品交换秩序的维护，法对教育、科学及文化事业发展的推动与维护，法对公民人身权利、财产权利的保护等。总之，法对社会的稳定与发展、社会的有序运行具有重要作用。法的阶级性和社会性是同时共存的。不能说哪些法律只有阶级性而无社会性，也不能说哪些法律只有社会性而无阶级性。对执行社会公共事务职能的法律也不能断言只有社会性，不具有阶级性。这样的法律和其他法律一样，都是一国法律体系的重要组成部分。它们共同地、有组织地、有系统地表现着国家权力，为维护统治阶级对生产资料的占有，为建立和巩固有利于统治阶级的经济秩序和政治统治服务。

恩格斯曾对此做过精深的论述，他说："政治统治到处都是以执行某种社会职能为基础，而且政治统治只有在它执行了它的这种社会职能时才能持续下去。"法的阶级性和社会性虽然是同时共存于法律之中，但对法这种特殊行为规范来说，二者也有主次之分，法的阶级性是法的本质属性。而社会性则不属于法的本质属性。因为法是由统治阶级通过国家制定或认可的以国家意志形式表现出来的统治阶级意志，法一旦失去了阶级性，也就不是法了。社会性在法的各种属性中虽然不占主导地位，不是本质属性，但它是法作为社会规范所固有的性质。法不仅是统治阶级实行阶级统治的需要，而且也是人类社会生存与发展的需要。如社会需要有序发展，需要维护人们共同的生活条件，需要社会的公正与廉洁等。法的社会性正是对人类社会生存需要的适应与满足。

3．法的物质制约性

什么是法的物质制约性？法的物质制约性指法是由一定社会物质生活条件所决定的。这里所说的"物质生活条件"是指与人类生存条件相关的物质资料的生产方式、地理环境、人口的增长及其密度等诸多方面，其中主要是统治阶级建立政治统治所赖以生存的经济基础。法的物质制约性同法的阶级性相比较，则是更深层次的本质属性。它是法产生、存在的客观基础。法的性质与内容，法的产生、变更和消亡，无一不是由经济基础起着最终决定性作用。根据马克思主义关于上层建筑与经济基础的学说，法作为上层建筑的组成部分，我们既不能从法的本身得到理解，也不能从法的意志性中得到说明。从根本上说，法是为一定经济基础所决定的，有什么样的经济基础，就会有什么样的法。例如，奴隶主阶级不可能背离奴隶制经济基础，而制定出封建制法。封建地主阶级也完全不可能背离封建制经济基础而制定出资产阶级法。一定的历史类型法总是建立在一定经济基础之上，与一定经济基础相适应。由此可见，对法起决定性作用的不是统治阶级意志，更不是国家意志，而是统治阶级赖以生存的经济基础。任何统治阶级都不可能离开自己赖以生存的经济基础，随心所欲地去制定法律，因为统治阶级意志、国家意志也都是为经济基础所决定的。马克思曾经指出："只有毫无历史知识的人才不知道，君主们在任何时候，都不得不服从经济条件，并且从来不能向经济条件发号施令，无论是政治的立法或市民的立法，都是表明和记载经济关系的要求而已。"

虽然法是为经济基础所决定，法的内容反映了经济关系的要求，但这种反映并不是直接的、机械的反映，它是以统治阶级意志为中介，通过人的能动作用而实现的。从总体上说，法必然反映经济关系的要求，但这并不意味着法在任何时候都不会偏离经济关系的轨道。法对经济关系反映的程度，反映的好与坏，都与统治阶级对一定经济关系的认识相联系。如果统治者对此缺乏认识，甚至与一定的经济关系的要求相违背，那么就会使所立之法偏离经济关系的轨道。但我们也应看到，背离一定经济关系要求的法，必然使统治者受到惩罚，而且必将最终回到经济关系的轨道上来，这是一条不以人的意志为转移的客观法则。

法在由经济基础决定的同时，还受到上层建筑中其他因素的影响。如道德、文化、历史传统、风俗习惯、宗教信仰等诸多因素，也对法律的制定和发展有着不同程度的影响。

法不仅决定于经济基础，而且也反作用于经济基础。这种反作用表现为两种情况：一种是沿着经济基础的发展方向，积极地保护和促进一定的经济关系和经济秩序的形成和巩固，从而促进经济基础的发展；第二种是沿着经济基础发展的相反方向，限制、削弱和摧毁一定的经济关系和经济秩序，从而阻碍或破坏经济基础的发展。

最终，虽然决定法的社会物质生活条件和法体现的统治阶级意志都是法的本质属性，但社会物质生活条件是决定法、决定统治阶级意志的终极因素。因此，我们可以说，社会物质生活条件是法的更深层次的终极属性，而法的阶级性相对来说是浅层次的本质属性。

法的特征

法的特征是指法与其他相近的社会现象（道德、宗教、政策等）相比较的过程中显示出来的特殊象征和标志。法的特征概括起来有以下五方面：

1．法是调整人们的行为或社会关系的规范，具有规范性

人们生活中，有各种各样的规范，如语言规范、技术规范、社会规范、思维规范等。法所调整的是人们之间的相互关系（社会关系）或交互行为，适用于所有的人们。法所具有的规定人们的行为模式、指导人们行为的性质就是法的规范性。法所规定的行为模式有三种：（1）可为模式，人们可以怎样行为；（2）勿为模式，人们不得怎样行为；（3）应为模式，人们应当或必须怎样行为。

法的规范性在区别不同法律文件的效力时具有很重要的意义。法的表现

形式往往是规范性法律文件，具有普遍的效力。而非规范性文件如公证书、结婚证书、判决书等虽然也是一定机关发布的，但其内容不是规定一般行为模式和标准，仅对特定的当事人有效，没有普遍的效力。

2. 法是国家制定或认可的，体现了国家对人们行为的评价，具有国家意志性

国家的存在是法存在的前提，没有国家，就谈不上国家意志，也不可能有体现这种意志的法。所谓法的制定，就是国家立法机关按照法定程序创制规范性文件的活动。所谓法的认可就是国家通过一定的方式承认其他社会规范具有法律效力的活动。包括明示认可和默示认可。在国家制定和认可法的过程中，自然要体现国家的意志。同时，法也是实现国家意志的重要手段。

3. 法是由国家强制力为最后保证手段的规范体系，具有国家强制性

一切社会规范都具有强制性，都有其保证实施的社会力量。所谓强制性，就是指各种社会规范所具有的，借助一定的社会力量强迫人们遵守的性质。法不同于其他社会规范，它具有特殊的强制性，即国家强制性。法的国家强制性就是指法依靠国家强制力保证实施、强迫人们遵守的性质。法本身只有国家强制性，而不具有国家强制力。国家强制力是指国家的暴力，即由军队、警察、法庭、监狱等构成的国家权力体系。

法为什么要由国家强制力保证实施？一是因为法不能始终为人们自愿地遵守，需要靠国家强制力强迫遵守；二是法不能自动实施需要国家专门机关予以实施。

4. 法在国家权力管辖范围内普遍有效，具有普遍性

法的普遍性又称为“法的普遍适用性”“法的概括性”，是指法作为一般的行为规范在国家权力管辖范围内具有普遍适用的效力和特性。包含两方面的内容：其一，法的效力对象的广泛性，在一国范围内任何人的行为都无一例外地受法的约束；其二，法的效力的重复性，法对人们的行为有重复适用的效力。

法的效力不是绝对和无限的，要受国家权力管辖范围的限制，要受法所调整的社会关系或者人们的行为范围的限制。

5. 法是有严格的程序规定的规范，具有程序性

法是强调程序、规定程序、实行程序的规范。程序是社会制度化的最重要的基石。在一个现代社会，如果要实现有节度的自由、有组织的民主、有保障的人权、有制约的权威，就必须使其法律有正当的程序。法治发展的程度，事实上取决于一个国家法律制度程序化的程度及对法律程序的遵守和服

从的状态。一个没有程序或不严格遵守程序和服从程序的国家，就不会是一个法治国家。

法的作用

法的作用是指法对人们的行为和社会生活的影响和实效。它是法影响社会、影响人的行为的体现，是国家权力运行和国家意志实现的具体表现。根据法对人的行为和社会关系两方面的作用，法的作用分为法的规范作用和法的社会作用。

1. 法的规范作用

（1）评价作用。法对人们行为的评价作用是指法作为人们的行为规范，具有判断、衡量人们行为合法或违法的作用。比如，一个人对他人行为的合法性进行评价，律师对当事人行为的有效性进行评价等，这些评价都是基于法律规范的存在及其对人的行为的判断。所以法的评价作用是用法的规范性、普遍性、统一性、强制性的标准来评判人们的行为，而且评判的重点在于行为人的外部行为，行为的实际后果以及行为人的责任。

（2）指引作用。法是为一般人的行为提供一个模式、标准和方向，将人们的行为导向合法的轨道。法作为肯定的、明确的、普遍的具有国家权威性的规范，目的在于对人们的思想和行为发生影响，并侧重于对人们的行为加以保障或限制。法的这种指引功能，通过权利、义务的界定，组成三种不同的行为模式：一是可以选择的授权性指引，允许人们自行决定这样行为，从而保护和鼓励人们从事法律所允许的行为；二是不可选择的义务性指引，这是法律确定人们必须这样行为或禁止这样行为的义务；三是职权性指引，这种指引的特殊性在于：其适用主体是国家机关和公务人员，其目的是直接维护国家和社会利益，因而这种职权既不能放弃也不能转让，否则就是渎职行为。

（3）强制作用。法是由国家强制力保证实施的，具有国家强制性。正是由于法具有强制性的特点，才表现出对人们行为的强制作用。表现为对人的法律权利的强制保护和对人的法律义务的强制约束，这种强制作用可以通过对人的行为制裁、惩罚和预防的方式实现。

（4）预测作用。有法的事先存在，人们便可以预见自己或者他人的行为将会带来何种法律后果。这表明在一定情况下，人们可依据法律事先估计到在正常情况下如何行为，国家对某种行为是什么态度，根据这种预测可以对自己的行为做出合理的安排。

（5）教育作用。法的教育作用是指法作为特殊的行为规范，在国家强制力的保证下，对人们今后行为的直接或间接的影响作用。有三种方式可以实现这种教育作用：一是通过法制宣传，使人们知法、懂法，发挥法律的教育作用；二是运用法律对违法犯罪行为予以惩罚和制裁，使违法者和其他社会成员受到教育；三是通过奖励先进、表彰合法和守法行为发挥教育作用。

2. 法的社会作用

法的社会作用是指法在调整社会关系中对社会产生的影响，是通过法的规范作用而产生的。法的社会作用是多方面的，是法的多种功能整合起来共同影响社会生活的多个方面的表现。

（1）法的政治作用。首先，法确认国家制度，国家是社会中占统治地位的阶级的政治组织。因此，国家制度支配着整个国家的政治生活。为了保证国家制度的稳定和社会政治生活的稳定。各国都是把国家制度规定在最重要的法律——宪法中，使之成为最具权威性、最具不可变动性的部分。各国一般都在法中强调国家制度神圣不可侵犯，对于侵犯者都给予严厉的制裁。因此说，法是国家制度存在与发展的保障，法通过对国家制度的确认和保护实现对社会政治的调控。

其次，法组织国家机构，调整国家权力机关、行政机关、司法机关的相互关系，调整中央与地方之间的关系，保障国家机构的正常运行，保证社会有秩序的发展。

（2）法的经济作用。法根源于经济又反作用于经济，成为服务与调整经济关系的重要手段之一，法调整经济关系的作用主要表现于以下三方面。一是通过立法和修法废除旧的生产关系确认人的生产关系，从而创立、确认和维护有利于维护国家政权阶级的经济基础；二是通过行政民事立法、经济立法和经济司法以及经济仲裁等活动来组织和调整社会经济、文化生活；三是立法者从本阶级利益出发，认识并利用客观规律来制定法律法规，促进生产发展，体现法律反映社会经济发展规律，发展生产力。

（3）法的社会公共事务作用。法的社会公共事务作用是指在具有全社会已有的公共事务中发生的影响。比如，法在公共卫生管理、环境保护、公共安全管理、自然资源的合理开发利用等方面发挥作用。法的社会公共事务的作用表现，一是通过制定和调整社会公共事业的法律规范，来规范人们的行为，使人们生活在有利于人类生存、身心健康的社会环境中；二是运用技术法律法规，保证社会公共事业朝着符合自然规律、有利于人类发展的方向发展，尽最大可能地减少社会和人民的利益损失。

强调法的重要作用的同时，也要看到法的作用是有局限的。法只是众多社会调整方法之一，它不可能涵盖整个社会，法的作用是有限的，有些社会领域如思想、信仰等就无法用法来调整。要正确认识法的作用，纠正法律无用论和法律万能论两个极端的错误观点。

法的渊源

1. 法的渊源的概念和发展

法的渊源是指法的效力根源，即由不同国家机关制定或认可，因而具有不同法律地位的各种法律类别。

在古代中国的历史上：法律最早是从习惯法发展为成文法的。据史书记载，最早的成文法是铸在铁鼎上的，即公元前536年郑国子产《铸刑书》。成文法的出现也表明法从秘密法向公开法转变。战国时期魏国执政李悝，在各诸侯国法律的基础上制定了中国历史上第一部比较完整的法典，即《法经》。自清末沈家本修订法律以来，中国在法的渊源方面也以民法法系为模式，逐步建立了包括宪法、法律、行政法规等制定法为主的形式。

在外国，法的渊源最早也是从习惯法发展为成文法的。公元前18世纪古巴比伦王国的《汉谟拉比法典》是世界上迄今为止完整保存的最早的成文法。古代印度最早的法典之一《摩奴法典》以及中世纪伊斯兰教经典《古兰经》都是兼具宗教、道德和法律三种规范的法典。在古代西方，罗马法最为发达，法的渊源也较多样化。最早的罗马成文法是公元前5世纪制定的《十二铜表法》，因铸在青铜上而得名。据史书记载，这一成文法的出现是当时平民与贵族斗争的结果，从而使法律由秘密法转向公开法。自18—19世纪开始，宪法在西方国家的法的渊源中迅速取得主导地位，议会立法也大量增加。在民法法系国家，制定法（包括宪法、法律、行政法规、条约等）成为主要渊源，主要法律通称为法典。判例、习惯、学说等仅在特定意义上，即虽无约束力但却具有说服力，意义上被认为是法的渊源。在普通法法系国家，判例法和制定法被认为是法的渊源的两种主要形式。

2. 当代中国法的渊源

中国现行法的渊源是以宪法为核心的各种制定法。根据1982年宪法和有关组织法的规定。当代中国法的渊源是以宪法为核心的各种制定法为主的形式。宪法是国家的根本法，在法的渊源中居于核心地位。制定法，又称成文法，指国家机关依据法定职权和程序制定的各种规范性文件。当代中国采用以宪法为核心的各种制定法为主的形式，表明当代中国法的渊源不仅不同于中世纪以习惯法为主的形式，也不同于现在以判例法为重要形式的普通法法系国家。

当代中国有各种不同层次或范畴的制定法，其中主要有：宪法、法律、行政法规、地方性法规、民族自治地方的自治条例和单行条例、特别行政区的规范性文件、经济特区的规范性文件以及有关国际条约和惯例。以上各种制定法分属于不同层次或不同范畴，国际条约和惯例本属于国际法范畴，但其中有的在国内同样具有约束力，从这一意义上说，也是我国法的渊源之一。其他制定法属于国内法范畴，国内制定法又分属不同层次，它们的法律效力与地位是不同的，宪法的效力和地位是最高的，中央级的法律法规高于地方性法规，法律高于行政法规，等等。它们形成一个不同层次的金字塔式结构。

（1）宪法

在当代中国的全部法律中，宪法的法律地位和效力是最高的。现行《宪法》规定："本宪法以法律的形式确认了中国各族人民奋斗的成果，规定了国家的根本制度和根本任务，是国家的根本法，具有最高的法律效力。"也就是说，宪法所规定的内容、宪法的制定和修改程序以及宪法的效力，都不同于其他法律法规。宪法规定了当代中国的根本的社会、经济和政治制度，公民的基本权利和义务，各主要国家机关的组成和职权、职责等，涉及社会生活各个领域的最根本、最重要的方面，而一般法律如民法等只规定社会或国家生活中的一个方面的问题。宪法是由我国最高权力机关——全国人民代表大会制定和修改的。宪法的地位决定了其制定和修改的程序极其严格，不同于一般法律。宪法的修改必须由全国人民代表大会常务委员会或1/5以上的全国人民代表大会代表提议，并由全国人民代表大会以全体代表的2/3以上多数通过。宪法具有最高的法律效力，一切法律、行政法规和地方性法规都不得同宪法相抵触。在中国，全国人民代表大会监督宪法的实施，全国人民代表大会常务委员会解释并监督宪法的实施，对违反宪法的行为予以追究。中国现行《宪法》是1982年由第五届全国人民代表大会第五次会议通过的，迄今已有31条修正案，第1，2条修正案是1988年4月12日通过的，第3—11条是1993年3月29日通过的，第12—17条修正案是1999年3月15日通过的，第18—31条是2004年3月14日通过的。

（2）法律

法律有广义、狭义两种含义。广义上讲，法律泛指一切规范性文件；狭义上讲，仅指全国人民代表大会及其常委会制定的规范性文件。我们这里仅用狭义，在当代中国法的渊源中，法律的地位和效力仅次于宪法。法律由于制定机关的不同可分为两类：一类为基本法律，即由全国人民代表大会制定和修改的刑事、民事、国家机构和其他的基本法律，如刑法、刑事诉讼法、合同法等；另一类为基本法律以外的其他法律，即由全国人民代表大会常务委员会制定和修改的规范性文件，如义务教育法、护照法、文物保护法、商标法等。在全国人民代表大会闭会期间，全国人民代表大会常务委员会有权对全国人民代表大会制定的基本法律进行部分修改和补充，但不得与该法律的基本原则相抵触。全国人民代表大会及其常委会所作出的决议或决定，如果其内容属于规范性的规定，而不是一般宣言或委任令之类的文件，也应视为狭义的法律。

（3）行政法规和部门规章

在当代中国，行政法规专指作为国家最高行政机关即国务院根据宪法和法律，在其职权范围内制定的规范性文件，其地位仅次于宪法和法律。国务院所发布的决定和命令，凡属于规范性的，也属于法的渊源之列。国务院所属部委在各自权限内所发布的规范性命令、指示和规定也属于法的渊源，称为部门规章。但其地位和效力低于行政法规，国务院有权改变或撤销各部委发布的不适当的决定、指示和规章。国务院与中共中央联合发布的决议或指示，既是党的政策也是国家的行政法规。

（4）地方性法规和地方政府规章

根据宪法和1986年修改后的地方各级人民代表大会和地方各级人民政府组织法的规定，省、自治区、直辖市以及省级人民政府所在地的市和经国务院批准的较大的市的人民代表大会及其常委会有权制定地方性法规，这是我国地方国家机关所制定的主要的规范性文件，在国家的法的渊源中也占有重要地位。除地方性法规外，地方各级权力机关及其常委会、执行机关所发布的规范性决定、命令、决议，凡属规范者，在其管辖范围内，也都属于法的渊源之列。地方性法规和地方其他规范性文件不得与宪法、法律和行政法规相抵触，否则无效。

（5）民族自治地方的自治条例和单行条例

民族区域自治是我国的一项基本政治制度，各少数民族聚居的地方实行区域自治，设立自治机关，行使自治权。各民族自治地方都是中华人民共和国不可分离的部分。根据《宪法》和《民族区域自治法》，民族自治地方的自治机关除行使《宪法》第三章第五节规定的地方国家机关的职权外，同时依照《宪法》和有关法律行使自治权。民族自治地方的人民代表大会有权根据当地特点，制定自治条例和单行条例，但应报上级人民代表大会常委会，批准之后生效，自治条例是一个综合性法规，内容比较广泛。单行条例是有关某一方面事务的规范性文件，一般采用“条例”“变通规定”等名称。这种自治条例和单行条例也是我国法的渊源之一。

（6）特别行政区的法律

《宪法》第三十一条规定：“国家在必要时得设立特别行政区，在特别行政区内实行的制度按照具体情况由全国人民代表大会以法律规定。”这是“一个国家两种制度”的构想在宪法中的体现。特别行政区实行不同于全国其他地区的经济、政治、法律制度，即在若干年内保持原有的资本主义制度和生活方式，因而在立法权限和法律形式上也有特殊性。特别行政区的法律法规在当代中国法的渊源中成为单独的一类。迄今为止，全国人民代表大会于1990年和1993年先后通过了《中华人民共和国香港特别行政区基本法》和《中华人民共和国澳门特别行政区基本法》。根据特别行政区基本法的规定，特别行政区依法享有高度的自治权，除外交、国防事务属中央人民政府管理外，特别行政区享有行政管理权、立法权、独立的司法权和终审权，现行的法律基本不变，现行的社会、经济制度和生活方式不变。上述基本政策50年不变。

（7）经济特区的规范性文件

经济特区在我国是指实行改革开放政策以来，为发展对外经济贸易，特别是利用外资、引进先进技术而实行某些特殊政策的地区。1981年全国人民代表大会常委会曾授权广东省、福建省人民代表大会及其常委会制定所属经济特区的各项单行经济法规的决议。1988年全国人民代表大会授权海南省人民代表大会及其常委会制定在海南经济特区实施的法规。1989年全国人民代表大会还通过了《关于国务院提请审议授权深圳经济特区法规和规章的议案的决定》，授权全国人民代表大会常委会在深圳市依法选举产生市人民代表大会及其常委会后，对国务院的上述议案进行审议，做出相应决定。有关经济特区的法规、规章，由于是由全国人民代表大会或全国人民代表大会常委会授权制定的，其法律地位已不同于一般法规和规章，因而可单列为法的渊源之一。

(8) 国际条约

这里讲的国际条约是指我国同外国缔结的双边和多边条约、协定和其他具体条约、协定性质的文件。国际条约是国际法的主要渊源，不属于我国国内法范畴。但就其通过法定程序具有与国内法同样约束力来说，也属于我国国内法渊源之一，在我国国内法中，还规定了国际条约和国际惯例的法律效力，如《中华人民共和国民法通则》（以下简称《民法通则》）第一四二条规定："中华人民共和国缔结或者参加的国际条约同中华人民共和国的民事法律有不同规定的，适用国际条约的规定，但中华人民共和国声明保留的条款除外。中华人民共和国法律和中华人民共和国缔结或者参加的国际条约没有规定的，可以适用国际惯例。"第一五〇条还规定："依照本章规定适用外国法律或者国际惯例的，不得违背中华人民共和国的社会公共利益。"

在当代中国，还存在着同正式的法的渊源相区别的非正式的法的渊源。这些非正式的法的渊源主要包括习惯、判例、政策等。这些非正式的法的渊源不具有正式的法的渊源的形式和效力，但在特定条件下可作为一种法的辅助渊源。

法的分类

1. 法的分类的概念

法的分类，是指从不同的角度，按照不同的标准，将法律规范分为若干不同的种类，法的分类是对人类社会存在过的和现实中仍存在的法律从技术的角度进行类别划分。主要有下列几种：

(1) 国内法和国际法

这种分类的标准，是考虑到法的创制和适用主体的不同。国内法是指由特定国家创制并适用于本国主权所及范围内的法律，国内法律关系的主体一般是个人或组织，国家仅在特定法律关系中成为主体，如国有财产的所有权人。国际法是由参与国际关系的国家通过协议制定或公认的，并适用于国家之间的法律。国际法律关系的主体主要是国家。

(2) 根本法和普通法

这种分类的标准，是考虑到法律效力、内容和制定程序的不同。一般地说，这种分类主要适用于成文宪法制国家。根本法即宪法，它在一个国家中享有最高的法律地位和最高的法律效力。宪法的内容、制定主体、程序及修改程序都不同于普通法，而是有比较严格的程序要求。普通法指宪法以外的法律，其法律地位和法律效力低于宪法，其制定主体和制定程序不同于宪法，其内容一般涉及调整某类社会关系，如民法、刑法等。有人把根本法称之为“母法”，把普通法称之为“子法”。

（3）一般法和特别法

这种分类的标准是适用的范围不同。一般法是指针对一般人、一般事、一般时间在全国普遍适用的法。特别法是指针对特定人、特定事、特定地区、特定时间有效的法律。以人而论，民法是适用于一般人的法，教师法是适用于特定部分人（教师）的法；以事而论，民法适用于一般民事法律行为和事件，收养法则针对收养这一特殊的民事法律行为和事件；以地区而论，民法是适用于全国的法律，特别行政区和经济特区的法只适用于特别行政区和经济特区；以时间而论，戒严法仅在戒严期间生效，其他法律则在修改和废止以前一直有效。

（4）实体法和程序法

这种分类的标准，是考虑到法律规定内容的不同。实体法一般是指规定主要权利和义务（或职权和职责）的法律，如民法、刑法等。程序法一般是指保证权利和义务得以实施的程序的法律，如民事诉讼法、刑事诉讼法。司法活动既要符合规定审判内容的实体法，又要遵循规定审判程序的程序法。不能忽视或轻视其中任何一个。

（5）公法和私法

这是民法法系的一种法的分类。关于公、私法的划分标准，法学界一直没有统一的认识，古罗马法学家将公法界定为有关国家利益的法律，而将私法界定为有关个人利益的法律。现代法学一般则认为，凡涉及公共权利、公共关系、公共利益和上下服从关系、管理关系、强制关系的法，即为公法；凡属个人利益、个人权利、自由选择、平权关系的法即为私法。

法　系

法系是根据法的历史传统对法所作的分类，凡属于同一历史传统的法就构成一个法系，因此法系是某些国家和地区的法的总称。

西方法学家通常认为，当代世界主要法系有三个：民法法系、普通法法系和以苏联和东欧国家的法律为代表的社会主义法系。对资本主义影响最大的是民法法系和普通法法系。

1. 民法法系

民法法系，又称大陆法系、罗马法系、法典法系、罗马—德意志法系，是以罗马法为基础而发展起来的法律的总称。它首先产生于欧洲大陆，以民法为典型，以法典化的成文法为主要形式，故有以上几种名称。民法法系包括两个支系，即法国法系和德国法系。法国法系是1804年以《法国民法典》为蓝本建立起来的，它以强调个人权力为主导思想，反映了自由资本主义时期社会经济的特点。德国法系以1896年《德国民法典》为基础建立起来的，强调社会利益，是垄断资本主义时期法的典型。属于民法法系的国家和地区除了法国、德国外，还包括意大利、西班牙、荷兰、日本、埃及、阿尔及利亚、埃塞俄比亚等，中美洲的一些国家和国民党统治时期的旧中国也属于这一法系。

2. 普通法法系

普通法法系，又称英美法系、英国法系、海洋法系，是以英国自中世纪以来的法律，特别是以它的普通法为基础而发展起来的法律的总称。中世纪的英国法是在罗马法之外独立发展起来的。普通法法系首先导源于11世纪诺曼人入侵英国后所逐步形成的以判例形式出现的普通法。正像民法法系包括有两个分支一样，普通法法系也有两个分支，即英国法系和美国法系。二者的主要差别是：美国法有联邦法、州法之分，英国法是单一制国家的法律；美国法实行成文宪法，特别是联邦宪法占有最高地位，英国法实行不成文宪法制；美国法院，特别是最高法院拥有审理一般法律是否违宪的权力，英国法院没有审查议会所制定的法律的权力。

普通法法系的范围广，除英国（不包括苏格兰）、美国外，主要是英国殖民地的许多国家和地区、附属国，如印度、巴基斯坦、新加坡、缅甸、加拿大、澳大利亚、马来西亚、新西兰以及非洲的个别国家和地区。

3. 民法法系与普通法法系的特点

（1）法的渊源不同

在民法法系国家，正式的法的渊源只是指制定法，即宪法、法律行政法规等，法院的判例、法理等，没有正式的法的效力。在普通法法系国家，制定法和判例法都是正式的法的渊源，遵循先例是普通法法系的一个重要原则，承认法官有创制法的职能。

（2）法典编纂的不同

民法法系国家一般采用法典形式，而普通法法系国家通常不采用法典形式，制定法往往是单行法律法规，即使后来普通法法系国家逐步采用法典形式，也主要是判例法的规范化。

（3）在适用法律的技术方面不同

在民法法系，法官审理案件，除了案件事实外，首先考虑制定法如何规定，然后按照有关规定来判决案件。在普通法法系，首先要考虑以前类似案件的判例，将本案的事实与以前的案件事实加以比较，然后从以前判例中概括出可以适用于本案的法律规则。在英美法学中，这种方法就称为判例法方法论。

（4）法的分类不同

民法法系国家法的基本分类是公法和私法，私法主要指民法和商法，公法主要指宪法、行政法和刑法，程序法一般也被认为属于公法。进入20世纪后，又出现了社会法、经济法、劳动法等有公、私法两种成分的法。普通法法系国家无公、私法之分，法的基本分类是普通法和衡平法。普通法是在普通法院判决基础上形成的全国适用的法律，衡平法是由大法官在法院的审理案件的判例形成的。

（5）诉讼程序不同

民法法系的诉讼程序以法官为中心，具有纠问程序的特点。奉行干涉主义。普通法法系采用抗辩制，实行当事人主义，法官一般充当消极的、中立的裁定者的角色。

此外，法律术语在概念上也有许多差别。需要指出的是，两大法系之间的差别是相对的，进入20世纪后，这两种法系已相互靠拢，它们之间的差别已逐渐缩小，但某些历史上形成的不同传统还将长期存在。

法的要素

法的要素是指相互联系和作用的构成规范性文件的因素。简单说，法的要素就是指规范性文件的构成要素。法的要素分为规则、原则、术语三种基本成分。这三种要素中，规则在数量上占绝大多数，原则处于统帅地位，规则和术语都要符合原则的基本精神。

1. 法律规则

（1）概念

法律规则是对一定的事实状态（事件和行为）赋予明确的法律意义，并确定具体法律后果的准则。也就是说，通过法律规定某种行为和事件，使其不再是事实上的行为和事件而是成为法律上的行为或事件，而且法律还要明确规定该行为或事件产生的后果。例如，一个自然人死亡这一事实状态，如果赋予其法律意义，它就不再只是一种事实，而是能够引起有关权利、义务发生变化的法律上的事实，也就意味着由此导致的一系列行为或事件在法律设定的范围内变化而不再是一种自然的演变，其结果也是由法律锁定而不是恣意的结果。由此可见，法律规则具有明确性或确定性，无论是其规定的事实状态还是后果，这是它与原则和概念的重要区别。

（2）法律规则的逻辑结构

法律规则的逻辑结构是指法律规则在逻辑意义上是由哪些因素或部分组成的以及各部分之间的关系。法律规则是由假定、行为模式、法律后果三要素组成的。

①假定

假定又称假定条件，是指法律规则适用的条件，是法律规则结构的逻辑要素之一，法律规则的适用条件，对任何法律规则都具有相对独立和普遍存在的意义。它所要解决的是行为的时间和场合，行为的确定主体、范围和对象问题。也就是说，只有在特定范围和情况下，法律规则对人的行为才具有约束力。例如《中华人民共和国婚姻法》（以下简称《婚姻法》）规定：有负担能力的祖父母、外祖父母，对父母已经死亡的未成年的孙子女、外孙子女有抚养义务。这一规定的假定条件是：（a）祖父母、外祖父母有负担能力；（b）孙子女、外孙子女是未成年人；（c）他们的父母都已死亡。缺乏任何一个条件，都不能适用此规定。

这里我们必须指出的是在立法实践中，因为法律规则的文字表达力求简明扼要，许多法条表述法律规则内容时，把假定条件予以省略。但是省略并不意味着不存在，我们往往可以从法律的内在逻辑中推导出来。例如，我国《婚姻法》规定，夫妻双方有相互继承遗产的权利。这一规定的假定条件没有表述出来。但是，为了正确地适用此规定，必须清楚它的假定条件。其假定条件是：夫妻双方的任何一方死亡，并留有合法的个人财产。我们是从继承遗产推导出来的。因为我国《继承法》规定：继承从被继承人死亡时开始，遗产是公民死亡时遗留的个人合法财产。

②行为模式

行为模式是法律规则中规定人们如何具体行为的方式或范式，是法律规则中的核心部分。它是从人们大量的实际行为中抽象、概括出来的。虽然法律规则中的行为模式纷繁复杂，但是按照它们本身的性质，大体上可以分为“可为模式”“必为模式”“勿为模式”三种类型。在法律文件中常常使用以下词语作为表达方式：“可为模式”一般是：“有权、享有……权利，可以……”；“必为模式”一般是“必须、应当、有……义务”；“勿为模式”一般表述为“不准、不得、禁止”等。立法实践中，在表述法律规则的内容时，行为模式是不可省略的，因为行为模式是法律规则的最基本的组成要素。

③法律后果

法律后果也是法律规则的组成要素之一，是法律规则对人们行为的态度。是人们遵守或违反法律规则中规定的行为模式所产生的后果。如果法律规则中缺少法律后果，法律就不能发挥其激励功能和惩罚功能，从而失去了法律的严肃性和权威性。因此，在立法实践中，表述法律规则的内容时，法律后果在原则上是不允许省略的，尤其是其中的制裁性规定更是不可省略的。根据法律规则对人们行为的态度，法律后果可以分为肯定性法律后果和否定性法律后果。肯定性法律后果是法律规则确认人们行为的合法性和有效性，并加以保护、赞许或奖励；否定性法律后果是法律规则否定人们行为的合法性和有效性，并加以撤销或制裁。

综上所述，法律规则在逻辑意义上是由假定、行为模式、法律后果组成的，三者缺一不可；缺少任何一个要素，法律规则都是不能存在的。但是，法律规则的构成要素在法律条文中的表现形式是多种多样的。一个法律规则的构成要素可以在一个条文中得到表述，也可在不同的条文中表述，甚至可以在不同的规范性文件中表述。同时，一个条文可以表述不同法律规则的不同要素。因此，应当把法律规则与法律条文区别开来。

（3）法律规则的种类

我们可以根据不同的标准，对法律规则进行不同的分类。

根据法律规则调整行为的方式不同，可以分为授权性规则和义务性规则。授权性规则是规定人们可以为或不为一定行为或者要求他人为或不为一定行为的规则，是法律授予人们一定的权利，使其享有一定的行为自由。例如《民法通则》规定：公民对自己的发现享有发现权，发现人有权申请领取发现证书、奖金或其他奖励。义务性规则是规定人们必须做出某种行为或者不得做出某种行为的规则，主要为人们设定义务。义务性规则可以分为两种类型：一种是命令性规则，如婚姻法规定现役军人的配偶要求离婚，须得军人同意。另一种是禁止性规则如宪法规定禁止任何组织或者个人用任何手段侵占或破坏国家和集体的财产。

依照法律规则内容的确定性程度的不同，可以分为确定性规则、委任性规则和准用性规则。确定性规则是指明确规定了行为规则的内容，无须再援用其他法律规则来确定本规则的内容，绝大多数的法律规则属于确定性规则。委任性规则是指没有明确规定行为规则的内容，而委托某一机关或某一机构加以具体规定的法律规则。准用性规则是指没有具体规定某一行为规则的内容，而是规定可以参照或援用其他法律规则的规定来加以明确的法律规则。

根据规则对行为的作用不同，可以分为控制性规则和构成性规则。控制性规则是控制行为的，它所涉及的行为在逻辑上先于或独立于规则之外，无论控制性规则是否存在，人们可以从事此类行为，例如，有关言论自由的规则，这一规则的前提是每个公民都能自由发表自己的意见。不管控制言论的规则是什么，规则只不过划定了言论的范围和界限。构成性规则与控制性规则相反，它们所涉及的行为在逻辑上有赖于这些规则。也就是说，构成性规则先于它所涉及的行为，没有这些规则就不可能有这些行为或活动的存在，例如，确认律师资格和授予律师权利的规则，都属于构成性规则。如果没有这些规则的存在，就不可能有律师的活动。

有关法律规则的分类还有很多，例如，依照权利、义务的刚性程度可以分为强行性规则和任意性规则；按照同个别调整的联系分为绝对确定的规则和相对确定的规则等等。

2. 法律原则

（1）法律原则的含义

法律原则是指能够作为规则的来源或基础的综合性、稳定性的原理或准则。法律原则不预先确定具体的事实状态，没有设定具体的权利和义务，也没有规定明确的法律后果。它只为人们的行为设定了标准、划定了范围。法律原则体现的是一种衡平性规定。法律原则根源于社会的政治、经济、文化现实之中，是法律基本价值的承担者，它反映了立法的目的，体现了法律的本质，反映一个社会的根本价值和社会发展趋势。对这些价值的不尊重或破坏将危害该社会存在的根基，人们的行为或活动都必须符合法律原则。所以，法律原则是强行性规定。

（2）法律原则的种类——公理性原则和政策性原则

公理性原则。所谓公理是指人们在长期的生产、生活实践中形成的，并得到反复验证，无须加以证明的命题。公理性原则也就是得到社会广泛承认并被奉为法律之准则的公理。在一般情况下。公理性原则不分地域、人种，也不存在姓“资”姓“社”的问题，在世界各国通用。如民法中反映商品经济规律的“平等自愿”“等价有偿”原则，在所有实行商品经济的国家都是人们在民事活动中必须遵循的基本原则。

政策性原则。它是国家或政府为了实现一定时期内的任务或目标，制定的指导政治、经济、文化等领域内的活动的基本方针。政策性原则不同于公理性原则在于它是根据一个国家一定时期内的政治、经济、文化的具体状况而制定的具有针对性的基本行动准则。

（3）基本原则和具体原则

法律的基本原则体现了法律的基本精神和根本价值，反映了法律的本质，调整的社会领域比较宽广。法律的具体原则是以基本原则为基础，在基本原则的指导下，只调整某一具体社会关系领域。例如，民法中的诚实信用原则适用于物权、债权、人身权等所有民事活动的领域，属于基本原则；一物一权这一具体原则只适用于有关物权的民事活动领域，而且公民在有关物权的民事活动领域中也必须遵循诚实信用的原则。当然，基本原则和具体原则的划分只是相对的。

（4）实体性原则和程序性原则

实体性原则是指直接涉及规定和确认实体性方面的权利和义务或职权和职责方面的原则。例如，民法中的权利不得滥用的原则和行政法中行政处罚权法定原则。程序性原则是指涉及规定保证实体性权利和义务或职权和职责得以实现的程序方面的原则。例如，诉讼中当事人法律地位平等原则和立法程序中保障多数人和少数人有均等发言机会的原则。

3．法律术语

（1）法律术语的含义

法律术语是指具有法律性质或专门法律意义的用语或概念。法律术语，是人们对各种法律现象进行分析、归纳，抽象出它们的共同特征所形成的权威性范畴，具有编纂性，反映了人们的价值观念，即对其反映对象的肯定或否定。

法律术语是用语言来表述的，有的是专业性用语即法律语言。这些术语只具有法律上的含义，法律专业之外的普通人很难理解。例如，法人、具体行政行为、诉讼时效、诉讼参与人、民事法律行为等；有的是从普通语言中移植过来的，例如，故意、过失、实用性、创造性、平均生活费等。法律术语是法的构成要素之一，它是人类思维能力进步的产物。随着人类思维能力的不断进化，它的精确性和科学性程度就越来越高。

（2）法律术语的内容和特点

法律术语的主要内容有：①解释和说明法律关系的主体，例如，公民、法人、无国籍人、原告、被告、诉讼第三人、行政机关、预备犯、中止犯等。②描述和说明法律关系主体之间的权利和义务关系，例如，债、所有权、共有、专利权、请求权、赔偿责任等。③解释和说明权利与义务所指向的对象，即法律关系的客体，如动产、不动产、物、林地、作品、发明、实用新型等。④解释和说明引起法律关系产生、变更和消灭的法律事实，即事件和行为，如：正当防卫、紧急避险、不可抗力、出生、死亡、违约、侵权等。

在法律诸要素中，法律术语有自己的特点和独特的功能，它对各种法律事实进行定性分析，不仅确定某人、某情况、某行为本身所具有的特性，还要确定它们的法律意义，从而为法律规则和法律原则的适用限定范围和提供前提。法律术语要发挥以上功能，自身要具有明确性、规范性和统一性。法律术语的明确性是指用精确的语言表述明晰的概念，确切无误地表达立法者的意图。规范性是指用语要严谨周详，无懈可击，不能违背逻辑，产生矛盾，要符合语音学和法学上规范化的标准。统一性，是指在同一规范性法律文件中、不同法律部门之间甚至整个法律体系中，法律术语的含义必须是一致的，不能前后不一，用词混乱。

法律效力

1．法的效力的概念

法的效力通常有广义和狭义两种解释。广义的法的效力泛指法的约束力和强制力，狭义的法的效力，则仅指由国家制定和颁布的规范性法律文件的效力，包括法的效力层次和法的效力范围。这里所讲的法的效力，是指狭义而言的。

法的效力层次就是指在一个国家法律体系的各种法的渊源中，由于其制定主体、程序、时间、适用范围等不同，各种法的效力也不同，由此而形成的一个法的效力等级体系。法的效力层次有时也被称为法的效力等级或法的效力位阶。识别法的效力层次高低的具体标准主要有 3 条：（1）根据立法主体识别。立法主体的地位越高，其制定出来的法律的效力层次也相应比较高。（2）根据立法依据识别。一个法律依据另一个法律而制定，则这个法律的效力层次低于另一个法律的效力层次。（3）根据效力范围识别。如果是全国性的法律，则其效力范围施于全国，如果是地方性的法律，则其范围施于其所辖的地方，全国性法的效力层次高于地方性法的效力层次。

我国法的效力层次大致可以概括为5个层次。

最高层次：宪法具有最高法律效力。

第一层次：全国人民代表大会制定的基本法律的效力层次属第一层次。

第二层次：全国人民代表大会常务委员会制定的法律的效力为第二层次。

第三层次：国务院制定的行政法规的法律效力层次为第三层次。

地方层次：地方立法主体制定的地方法规，包括一般性地方法规和自治地方法规。特别行政区地方法规，其法的效力层次为地方层次。从总体上看，地方层次的法的效力低于中央层次的法的效力。

法的效力范围，即指法在什么时间、什么地域、对什么人和什么事项有效，从而发挥法的约束力和强制力。由此，法的效力范围一般包括：（1）法的时间效力范围；（2）法的空间效力范围；（3）法的对象效力范围；（4）法的事项效力范围，这4个方面的内容。

2. 法的时间效力

法的时间效力，是指法律何时开始生效，何时终止效力，法律对其颁布实施以前的事件和行为是否有溯及力的问题。

（1）法的生效时间

法的生效时间，一般根据法律的具体性质和实际需要来决定。主要有下面5种形式：

①自法律公布之日起生效。表述为“本法自公布之日起施行。”

②具体规定本法的生效时间。表述为“本法自＊＊＊＊年＊月＊日实行。”

③比照其他法律以确定本法律的生效时间。

④自法律试行之日起生效。所有试行的法律自试行之日起生效，试行日一般由该法律或法规自身规定。

⑤自法律文件到达之日起生效。这种生效方式在我国已基本不存在。

（2）法的失效时间

法律通过明令被废止或被默示废止的形式，而终止其效力。我国法律的终止生效时间主要有下面5种形式：

①新的法律公布后，原有的法律即丧失效力；

②新法律取代原有法律，同时宣布旧法作废；

③法律本身规定的有效期届满；

④由有关机关颁发专门文件宣布废止某个法律；

⑤法律已完成其历史任务而自行失效。

（3）法的溯及力

法的溯及力，又称法的溯及既往的效力，是指新的法律颁布后，对其生效前所发生的事件和行为是否适用的问题。如果适用，新的法律就具有溯及力；如果不适用，新的法律就没有溯及力。一般说来，法的溯及力有两种情况：法的时间效力始于生效之日，终于失效之时，对于法律生效之前的事件和行为不适用该法的，称为“不溯既往”原则。与此相适应，如果法律追究生效之前的事件和行为，则称为“溯及既往”原则。

我国关于法的溯及力问题，主要体现在刑事立法之中。我国1979年通过的《中华人民共和国刑法》（以下简称《刑法》）有关于溯及力问题的明确规定，1997年修订的《刑法》也有关于溯及力问题的明确规定。根据其规定，我国刑法原则上没有溯及既往的效力。但是当该刑法的处罚较轻时或该刑法认为不是犯罪时，具有溯及既往的效力，因而体现了从旧兼从轻的原则。

3．法的空间效力

法的空间效力，是指法律在哪些地域范围内发生效力的问题。一般说来，在一个主权国家，法律适用于主权管辖范围内的全部领域，它包括领土、领海、领空以及其他延伸意义上的领域（如驻外使馆、航行或停泊在任何地方的本国船舶及飞机内）。但具体地说，由于制定法律的机关不同，因而法的空间效力也不同。我国从维护国家主权和领土完整以及国家统一出发，将法的空间效力大致分三种情况：

在全国范围内生效。凡中央国家机关制定的法律在全国有效，如全国人民代表大会制定的宪法和基本法及全国人民代表大会常务委员会制定的除基本法以外的法律，国务院制定的行政法规，均在全国范围内生效。

在局部地区生效。凡是地方国家机关制定的法规只能在制定机关所管辖的范围内生效，例如，我国各省、自治区、直辖市人民代表大会及其常委会制定的地方性法规或自治条例，仅在相应地区生效。

在域外生效。所谓域外生效是法律的效力及制定的机关所管理的领域之外。目前，有的法律不仅在国内生效，而且根据国家主权原则还往往规定适用于国外发生的特定事件和行为，例如，我国《刑法》规定：在中华人民共和国领域内犯罪的，除法律有特别规定的以外，都适用本法。这里所说的特别规定，主要是指下面的情况：（1）对享有外交特权和豁免权的外国人的规定；（2）对少数民族地区的特别规定。由此可见，无论是中国人还是外国人，只要在中华人民共和国领域内犯罪，都适用我国刑法。这就充分体现了我国的主权原则，此外，我国刑法从维护国家统一和国家主权原则出发，规定凡犯罪的行为或者结果有一项发生在中华人民共和国领域内，就认为是在中华人民共和国领域内犯罪。

4．法的对象效力

法的对象效力，是指一个国家的法律对哪些人有效的问题。这里所说的"人"，既包括自然人，也包括法人和其他社会组织。关于法的对象效力，从总的意义上讲又可以分为：法对自然人的效力和法对拟制人的效力。

（1）法对自然人的效力

我国法律对自然人的效力包括两个方面：

①法对中国公民的效力。凡是具有中国国籍的人，都是中国公民，中国公民在中国领域内一律适用中国法律。中国公民在国外的法律适用问题，原则上仍适用中国法律，但当中国法律与所在国的法律发生冲突时，要区别不同的情况和具体的国际条约、协定及国内法的规定，来确定是适用中国法律还是适用外国法律。比如，我国《民法通则》规定"中国公民定居国外的，其民事行为能力可以适用居住国的法律。"

②法对外国公民的效力。外国公民通常是指具有某一外国的国籍而不具有本国国籍的自然人。其中也包括无国籍人和多重国籍的人。中国法律对外国公民的适用包括两种情况：一是对在中国境内的外国公民的适用问题；二是对中国境外的外国公民的适用问题。外国公民在中国境内，除法律另有规定外，一般适用中国法律，所谓另有规定，一般是指法律上明确规定不适用中国法律的情形，比如，享有外交特权和豁免权的外国人，得通过外交途径解决。关于外国公民在中国境外对中国国家或中国公民的犯罪，按中国刑法规定的最低刑期为 3 年以上有期徒刑的，可以适用中国刑法，但是按照犯罪地的刑法不构成犯罪的除外。

（2）法对法律拟制人的效力

法的对象效力范围不但包括法对自然人的效力，还包括法对法律拟制人的效力。所谓法对法律拟制人的效力是指关于对法人和其他社会组织的法律效力问题。法人和其他社会组织在法律上具有区别于自然人的独立的法律人格，享有法律上独立的权利和义务，说明法的效力中的对象效力包括对法人和其他社会组织的效力。法对法律拟制人的效力上有 3 种情况：

①法对中国法人的效力

法对中国法人原则上具有法律效力。例如，我国《最高人民法院关于贯彻执行〈民法通则〉若干问题的意见（试行）》的通知指出："外国法人以其注册登记地国家的法律为其本国法"，即登记地在外国的是外国法人，同理，登记地在中国的是中国法人，中国法人在中国与中国法人之间产生的行为受中国法律保护并受中国法律约束。此时，中国法律对中国法人具有法律效力。

②法对外国法人的效力

中国法律对外国法人是否具有法律效力，要根据地、事而定。中国法律对外国法人具有法律效力的条件，大致有 3 种情况：其一，外国法人与我国有某种连带关系，且我国的冲突规范指向中国法律，这时中国法律对外国法人有效。其二，外国法人与我国有某种连带关系，且当事人选择适用中国法律，这时，中国法律对外国法人有效。其三，外国法人与我国有某种连带关系，且我国强制性法律规范明确规定适用中国法律，这时中国法律对外国法人有效。

③法对其他社会组织的效力

这里所说的"社会组织"包括国家机关，一个国家的全部国家机关都受本国法律，而且仅仅是本国法律，不能是外国法律的制约，无论该国家机关的行为在本国还是在外国都是如此。所以，中国法律对中国的国家机关具有绝对的法律效力。另外，法对除国家机关以外的其他社会组织是否有效，则因社会组织类别的不同而具有多样性。比如，对于具有职权性的社会组织（党派团体等），与国家机关相似；对于专业性的社会组织（医院、学校等），由其行为地的法律制约，严格执行属地原则；对于非法人的社会组织则必须同时遵守行为地法律和其依附主体所在国的法律。

法律体系

1. 法律体系的概念和特征

法律体系，亦称法的体系，是指一国的部门法体系，即将一国现行的全部法律规范根据一定的标准和原则划分成不同的法律部门，并由这些法律部门所构成的具有内在联系的统一整体。

法律体系的特征：

（1）法律体系是指一国本国法律规范构成的体系，即它只反映一国由本国制定实施的调整本国社会关系和社会秩序的法律状况，而不包括具有完整意义的国际法范畴。（2）法律体系是指一国现行国内法所构成的体系，即它只反映一国目前正在生效的法律状况，而不包括本国历史上已经宣布废止的法律，也不包括尚未制定或者虽然制定颁布，但还尚未生效的法律。（3）法律体系是由一国现行的全部法律规范所组成的不同类别的部门法（或称法律部门）所构成的体系，即构成法律体系的基本单位，是法律部门（或部门法），而并非法律规范。（4）法律体系是由既相对独立又具有内在联系的法律部门所构成的体系，即对构成法律体系的基本单位——法律部门的划分并非是随心所欲、杂乱无章的，而是依据一定的标准和原则进行划分的，这些被分门别类的法律部门在法律调整中都发挥着相对独立的作用，但它们之间并非毫无关联，而是协调统一地形成一个有机联系的整体。（5）法律体系是一个不断发展变化的体系。即一国的法律体系不是一成不变的，而是处于不断的发展变化之中，随着国家的立法活动及法学研究的发展而不断发展变化。

2. 法律部门的概念

所谓法律部门，亦称部门法，是指根据一定的标准和原则对一国现行全部法律规范所作的分类。通常是将凡是调整同一类社会关系的法律规范的总和视为构成一个相对独立的法律部门。如调整平等主体之间的财产关系和人身关系的法律规范的总和即构成民法部门。法律体系就是由若干个法律部门组成的有机联系的整体，即法律部门是构成法律体系的基本单位。

3. 组成我国现行法律体系的法律部门

中华人民共和国成立后，由于法制尚不健全，也没有明确的法律部门的分类，直到党的十一届三中全会以后。虽然随着法制建设的发展和健全，法律体系的研究也日益受到重视，但至今尚无统一的认识。就目前看，比较公认组成我国现行法律体系的法律部门的划分有以下几类：

（1）宪法

宪法部门是我国法律体系的主导部门。它主要是规定我国社会制度、公民基本权利和义务，国家机关的地位、职权范围、组织与活动原则以及其他有关国家宪政生活的基本问题的法律规范的总称，属于宪法部门的现行法律规范有我国1982年修改通过的《中华人民共和国宪法》及其修正案。它是宪法部门最基本的规范性文件，是国家的根本大法，具有最高的法律效力，宪法部门亦因此成为法律体系的主导部门。此外，属于该部门的规范性文件还包括：国家机关各类组织法、民族区域自治法、特别行政区基本法、选举法、国籍法等。

（2）民法

民法部门是我国的基本法律部门之一，它主要研究平等主体的公民之间、法人之间以及公民与法人之间财产关系和人身关系的法律规范的总称。属于民法部门的规范性法律文件主要有：《中华人民共和国民法通则》，虽然它还不是一个完整意义的法典形式，但它作为准民法典式的规范性文件在我国民事法律活动中同样发挥着总则的指导作用，是制定其他民事法律法规和处理民事纠纷的总的依据。除此之外，民法部门还包括一些单行法律，其中主要有《中华人民共和国婚姻法》《中华人民共和国继承法》《中华人民共和国收养法》《中华人民共和国著作权法》等。

（3）刑法

刑法部门亦是我国基本法律部门之一，它主要是规定有关何种行为是犯罪以及对犯罪处以何种刑罚的法律规范的总称。属于刑法部门的规范性法律文件主要有：《中华人民共和国刑法》，它是中华人民共和国成立以来的第一部刑法典，主要规定犯罪与刑罚的基本原则以及犯罪的刑种与惩罚措施等。

（4）行政法

行政法部门是我国基本法律部门之一。它是关于国家行政管理活动的法律规范的总称。由于我国调整行政法方面的法规还很不健全，迄今为止也没有制定出一部完整的行政法典，所以目前的行政法部门主要由一些单行法律法规构成。行政法分为一般行政法和特别行政法两种。一般行政法主要是规定国家行政管理的基本原则、方针，国家各级行政机关的关系、地位、联责与权限，国家公务员的任用、考核、奖惩制度，采取各种行政措施，做出行政决策、施政裁决的方式和程序等。它包括的规范性文件主要有：《中华人民共和国公务员法》《中华人民共和国行政处罚法》《中华人民共和国行政复议法》等。特别行政法是规定各个行政职能部门如何实行专项管理活动的法律规范，它包括的规范性文件主要有《中华人民共和国药品管理法》《中华人民共和国食品卫生法》等。

（5）经济法

经济法部门是我国学界近几年从民法部门和行政法部门中分离出来的。一方面是为了适应国家对社会经济活动直接或间接管理的需要，另一方面也是为了避免民法部门与行政法部门的超重现象，它是指国家机关、企事业单位、社会团体及其他经济组织之间为达到一定的经济目的或进行一定的经济管理而产生的经济关系的法律规范的总称。迄今为止，经济法部门还没有一部总则性的法典。属于经济法部门的规范性法律文件主要有《中华人民共和国公司法》《中华人民共和国反不正当竞争法》《中华人民共和国产品质量法》《中华人民共和国票据法》《中华人民共和国商业银行法》《中华人民共和国合同法》等。

（6）诉讼程序法

诉讼程序法是为保障实体法规定的权利和义务的实现而制定的有关诉讼活动所应遵循的程序方面的法律规范的总称。诉讼活动是法律活动中的一个重要方面，在法律规范中具有举足轻重的地位，故有必要形成一个相对独立的法律部门，这部门的法律规范表明人们为实现实体法所确定的权利与义务关系而参加诉讼活动时该如何行为。这一部门法中包括的主要规范性文件有：《中华人民共和国刑事诉讼法》《中华人民共和国民事诉讼法》《中华人民共和国行政诉讼法》《中华人民共和国律师法》《中华人民共和国仲裁法》等。

（7）劳动与社会保障法

劳动与社会保障法也是我国学界近年来新划分出来的法律部门之一，它是调整劳动关系以及与劳动关系密切联系的其他关系和社会福利保障关系的法律规范的总称。属于这一法律部门的规范性文件主要有：《中华人民共和国劳动法》《中华人民共和国矿山安全法》《中华人民共和国安全生产法》《中华人民共和国义务教育法》《中华人民共和国残疾人保障法》《中华人民共和国未成年人保护法》《中华人民共和国妇女权益保障法》及其他各类保险法等。

（8）环境法

环境法部门也是我国学界近年来新划分出来的一个法律部门，它是关于保护自然资源与环境，防止污染和其他公害的法律规范的总称。环境法部门主要由自然资源法和环境保护法两大部分构成。自然资源法主要是调整对自然资源如何合理开发利用和治理保护等问题的法律规范，环境保护法主要是调整关于如何对环境进行保护以及怎样防止污染和其他公害等问题的法律规范。这两个方面都是关系到人类生存条件的重要内容，二者密切相关。目前属于自然资源法的规范性文件主要有：《中华人民共和国草原法》《中华人民共和国森林法》《中华人民共和国矿产资源法》《中华人民共和国土地管理法》《中华人民共和国水法》等。属于环境保护法的规范性文件主要有：《中华人民共和国环境保护法》《中华人民共和国海洋环境保护法》《中华人民共和国水污染防治法》《中华人民共和国大气污染防治法》等。

（9）军事法

军事法部门的划分目前在我国法学界持肯定态度的越来越多，它是关于军事管理和国防建设的法律规范的总称。随着此方面立法的日益增多，确实有将其独立划分使之成为法律部门的必要，从现有军事法律规范看，其制定的机关主要有三个层次：一是由全国人民代表大会或其常委会制定的法律；二是由国务院或国务院和中央军委联合发布的军事法规；三是由中央军委各总部及原国防科工委单独制定或它们同国务院有关部委联合制定的军事规章。属于这一法律部门的规范性文件主要有：《中华人民共和国兵役法》《中华人民共和国国防法》《中华人民共和国军事设施保护法》《民兵工作条例》《民兵武器装备管理条例》《中国人民解放军军官军衔条例》等。

法律关系

1. 概念和特征

法律关系是在法律规范调整过程中所形成的人们之间的权利和义务关系，是一种特殊的人与人的关系。

法律关系具有如下特征：

（1）法律关系是根据法律规范建立的一种社会关系，具有合法性。法律关系是人与人之间的合法（符合法律规范的）关系。这是它与其他社会关系的根本区别。确立法律关系是合法的社会关系这一观点，在法律实践中是具有重要意义的。在社会生活中，往往存在着大量的事实关系，它们没有严格的合法形式，甚至完全违背法律的，如非法同居关系、未经认可的收养关系、以规避法律为目的的契约关系、无效或失效的合同关系等。这些事实关系，都不能看作是法律关系，但又可能与法律的适用相关联，是法律适用过程中必须认真处理的一类法律事实。

（2）法律关系是体现意志性的特种社会关系。法律关系是根据法律规范有目的、有意识地建立起来的，所以，法律关系像法律规范一样必然体现国家的意志。但法律关系毕竟又不同于法律规范，它是现实的、特定的法律主体所参与的具体社会关系。因此，特定法律主体的意志对于法律关系的建立与实现也有一定的作用。这些法律关系的产生，不仅要通过法律规范所体现的国家意志，而且要通过法律关系参加者的个人意志表示意志。

（3）法律关系是特定法律关系主体之间的权利和义务关系。法律关系是以法律上的权利、义务为纽带而形成的社会关系，它是法律规范（规则）、指示（行为模式，法律权利和义务）的规定在事实社会关系中的体现，没有特定法律关系主体的实际法律权利和法律义务，就不可能有法律关系的存在。在此，法律权利和义务的内容是法律关系区别于其他社会关系（社团组织内部的关系）的重要标志。

2. 法律关系的主体

（1）法律关系主体的概念和种类

法律关系主体是法律关系的参加者，即在法律关系中一定权利的享有者和一定义务的承担者。在现实社会生活中，法律关系主体是多种多样的，从理论上讲，凡是能够参与一定的法律关系的任何人和机关，都可以是法律关系主体。在每一具体的法律关系中，主体的多少各不相同，但大体上都归属于相对应的双方：一方是权利的享有者，称为权利人；另一方是义务的承担者，称为义务人。在中国，根据各种法律的规定，能够参与法律关系的主体包括以下几类：

①公民（自然人）

这里的公民既指中国公民，也指居住在中国境内或在境内活动的外国公民和无国籍人。具有中华人民共和国国籍的中国公民是多种法律关系的参加者，公民与公民之间，公民与社会团体、企事业组织、国家机关之间以及国家之间发生多种形式的法律关系。在中国，还有二类由公民集合的特定主体（如个体户、农户、个人合伙等），可以参与一定范围的法律关系。外国侨民和无国籍人参与法律关系的范围是有限制的，以中国有关法律以及中国与有关国家签订的条约为依据。

②机构和组织（法人）

这主要包括三类：一是各种国家机关（立法机关、行政机关和司法机关等）；二是各种企事业组织和在中国领域内设立的中外合资经营企业、中外合作经营企业和外资企业；三是各政党和社会团体。这些机构和组织主体，在法学上可以笼统地称之为“法人”，其中既包括公法人（参与宪法关系、行政法律关系、刑事法律关系的各机关、组织），也包括私法人（参与民事或商事法律关系的机关、组织）。中国的国家机关和组织可以是公法人，也可以是私法人，依其所参与的法律关系的性质而定。

③国家

在特殊情况下，国家可以作为一个整体成为法律关系主体。例如，国家作为主权者是国际公法关系的主体，可以成为外贸关系中的债权人或债务人。在国内法上，国家作为法律关系主体的地位比较特殊，既不同于一般公民，也不同于法人，国家可以直接以自己的名义参与国内的法律关系（如发行国库券），但在多数情况下则由国家机关或授权的组织作为代表参加法律关系。

（2）法律关系主体构成的资格：权利能力和行为能力

公民和法人要能够成为法律关系的主体，享有权利和承担义务，就必须具有权利能力和行为能力，即具有法律关系主体构成的资格。

①权利能力

权利能力，又称权义能力（权利义务能力），是指能够参与一定的法律关系，依法享有一定权利和承担一定义务的法律资格。它是法律关系主体实际取得权利、承担义务的前提条件。公民的权利能力可以从不同角度进行分类，首先，根据享有权利能力的主体范围不同，可以分为一般权利能力和特殊的权利能力。前者又称基本的权利能力，是一国所有公民均具有的权利能力，它是任何人取得公民法律资格的基本条件，不能被任意剥夺或解除。后者是公民在特定条件下具有的法律资格，这种资格并不是每个公民都可以享有，而只授予某些特定的法律主体，如国家机关及其工作人员行使职权的资格，就是特殊的权利能力。其次，按照法律部门的不同，可以分为民事权利能力、政治权利能力、行政权利能力、劳动权利能力、诉讼权利能力等，这其中既有一般权利能力（如民事权利能力），也有特殊权利能力（政治权利能力、劳动权利能力）。法人的权利能力没有上述的类别，所以与公民的权利能力不同。一般而言，法人的权利能力自法人成立时产生，至法人解体时消灭，其范围是由法人成立的宗旨和业务范围决定的。

②行为能力

行为能力是指法律关系主体能够通过自己的行为实际取得权利和履行义务的能力。公民的行为能力是公民的意识能力在法律上的反映。确定公民有无行为能力，其标准有二：一是能否认识自己行为的性质、意义和后果；二是能否控制自己的行为并对自己的行为负责。因此，公民是否达到一定年龄，神志是否正常，就成为公民是否享有行为能力的标志。例如，婴幼儿、精神病患者，因为他们不可能预见自己行为的后果，所以在法律上不能赋予其行为能力。在这里，公民的行为能力不同于其权利能力，具有行为能力必须首先具有权利能力，但具有权利能力，并不必然具有行为能力。这表明，在每个公民的法律关系主体资格构成中，这两种能力可能是统一的，也可能是分离的。公民的行为能力问题是由法律予以规定的。世界各国的法律，一般都把本国公民划分为完全行为能力人、限制行为能力人和无行为能力人。

3．法律关系的内容

法律关系的内容就是法律关系主体之间的法律权利和法律义务。它是法律规范的指示内容（行为模式、法律权利与法律义务的一般规定）在实际的社会生活中的具体落实，是法律规范在社会关系中实现的一种状态。

法律权利和法律义务在由法律的一般规定转化为法律关系主体的实有权利和义务以后，也还存在着一个实现问题。权利不能实现就歪曲了它的本质，而义务不能实现就造成了对权利人利益的损害。法律权利和法律义务的实现是一个复杂的何题，从大的方面讲，它取决于一个国家的物质生活条件，取决于政治民主和法治发展的状况，以及科学文化条件和道德人文环境的改善等。从主观方面讲，权利和义务能否实现还要看法律关系主体之间各种关系的发展，法律关系主体的行为能力的状况，以及是否有法律认识上的错误和不以人的意志为转移的事件的发生等。权利和义务的实现最重要的是通过国家来保障。国家除了要不断创造和改善物质条件、政治条件和文化条件以外，还必须建立和健全法治，通过法律的完善来保证二者在社会生活和社会关系中的落实。

4．法律关系的客体

（1）法律关系客体的概念

法律关系客体是指法律关系主体之间权利和义务所指向的对象，它是构成法律关系的要素之一。

（2）法律关系客体的种类

法律关系客体是一个历史的概念，随着社会历史的不断发展，其范围和形式、类型也在不断地变化着。总体看来，由于权利和义务类型的不断丰富，法律关系客体的范围和种类有不断扩大和增多的趋势。归纳起来，有以下几类：

①物

法律意义上的物是指法律关系主体支配的，在生产和生活上所需要的客观实体。它可以是天然物，也可以是生产物，可以是活动物，也可以是不活动物。作为法律关系客体的物与物理意义上的物既有联系，又有不同，它不仅具有物理属性，而且也具有法律属性，物理意义上的物要成为法律关系客体，须具备以下条件：第一，应得到法律之认可；第二，应为人类所认识和控制，不可认识和控制之物（如地球以外的天体）不能成为法律关系客体；第三，能够给人们带来某种物质利益，具有经济价值；第四，须具有独立性，不可分离之物（如道路上的沥青、桥梁之构造物、房屋之门窗）一般不能脱离主物，故不能单独作为法律关系客体存在。哪些物可以作为法律关系的客体或不可以作为哪些法律关系的客体，应由法律予以具体规定。在我国，大部分天然物和生产物可以成为法律关系的客体，但有 4 种物不得进入国内商品流通领域，成为私人法律关系的客体：A. 人类公共之物或国家专有之物，如海洋、山川、水流、空气；B. 特定的文物；C. 军事设施、武器（枪支、弹药等）；D. 危害人类之物（如毒品、假药、淫秽书刊等）。

②人身

人身是由各个生理器官组成的有机体的生理整体，它是人的物质形态，也是人的精神利益的体现。在现代社会，随着现代科技和医学的发展，使得输血、植皮、器官移植、精子提取等现象大量出现。同时也产生了此类交易买卖活动及其契约，并带来了一系列法律问题。这样，人身不仅是人作为法律关系主体的承载者，而且在一定范围内成为法律关系的客体。但须注意的是：第一，活人的整个身体不得视为法律上之“物”，不能作为物权、债权和继承权的客体，禁止任何人（包括本人）将整个身体作为“物”参与有偿的经济法律活动，不得转让或买卖。贩卖或拐卖人口、买卖婚姻是法律所禁止的违法或犯罪行为，应受法律的制裁。第二，权利人对自己的人身不得进行违法或有伤风化的活动。不得滥用人身或自践人身和人格。例如，卖淫、自杀、自残行为属违法行为或至少是法律所不提倡的行为。第三，对人身行使权利时必须依法进行，不得超出法律授权的界限，严禁对他人人身非法强行行使权利。例如，有监护权的父母不得虐待未成年子女的人身。

③精神产品

精神产品是人通过某种物体（如书本、砖石、纸张、胶片、磁盘、数码产品）或大脑记载下来并加以流传的思维成果。精神产品不同于有体物，其价值和利益在于物中所承载的信息、知识、技术、标识（符号）和其他精神文化。精神产品属于非物质财富，西方学者称之为“无体（形）物”，我国法学界常称为“智力成果”或“无体财产”。

④行为结果

在很多法律关系中，法律主体的权利和义务所指向的对象是行为结果。作为法律关系客体的行为结果是特定的，即义务人完成其行为所产生的能够满足权利人利益要求的结果，这种结果一般分为两种：一种是物化结果，即义务人的行为（劳动）凝结于一定的物体，产生一定的物化产品或营建物（房屋、道路、桥梁等）；另一种是非物化结果，即义务人的行为没有转化为物化实物，而是表现为一定的行为过程，直至终了，最后产生权利人所期望的结果或效果。例如，权利人在义务人完成一定行为后，得到了某种精神享受或物质享受，增长了知识和能力等。在此意义上作为法律关系客体的行为结果不完全等同于义务人的义务。但又与义务人履行义务的过程紧密相关联，义务正是根据权利人对这一行为结果的要求而设定的。在研究法律关系客体问题时，还必须看到，实际的法律关系多种多样，而多种多样的法律关系就有多种多样的客体，即使在同一法律关系中也有可能存在两个或两个以上的客体。

5．法律关系的产生、变更和消灭

（1）法律关系产生、变更和消灭的条件

法律关系处在不断地生成、变更和消灭的运动过程中，它的生成、变更和消灭需要具备一定的条件，其中最主要的条件有二：一是法律规范；二是法律事实。法律规范是法律关系形成、变更和消灭的法律依据，没有一定的法律规范就不会有相应的法律关系。但法律规范的规定只是主体权利和义务关系的一般模式，还不是现实的法律关系本身。法律关系的形成、变更和消灭还必须具备直接的前提条件，这就是法律事实，它是法律规范与法律关系联系的中介。

所谓法律事实，就是法律规范所规定的、能够引起法律关系产生、变更和消灭的客观情况或现象。也就是说，首先，法律事实是一种客观存在的外在现象，而不是人们的一种心理现象或心理活动。纯粹的心理现象不能看作是法律事实。其次，法律事实是由法律规定的，具有法律意义的事实，能够引起法律关系的产生、变更或消灭。在此意义上，与人类生活无直接关系的纯粹的客观现象（如宇宙天体的运行）就不是法律事实。

（2）法律事实的种类

依据是否以人们的意志为转移做标准，可以将法律事实大体分为两类，即法律事件和法律行为。

①法律事件

法律事件是法律规范规定的，不以当事人的意志为转移，而引起法律关系形成、变更或消灭的客观事实。法律事件又分成社会事件和自然事件两种。前者如社会革命、战争等，后者如人的生老病死、自然灾害等，这两种事件对于特定的法律关系主体（当事人）而言，都是不可避免的，是不以其意志为转移的。但由于这些事件的出现，法律关系主体之间的权利与义务关系就有可能产生，也有可能发生变更，甚至完全归于消灭。例如，由于人的出生便产生了父母与子女间的抚养关系和监护关系，人的死亡却又导致抚养关系、夫妻关系或赡养关系的消灭和继承关系的产生，等等。

②法律行为

法律行为可以作为法律事实而存在，能够引起法律关系形成、变更和消灭，因为人们的意志有善意与恶意、合法与违法之分，故其行为也可以分为善意行为、合法行为与恶意行为、违法行为。善意行为、合法行为能够引起法律关系的形成、变更和消灭。例如，依法登记结婚行为，导致婚姻关系的成立。同样，恶意行为、违法行为也能够引起法律关系的形成、变更和消灭，如犯罪行为产生刑事法律关系，也可能引起某些民事法律关系（损害赔偿、婚姻、继承等）的产生或变更。

立　法

1．立法的概念

立法又称为法的创制，是指有法的创制权的国家机关或经授权的国家机关在法律规定的职权范围内，依照法定程序制定、补充、修改和废止法律及其他规范性法律文件的一种专门活动。

立法有广义的立法和狭义的立法之分。广义的立法是指享有立法权的国家机关制定、认可、修改或废止规范性法律文件的活动。它包括全国人民代表大会及其常务委员会制定法律的活动，国务院创制行政法规，省、自治区、直辖市，经国务院批准的较大市和省、自治区人民政府所在地的市的人民代表大会及其常务委员会创制地方性法规，民族自治地方人民代表大会制定自治法规的活动。狭义的立法是指最高国家权力机关根据宪法和法律规定的权限和程序创制法律的活动，在我国具体是指全国人民代表大会及其常务委员会创制法律。

立法作为一项国家活动，具有以下特征：①它是享有立法权的国家机关的专门活动，它只能由有权制定法律或经授权的国家机关来行使，其他任何机关、社会团体和个人，都不得进行这项活动；②它是一种严格依照法定程序进行的活动，有权立法的国家机关也不能随意立法，必须依照法律规定，按照不同法律的创制程序进行；③法的创制活动包括制定、修改、废止、认可法律规范等多种活动。

法的创制的基本方式为制定法律和认可法律。制定法律是指国家机关依照法定权限范围和程序，根据社会生活的需要，运用立法技术，创造或变动一定行为规范的活动，包括制定、修改和废止。认可法律是指国家机关根据社会需要，将社会生活中已经存在的一些行为规范（如习惯、政策、道德等）认可为法律规范，赋予其法律效力。

2．我国立法的指导思想和基本原则

（1）立法的指导思想

立法的指导思想，是指在立法活动中一贯坚持的，具有根本性、全局性意义的指导方针，它主要表现为一个国家的立法者在创制法律的过程中，遵循什么样的指导思想来制定、修改、补充乃至废止法律。一个国家立法的指导思想总是同该国家的政治发展目标、经济和社会发展目标等相适应的，现在我国正处于社会主义初级阶段，集中体现这一阶段一切工作重心和基本任务的马克思列宁主义、毛泽东思想、邓小平理论和“三个代表”重要思想是我国法律创制的指导思想。

（2）立法的基本原则

立法的基本原则，是指立法者在法的创制过程中该遵循的基本准则，它是立法的指导思想在法的创制过程中的具体化和实践化。我国法制建设的经验告诉我们，社会主义法的创制工作应当坚持以下原则：

①从实际出发，实事求是。社会主义法的制定必须从我国国情、民族的传统和习惯、经济文化发展水平出发，从社会主义现代化建设、改革开放和建立社会主义市场经济的需要出发，从大多数人的利益和要求出发，深入群众，深入实际，认真调查研究，把主观的需要和客观的可能统一起来，真正创制出反映人民意志和利益，符合客观规律和社会主义现代化建设需要的法律。

②坚持原则性和灵活性相结合。所谓坚持原则性，就是我国社会主义法的创制工作必须以立法的指导思想为指针，坚持党的基本路线及各项方针、政策，决不能有所偏离。所谓坚持灵活性，就是要结合实际情况，从实际出发，实事求是，寻找体现原则的具体形式、方法和步骤，使我国社会主义法的创制工作既有坚定的方向，又要达到预期的目标。原则性和灵活性必须正确恰当地结合。

③维护法的严肃性、稳定性和连续性。法的严肃性是指法必须具有权威，不因领导人的改变而改变。法一经制定，就必须严格实施，即使需要修改、补充或废止，也必须依照法定程序进行，决不能因人而异而破坏法的严肃性。法的稳定性是指法律法规一经生效后，就应当在一个时期保持相对不变，决不能朝令夕改。法的连续性是指制定、修改、补充法律时，应当保持与原有法律在内容和效力上的紧密衔接，法律应当吸收或保留原法律中那些合理的、有用的成分，在新的法律未正式生效前不能随意终止原有法律法规的效力。法的严肃性、稳定性和连续性是一致的。

④发扬民主，坚持群众路线，坚持领导与群众相结合原则。在法的创制工作中，要积极主动地、广泛地吸取人民群众的意见，吸收他们参加整个法的创制过程。这样才能制定出反映广大人民群众意志和利益的法律，人民才能拥护并自觉遵守这些法律。同时还要注意倾听并发挥法律专家的意见和作用，让他们反复认真论证、比较，提高立法的质量。法的创制工作是国家机关的专有活动，必须充分发挥立法机关的作用，必须严格按照法定程序进行，在充分发扬民主基础上，立法机关要做适当的、正确的集中，贯彻法制统一原则。

⑤有鉴别、有选择地借鉴外国先进的立法经验。这一原则是社会主义法的继承性在法的创制中的体现。我国法的创制工作，既要总结我国自己的经验，注意吸收我国历史上那些好的立法经验，又要结合我国的实际，根据建立和完善我国社会主义市场经济的需要，经过鉴别，选择和借鉴外国的先进立法经验，使其为我所用。同时，涉外经济立法还应注意国际有关规定和国际经济活动惯例，以利于改革开放、吸收外资和对外贸易的发展。

（3）我国立法的一般程序

法的创制程序即立法程序，是指国家机关制定、修改、废止规范性法律文件的法定工作顺序、步骤和方法。我国立法的程序主要包括以下 4 个步骤：

①法律议案的提出

法律议案的提出是指享有立法提案权的组织或人员向全国人民代表大会或常务委员会提出关于某项法律的制定、修改、废止的正式提案。我国宪法规定，有权向全国人民代表大会及其常务委员会提出法律议案的机关及人员有：符合法定人数（30 名以上）的全国人民代表大会代表及全国人民代表大会常务委员会委员或一个代表团；全国人民代表大会主席团、全国人民代表大会常务委员会、全国人民代表大会各专门委员会、国务院、最高司法机关等。

②法律草案的审议

法律草案的审议是指立法机关对已列入议事日程的法律议案进行正式的审查和讨论。法律草案的审议有三种结果：提付表决、搁置、终止审议。

③法律草案的表决和通过

法律草案的表决和通过是指立法机关以表决的方式决定法律草案能否获得法定人数代表的支持并成为法律的活动程序。根据我国宪法和法律的规定，宪法修正案必须经全国人民代表大会全体代表的 2/3 以上多数赞成才能通过，普通法律草案只需有全国人民代表大会全体代表或全国人民代表大会常务委员会全体委员的半数以上赞成即为通过。

④法律的公布

法律的公布是指立法机关或者国家元首将已通过的法律以一定方式向社会公布，以便遵照执行。这是法律规定的最后一道程序，也是必经程序。凡未经法定形式公布的法律，不能认为已具备法律效力。我国《宪法》规定“中华人民共和国主席根据全国人民代表大会的决定和全国人民代表大会常务委员会的决定，公布法律。”

执　法

1．执法的概念

执法是法的实施的基本形式之一，是指国家机关及其公职人员依照法定职权和程序，贯彻执行法律的活动。执法有广义和狭义两种含义，广义的执法是指一切执行法的活动，包括国家行政机关、司法机关及其公职人员，依照法定职权和程序，贯彻执行法律的活动。这种意义上的执法，既包括国家行政机关的执法活动，也包括国家司法机关的司法活动。通常全国人民代表大会以及地方人民代表大会每年搞的“执法大检查”即是在广义上理解和运用执法概念的；狭义的执法，仅指国家行政机关及其公职人员依照法定职权和程序，贯彻执行法律的活动，称为“行政执法”。我们这里所讲的就是后一种意义上的执法——行政执法。

执法是法的实施的重要组成部分和基本实现方式。国家制定法律，就是要规范社会生活，这就需要通过执法使有关法律得到切实的遵守和执行。高度重视执法，是现代社会实现法治国家的必然要求。我国宪法规定，国家行政机关是国家权力机关的执行机关，国家权力机关制定的法律和其他规范性法律文件主要由国家行政机关来具体贯彻执行。因此，行政执法的内容、范围极其广泛，涉及国家管理和社会生活的各个方面。凡属国家政治、经济、文化、社会公共事业等方面的政务，都需要通过国家行政机关的执法活动加以组织和管理。同时，现代法治观念和行政法的发展，要求国家行政机关及其工作人员改变传统观念，要将自己所从事的工作看作是一种执行法律的工作，确立依法行政的法治观念，使行政工作进入法治的轨道。

2．行政执法的主体和特征

（1）执法主体的产生

一般地说，依据法律规定或有效授权，有资格成为行政执法权的行使者的机关和人员就是行政执法的主体。在我国，行政执法主体的产生主要有两种渠道：一是根据法律规定依法产生和获得，即要成为享有执法权的执法主体，必须要有法律根据。法律根据一般分两种：一种是由宪法来确认。如我国法律规定和确认了各级行政机关的法定地位、作用和任务；另一种由具体法律法规确认。二是根据法定的授权产生和获得，即在特殊情况下，一些不具有执法主体资格的机关，可以根据宪法和法律的有关规定，经由享有授予权的国家行政机关授予该机关行使执法权。

（2）执法主体的类别

我国的行政执法主体主要有以下 3 类：

第一类是中央和地方各级政府，包括国务院和地方各级人民政府。我国宪法规定，国务院既是国家最高权力机关的执行机关，又是国家最高行政机关。凡涉及全国性行政管理的一切重大问题，国务院均有权全权决定。地方政府由四级构成，即省、自治区、直辖市人民政府，自治州和设区的市人民政府；县人民政府和乡、镇人民政府。

第二类执法主体是各级人民政府中享有执法权的下属机构——行政部门。这是一个范围非常广泛的执法主体，它们在各自的领域内，按照法定的职权范围行使着自己的执法权。

第三类执法主体是那些因法律法规授权而具有管理社会公共事务职能的组织和按照法律法规规定，由国家行政机关委托授权依法成立的管理公共事务的事业组织。如中国人民银行被授权行使中央银行的权力，对各专业银行的活动有权实行行政监督，对违法行为有权进行行政处罚。与前两类不同的是，它们的主体资格不是法定的，而是法律或国家机关依法授予的，在授予这类主体的执法权时，必须坚持两条原则：一是授权必须有法律依据，无法律依据不能授权，授权无效；二是授权必须严格依照法定条件，不能随意扩大授权范围。

（3）行政执法的特征

与其他国家机关的职能相比，行政执法具有以下特征：

①执法的主体是行政机关及其工作人员以及依法律规定授权的组织，其他任何机关、组织和个人都不能成为行政执法的主体。

②执法的内容是国家法律法规调整的有关行政关系。首先，行政执法的

内容必须是法定的行政关系，行政法律关系以外的其他不是行政执法的内容。其次，行政执法的内容必须是基于法律规定的能够直接产生特定的行政法律效力和后果的行为。行政机关的活动具有多种内容，但并不都是执法活动，只有代表国家行使行政权，在社会生活中组织贯彻实施法律的活动，才属于行政执法的内容。

③执法活动具有单方面性和主动性特征。这是由行政机关的特殊性质所决定的。行政执法既是国家赋予行政机关的权力，同时也是行政机关依法所应履行的职责。因此，行政机关在组织管理政务时，一般都采取积极主动的单方面行为去履行，而不需要行政相对人的请求或同意。

④执法的范围极为广泛。由于行政组织管理活动的范围涉及国家管理和社会生活的各个方面，使得行政执法的内容极为广泛。特别在现代社会，政府事务日趋庞杂，行政管理的范围越来越广泛，行政执法活动成了最广泛的经常的实施法律的活动。

3. 行政执法的主要原则

（1）依法行政原则

依法行政原则是法治原则在行政执法活动中的具体体现，现代法治国家对行政活动提出的最基本也是最重要的原则。在国家的三大职能中，行政职能占据着非常重要的地位。首先，现代国家中行政管理的范围十分广泛，行政事务非常繁杂，行政承担着比立法、司法更加普遍、更加日常性的事务。行政活动的每一领域、每一方面都事关国计民生和社会经济、政治、文化等的发展。因此，在行政活动中坚持依法办事，贯彻依法行政原则，是建立国家正常法制秩序，维护国家机器正常运转的重要保证。其次，现代国家行政权力呈逐渐扩张趋势，行政权能越来越大，如果不要求行政执法活动依法行政，就有可能出现行政权力的极度扩张和滥用，行政越权、行政腐败等现象就有可能发生，使人民的权益受到损害，行政权的性质受到威胁。因此，必须对行政执法主体进行有效的制约和监督。

（2）公平合理原则

公平合理原则不仅是一个法治原则，也是一个基本的社会原则，是现代法治社会对所有国家活动和社会活动的总体要求。而对行政执法活动来说，坚持公平合理原则又有其特殊的意义。由于行政执法活动的广泛、细密和多样性，社会生活的复杂多样性，法律法规对所有的行政事项不能、也不可能预先都规定得绝对周密和具体，这就需要赋予行政执法者一定的自由裁量权，即在法律规范未对执法行为进行详细规定时，执法者可以在一定幅度或范围内自由选择执法行为。这就要求行政执法者的执法行为必须公平、合理、适宜、恰当，对行政相对人的处理应一律平等，严禁利用手中的自由裁量权打击报复或谋取私利，以维护行政执法的权威和尊严。

（3）及时效能原则

执法的效能是指国家行政机关在对社会实行组织和管理过程中，在保证依法行政的前提下，还应有效地发挥其功能以取得最好的行政执法效果。也就是说，要使执法活动既能迅速、准确、高效，又能合法、合理、公正。行政工作涉及面广，影响力大，对国家的整体发展起着举足轻重的作用。如果不注重执法的及时和高效，将会对国家的发展带来极为不利的影响。

司　法

1. 司法的含义

司法，亦称法的适用，是指国家司法机关依据法定职权和法定程序，具体应用法律处理案件的专门活动。它与行政执法一样，是法的实施的重要方式之一。

司法主体即行使司法权的司法机关。在不同的社会和不同的法律体制下有所不同，在实行三权分立的西方国家，司法权由法院来行使，法院便是司法机关，亦即司法的主体。在我国，按照现行法律体制和司法体制，司法权一般包括审判权和检察权，审判权由人民法院行使，检察权由人民检察院行使。因此，人民法院和人民检察院便是我国的司法机关，亦即司法的主体。有的司法行政机关的执法活动（如公安机关的刑事侦查活动）虽与国家司法机关的司法活动有较为密切的联系，但仍属于行政机关执法的范围。

2. 司法的特征

（1）司法主体的职权法定。司法是司法机关行使司法权的活动，司法机关代表国家适用法律，审理案件，以保障公民权利。处罚各类犯罪，维护社会秩序，体现国家的司法功能，这项职权的取得是由国家法律规定的，只能由享有司法权的国家司法机关及其公职人员行使，其他任何国家机关、社会组织和个人都不能行使此项权力。因此，它具有很强的专门性。

（2）司法活动有严格的程序规定。司法是司法机关严格按照法定职权和法定程序所进行的专门活动。因此，严格的程序性是司法的最重要、最显著的特征之一。我国目前根据法律关系的不同性质，把司法内容分为三类，即刑事司法、民事司法和行政司法，同时也规定有与之相适应的三个程序法，司法机关在处理具体案件时，必须根据案件的不同性质适用相应的法定程序。

（3）司法以理讼解纷、伸张正义为内容。一般说来，不存在纠纷的法律关系是不进入司法程序的，只有发生了诉讼，有具体诉求的公诉和自诉案件，才是司法的工作对象。司法的根本目的，是通过审理诉讼解决纠纷，维护社会的基本正义，使社会保持正常的法律秩序，进而推动社会文明的进一步发展。

3. 法的适用的基本要求和原则

法的适用的基本要求是：正确、合法、及时、合理、公正。正确，是指在适用法律规范时，要做到事实清楚，证据确凿，定性准确，处理得当。合法，是指适用法律的司法机关在适用法律时，其行为的整个过程都要合乎法律规定，严格依照法定程序和法定权限办事。及时，既指法的适用活动的每个环节都要严格符合法律所规定的时间要求，又指司法机关及其工作人员要提高办案效率，及时办案，及时结案。合理和公正，是指法的适用活动要符合社会主义道德要求，符合广大人民公平正义观念，符合法的根本目的。以上各部分共同构成了社会主义法的适用的基本要求的有机整体，它们相互统一，不可偏废。

为保证正确适用法律，我国宪法和法律规定了司法机关适用法律应遵循的原则，这些原则包括：

第一，以事实为依据，以法律为准绳的原则。以事实为依据，以法律为准绳，是指国家机关及其工作人员在审理案件时，必须以客观事实为依据，有确凿的证据，而不能凭空主观猜测和想象，在有充分事实根据的前提下，适用法律必须准确，必须严格依照法律的规定办理。

第二，公民在法律面前人人平等的原则。我国宪法明确规定中华人民共和国公民在法律面前一律平等，公民在适用法律上一律平等，无论其民族、种族、性别、宗教信仰、财产等有何不同，也无论其社会地位、社会背景、社会关系如何，均应一视同仁。公民在法律面前享有同等的权利、承担同等的义务，受到法律同等的保护。公民如有违法与犯罪，同样需要承担法律责任。

第三，司法机关依法独立行使职权的原则。我国宪法规定：“人民法院依照法律规定独立行使审判权，不受行政机关、社会团体和个人的干涉。”“人民检察院依照法律规定独立行使检察权，不受行政机关、社会团体和个人的干涉。”这一原则得到有力地遵循对准确适用法律具有重大的意义。

第四，实事求是、有错必纠的原则。实事求是、有错必纠原则，是由我国国家法律的本质决定的，它体现了我国法的适用的正义性和严肃性。这一原则要求：法的适用必须置于法律监督之下，发现在法的适用中有错误必须坚决纠正，由于法的适用的错误而给公民、法人造成损失的，国家必须依法给予适当赔偿。

法的遵守

法的遵守即守法，是指一切国家机关和武装力量、各政党和社会团体、各企事业组织和全体公民都必须严格依照法律规定从事各种事务和行为的活动。我国宪法规定："中华人民共和国公民必须遵守宪法和法律。""一切国家机关和武装力量、各政党和各社会团体、各企业、事业组织都必须遵守宪法和法律。"

守法是法的实施中最重要的环节，也是法的实施的最普遍的形式之一。守法是每一个社会公民应尽的法律义务，它既是巩固人民民主专政的需要，也是维护社会主义社会秩序的要求。在我国，所有人都是守法主体，任何组织和个人都不得有超越宪法和法律的特权，一切违反宪法和法律的行为，都必须予以追究。

国家连续进行的"普法"活动，其目的就是向全社会普及法律知识，提高全民法律意识，自觉做到遵守法律。

违　法

违法是指具有特定主体资格的公民或组织由于主观上的过错，违反法律的规定，所实施的具有一定社会危害性，依照法律应当予以追究的行为。

违法必须具备以下 4 个要件：

1. 违法必须是人们违反法律规定的一种行为，即行为本身具有违法性，它包括作为和不作为，仅有思想而无行为构不成违法；

2. 违法必须是侵犯法律所保护的社会关系的行为，即行为结果具有社会危害性；

3. 违法必须是行为者出于故意或过失，也就是行为人要有主观方面的过错；

4．违法主体必须是具有法定责任能力和行为能力的人，包括自然人和法人。

以上4个要素缺一不可，缺少其中任何一个条件都构不成违法。

违法有广义和狭义之分，广义的违法是指包括犯罪在内的一切违法行为，狭义的违法是指违反刑法以外法律的行为，即一般违法行为，不包括犯罪。根据违法行为所违反的法律和所侵犯的社会关系，可以将其分为刑事违法、民事违法、行政违法和违宪行为4种。

法律责任

1．法律责任

法律责任有广义和狭义之分。广义的法律责任既包括了在合法状态下，依法律规定或合同约定而产生的各种应尽义务，同时也包括由于实际违反法律规定应具体承担的强制履行的义务。我们在这里讲的法律责任指狭义的法律责任，是指违法行为引起的依法应承担的责任。法律责任有两大特点：一是承担法律责任的最终依据是法律；二是法律责任具有国家强制性。

违法行为是承担法律责任的前提和依据。按照违法行为的性质、情节和后果，法律责任可以分为刑事责任、民事责任、行政责任和违宪责任四种。

刑事责任，是指行为人因其犯罪行为应当承受的，国家司法机关以国家名义根据刑法对该行为所做的否定评价和对行为人进行的谴责。刑事责任是最严厉的一种法律责任。追究刑事责任的只能是国家审判机关，承担刑事责任的主体只能是犯罪行为实施本人。

民事责任，是指由于民事违法行为、违约行为、侵权行为及按民法的规定应承担的法律责任。民事责任的方式有十余种之多，但其中最主要的是财产责任。

行政责任，是指因违反行政法规或因行政法规规定应承担的法律责任。既包括一般公民法人违反行政法而应承担的法律责任，也包括行政机关及其工作人员在行政管理中因违法失职、滥用职权或行政不当而产生的法律责任。

违宪责任，是指因国家机关、政党、社会团体和其他组织、公民所做的违反宪法的行为以及有关国家机关制定的某种法律法规和规章与宪法相抵触而产生的法律责任。

2. 法律制裁

法律制裁是由特定的国家机关对违法者依其法律责任而实施的强制性惩罚措施。法律制裁和法律责任是密切联系的，法律责任是法律制裁的前提和基础，法律制裁是承担法律责任的重要表现形式。与法律责任相对应，法律制裁分为刑事制裁、民事制裁、行政制裁和违宪制裁。

刑事制裁，是指司法机关对违反刑事法规的犯罪者依其所应承担的刑事责任而实施的刑罚制裁。

民事制裁，是指人民法院对民事责任主体依其所应承担的民事责任而实施的强制性惩罚措施。

行政制裁，是指国家行政机关对违反行政法规的公民、法人或其他组织所给予的强制性惩罚措施。行政制裁主要包括行政处分和行政处罚。

违宪制裁，是指由监督宪法实施的国家机关根据宪法的特别规定，对违宪行为所实施的强制性惩罚措施。在我国行使违宪制裁权的是全国人民代表大会及其常务委员会。违宪制裁的方式主要是撤销同宪法相抵触的法律、行政法规、地方性法规和自治条例，撤销中央国家机关违宪决定、命令和决议，罢免国家机关的领导人员等。

第二篇　宪法基础知识

宪法制定、修改的历史

1949 年 9 月 23 日，中国人民政治协商会议第一届全体会议通过了《中国人民政治协商会议共同纲领》，简称《共同纲领》。这是中华人民共和国宪法史上第一个较完备的新民主主义性质的宪法。总计七章六十条。其基本内容是规定了中华人民共和国的国家政权性质是“工人阶级领导的，工农联盟为基础的，团结各民主阶级和国内各民族的人民民主专政的国家。”二是确认了中华人民共和国人民代表大会和政权的组织形式，规定“国家最高政权机关为全国人民代表大会”“国家政权属于人民”；三是规定了中华人民共和国人民所享有的权利和义务；四是中华人民共和国经济、文化、教育、民族、外交政策的基本原则。《共同纲领》对中华人民共和国人民民主政权的巩固和建设，对中华人民共和国经济的恢复和发展具有重要的意义，对中华人民共和国的发展、建设起了重大的作用。

在《共同纲领》的基础土，1954 年 9 月 20 日中华人民共和国第一届全国人民代表大会第一次会议通过了中国历史上第一部社会主义类型的宪法《中华人民共和国宪法》，其条款比《共同纲领》增加了近一倍。1954 年宪法肯定了人民民主原则和社会主义的原则，用根本法的形式巩固了人民革命的成果和中华人民共和国成立以来政治、经济上的新成就。

随着 1956 年社会主义改造的完成，中国的政治、经济、文化及阶级关系都发生了深刻的变化，但 1966 年开始的“文化大革命”使中国的政治生活和社会生活陷入长期混乱之中，在此背景下，1975 年第四届全国人民代表大会通过了存在着严重缺点和错误的 1975 年宪法。

“文化大革命”结束后，1978 年 3 月 5 日，第五届全国人民代表大会第一次会议通过了 1978 年宪法，宪法确定了新时期社会主义现代化建设的总任务，在国家机关的机构和职能方面做了许多新规定，但仍没有完全摆脱“左”的思想的影响。如规定公民有运用大鸣、大放、大辩论、大字报的权利等，这显然是错误的。此后，虽经 1979 年和 1980 年两次进行修改，但仍存在较多的缺陷。

1982 年 12 月 4 日，第五届全国人民代表大会第五次会议通过了 1982 年宪法，这是中华人民共和国颁布的第四部宪法，是我国现行宪法。全文总计四章一百三十八条。1982 年宪法继承和发展了 1954 年宪法的基本原则，是一部具有中国特色的社会主义宪法。此后，随着我国改革开放和社会主义现代化建设事业的发展，全国人民代表大会于 1988 年、1993 年、1999 年和 2004 年先后 4 次以修正案的方式对 1982 年宪法的个别条款和部分内容进行修改和补充，这样既保证了宪法的稳定性，又使我国宪法规范同我国的政治、经济、文化、教育、科学等实际情况保持一致，特别是第四次宪法修正案，确立了“三个代表”重要思想在国家政治和社会生活中的指导地位，把党的十六大确定的重大理论观点和重大方针和我们在实践中取得并证明是成熟的重要和基本经验写入宪法，体现了与时俱进的精神，反映了人民群众的利益和愿望，使我国宪法更完善，更符合我国的国情，更反映时代精神。

宪法的概念、本质和特征

1．概念

“宪法”一词，在包括我国在内的东西方许多国家古代典章制度中都存在，但其词义与近代以来的宪法存在较大差异。世界各国古代“宪法”是指普通的法令、典章或皇帝的“谕旨”“诏令”。近代宪法是资产阶级民主革命的产物。近代宪法则是指规定民主制国家的根本制度和根本任务，集中表现各种政治力量对比关系，保证公民基本权利，具有最高法律效力的国家根本法。

宪法是国家的根本法，是一国法律体系的重要组成部分。宪法既具有根本法的意义，也具有部门法的意义，成为一国法律体系的一个部门。作为根本法的宪法与普通法律相比，具有自身的基本特征。

2．宪法的本质

宪法的本质是指宪法作为一种特殊的社会现象，其产生、存在和变更是由什么因素决定的。

马克思主义关于宪法本质的揭示比较符合近代宪法发展的基本规律。宪法是一个国家内的根本法，作为法律，它集中体现了宪法制定者的意志。在阶级社会尚存的历史阶段，宪法制定者的意志必然具有反映阶级斗争中各种力量的实际对比关系的功能，只有到阶级社会消灭后的共产主义社会，宪法才真正地能够反映全民的意志，成为全社会所有成员共同意志的产物。

宪法作为根本法，它处于一个国家统一和完整的法律体系的核心，是依法治国的基础和前提。宪法的根本法作用在于法律法规必须依照宪法的规定产生，法律法规不得与宪法相抵触，法律法规通过具体的制度来保障宪法的有效实施等。另外，宪法也是一个国家实行法治的基础，依法治国首先是依宪治国。在宪法得不到实施或者在违宪的状态下是无法实行依法治国的，不突出宪法的权威，就不可能真正地通过宪法来反映人民的意志，最大限度地实现人民的利益。宪法的上述本质特征是宪法区别于普通法律的法律意义所在。

3. 宪法的特征

宪法的特征主要体现在以下几个方面：

（1）内容方面，宪法规定的内容具有根本性、原则性，涉及国家社会生活各个方面的最根本、最重要、最原则性的问题。根本性的规定如国家的根本制度和任务、公民的基本权利和义务、国家的基本政策等。原则性的规定如我国宪法规定的保护妇女儿童的权利等。

（2）制定和修改的程序方面，宪法的制定和修改的程序比一般法律的要求更为严格。我国宪法规定了不同于一般法律的特殊修改程序。我国宪法规定，有权提议修改宪法的主体是全国人民代表大会常务委员会或者 1/5 以上的全国人民代表大会代表。而依据宪法和立法法的有关规定，全国人民代表大会主席团、全国人民代表大会常委会、国务院、中央军委、最高人民法院、最高人民检察院、全国人民代表大会各专门委员会、一个代表团或者 30 名以上代表联名，都可以向全国人民代表大会提出法律案，委员长会议、国务院、中央军委、最高人民法院、最高人民检察院、全国人民代表大会各专门委员会、全国人民代表大会常委会组成人员 10 人以上联名，都可以向全国人民代表大会常委会提出法律案。宪法修改由全国人民代表大会以全体代表的 2/3 以上多数通过，而依据宪法和立法法的规定，法律其他议案由全国人民代表大会以全体代表的过半数通过，或者由全国人民代表大会常委会组成人员的过半数通过。

（3）作用方面，宪法确立了国家权力的实现方式，规范国家权力的运行，保障国家权力在宪法设定的轨道上有序运行。

（4）阶级性方面，宪法是一国政治力量的集中表现，其他法律也体现政治力量的对比关系，但只侧重于某个方面，如我国的《民族区域自治法》就只体现关于民族方面的政治力量对比关系。

（5）法律效力方面，宪法在一国法律体系中居于最高的法律地位。如我国宪法序言对宪法根本法地位的确认，对最高法律效力的确认。规定全国各族人民、一切国家机关和武装力量、各政党和各社会团体、各企事业组织，都必须以宪法为根本的活动准则。宪法是制定普通法律的依据，任何普通法律都不得与宪法的原则和精神相违背，违宪的法律是无效的。

（6）价值方面，宪法最核心的价值在于它是公民权利的保障书，宪法确认公民的基本权利，集中体现了人民的意志，是人民行使自己的基本权利的有效保障。

宪法关系、宪法渊源和宪法分类

1. 宪法关系

宪法与民法、刑法、行政法等并列，也具有部门法的意义。部门法意义上的宪法有特定的调整对象，即社会政治关系。宪法所调整的社会关系就是宪法关系，一般认为，宪法所调整的是国家最重要的社会关系，包括国家与公民的关系、国家机关之间的关系、中央与地方的关系，国家机关与各民族、各政党、各社团和其他组织之间的权利、义务关系等。

宪法关系的要素，即宪法关系的主体、内容和客体。宪法关系的主体一方必须是国家或国家机关；宪法关系的内容是公民权利和国家权力；宪法关系的客体是宪法行为，包括公民的宪法权利行为和国家的宪法权力行为。

2. 宪法渊源

宪法渊源是指宪法规范的表现形式。一般说成文宪法国家宪法规范的表现形式包括宪法、宪法性文件、宪法惯例、宪法判例及有关国家条约和国际习惯。宪法解释、宪法判例不构成我国宪法部门的渊源。关于宪法渊源主要介绍以下几种：

（1）宪法典。宪法典是成文宪法国家中最主要的宪法渊源。我国现行宪法典是 1982 年制定的，先后经过了 4 次修订。宪法修正案也是宪法典的组成部分。

（2）宪法性文件。宪法性文件是指有宪法规范存在于其中，但在形式上不具备最高法律效力及严格制定和修改程序的法律。我国的宪法性文件如

《中华人民共和国民族区域自治法》《中华人民共和国选举法》《中华人民共和国国籍法》《中华人民共和国集会游行示威法》等。

（3）宪法惯例。宪法惯例是指在国家长期的政治生活中所形成的，涉及国家根本问题、调整相应社会关系，为社会普遍承认和遵循的，具有连续性和稳定性的习惯和传统。宪法惯例是非正式法律，在宪法文本和修正案中均没有明文规定，当然也不具有法律的一般特征，不为任何强制机构所执行。宪法惯例是改变和补充法的一种有效方法。它也是立宪和立法的基础。如我国每年人民代表大会开会时，政治协商会议也同时召开，政协委员可以列席人民代表大会，这在法律上并没有规定，即属于宪法惯例。

3. 宪法分类

按照不同的标准，宪法可以做如下划分：

（1）成文宪法和不成文宪法

这是从宪法的表现形式上对宪法所做的分类。成文宪法是指具有统一法典形式的宪法，可以由一个或多个法律文件组成，我国宪法是成文宪法。不成文宪法是指不具有统一法典形式，而以国家一般法律、宪法判例和宪法惯例形式出现，英国宪法是典型的不成文宪法。

（2）刚性宪法和柔性宪法

这种划分的标准是依据制定宪法的机关和程序有无严格规定。刚性宪法是指制定和修改宪法的机关或程序与一般法相比更为严格的宪法。世界上大多数国家的宪法都是刚性宪法。柔性宪法是指制定和修改的机关或程序与一般法律相同的宪法。不成文宪法都是柔性法。

（3）钦定宪法、民定宪法和协定宪法

这种划分的标准是依据制定宪法的主体不同。钦定宪法是指由君主或以君主名义制定和颁布的宪法，如我国 1908 年的《钦定宪法大纲》。民定宪法是由议会、制宪会议、公民投票表决方式通过的宪法，当今世界上大多数国家宪法属于此类。协定宪法是指由君主和国民或代表国民的机关共同协商制定的宪法。

（4）资本主义宪法和社会主义宪法

这是依据国家性质的不同所作的划分。当今世界并存着两种社会形态，必然存在两种不同性质的宪法。

宪法的指导思想、基本原则和作用

1. 我国宪法的指导思想

1982 年宪法的指导思想是坚持四项基本原则，此后，1999 年和 2004 年的宪法修正案分别确立了邓小平理论和“三个代表”重要思想在国家政治和社会生活中的指导地位。

2. 我国宪法的基本原则

宪法的基本原则是指人们在制定和实施宪法过程中，必须遵循的最基本的准则，它是贯穿立宪和行宪的基本精神。我国宪法的基本原则主要有：

（1）一切国家权力属于人民的原则；

（2）社会主义法制原则；

（3）民族平等原则；

（4）坚持马克思列宁主义、毛泽东思想、邓小平理论和“三个代表”重要思想指导的原则；

（5）保障公民权利和义务，尊重和保障人权的原则；

（6）民主集中制的原则；

（7）坚持中国共产党领导的原则。

3. 我国宪法的作用

宪法具有一般法律的作用，但宪法是国家的根本法，相对于一般法律，宪法具有根本性、决定性、指导性和相对稳定性的特点。

我国宪法是一部符合中国国情的好宪法，在国家经济、政治、文化和社会生活中发挥了极其重要的作用。宪法保障了我国的改革开放和社会主义现代化建设，促进了我国的社会主义民主建设，推动了我国的社会主义法制建设，促进了我国人权事业和各项社会事业的发展。依法治国是我国的基本方略，而宪法是依法治国的基础，如果没有宪法，依法治国也就无从谈起，具体地说，我国宪法的作用主要表现在以下几个方面：

（1）确认和巩固人民民主专政的国家政权；确认、保护和促进社会主义经济制度的巩固和发展。

（2）规范并保障国家权力的正常运行，一切国家权力，如立法权、行政权、司法权等都是依据宪法而产生的。一切国家权力的运行，也必须以宪法为依据，国家权力必须在宪法规定的轨道上有序运行，这样才能避免国家权力缺位、越位和错位。

（3）为依法治国确定了最根本的原则。

（4）确认和保障公民基本权利。宪法是人民共同意志的集中体现，人民通过宪法使自己的基本权利得到最明确的确认和最有效的保障。

（5）调整国家最重要的社会关系，维护社会稳定和国家长治久安。

（6）宪法为普通法律的制定提供依据。

国体——国家性质

国家性质在我国宪法学中又称为国体。国家性质问题是宪法学中的基本问题，也是宪法所规定的各项国家制度中的最重要的本质性的制度。国家性质与宪法所规定的其他制度之间大体上是一种决定与被决定的关系，其他制度是国家性质的一种外在表现形式，属于国家形式的范畴。国家性质决定着国家的政权组织形式，国家性质是内容，国家政权组织形式是国家性质的表现形式。

国家性质主要决定于社会各阶级在国家中的地位，但同时也受经济基础和精神文明因素的影响和制约，是三者共同作用的结果。

1. 国家政权的阶级本质

国家政权的阶级本质，是决定国家性质的主要方面。社会各阶级在国家中的地位，即在一个国家中各种政治力量对比关系，包括两个方面：一是统治阶级与被统治阶级在国家中所处的地位，也就是哪个阶级是统治阶级，哪个阶级是被统治阶级；二是统治阶级内部各阶级、阶层在国家中所处的地位。具体而言，决定国家性质的最主要的因素是第一个方面。宪法作为国家政治力量对比关系的集中表现，既要反映统治阶级与被统治阶级之间的关系，也要反映统治阶级内部的关系，以协调它们之间的相互关系，但主要或者首先是确定统治关系。

2. 人民民主专政

中国共产党把马克思主义关于无产阶级专政的理论与中国具体国情相结合，创造性地提出了人民民主专政的理论。人民民主专政经历了资产阶级民主革命和社会主义革命两个历史阶段，前一个阶段所要完成的是民主革命的任务，因而这个阶段的人民民主专政与无产阶级专政有着本质上的不同。

进入社会主义阶段的人民民主专政与无产阶级专政在实质上是一致的：

第一，二者都以工人阶级为领导；第二，二者都以工农联盟为阶级基础；第三，二者的国家职能并无本质的差别；第四，二者的最终目的都是要消灭一切阶级，实现共产主义。因此，人民民主专政不过是无产阶级专政在中国具体国情下的一种表现形式。

人民民主专政的基本特点：对人民实行民主和对敌人实行专政，是人民民主专政的两个方面。工人阶级（通过共产党）对国家的领导是人民民主专政的首要标志。人民民主专政以工农联盟为基础，以知识分子为依靠力量。无产阶级在革命斗争中，为反对主要敌人，与一切可能团结的力量结成联盟。

3．中国共产党领导的多党合作和政治协商制度

中国共产党领导的多党合作是我国的一项基本政治制度。我国实行的共产党领导的多党合作的政党制度，是我国政治制度的特点和优点，它在性质上根本不同于西方国家的两党制或多党制，也有别于苏联和其他东欧国家等实行的一党制。它是一种新型的符合中国国情的社会主义政党制度。

政治协商是对国家和地方的大政方针以及政治、经济、文化和社会生活等方面的重大问题在决策前进行协商和就决策执行过程中的重要问题进行协商。

4．现行宪法对我国国体的规定

现行的1982年宪法对我国的国体明确规定：“中华人民共和国是工人阶级领导的，以工农联盟为基础的人民民主专政的社会主义国家。”准确地反映了我国对广大人民实行民主，对少数敌对分子实行专政的国家政权。反映了我国社会各阶级在国家中的地位。

政体——政权组织形式

政权组织形式也叫政体或国家管理形式。它是一个国家的根本政治制度，也就是掌握政权的统治阶级，用以实现其行使国家权力的特定形式，即统治为了反对敌人、保护自己而组织起来的政权机关。它主要是指最高国家权力机关的组织形式，包括政权的构成、组织程序和最高权力的分配情况以及公民参加管理国家和社会事务的程序和方式。

按照其性质，政权组织形式分为资本主义国家的政权组织形式和社会主义国家的政权组织形式。

1. 资本主义国家的政权组织形式

(1) 君主立宪制

君主立宪制又称为有限君主制，是以君主或国王为国家元首，国家最高权力实际上或者名义上由君主一人掌握的政权组织形式。君主立宪制又分为二元君主立宪制和议会君主立宪制。在二元君主立宪政体下，君主的权力虽然受到宪法的限制，但权力仍然很大，议会只是作为君主的咨询、协商机构而起次要作用。

议会君主立宪制的特征主要是：国家权力实际上控制在政府手中，政府是由议会中占多数席位的政党或政党联盟所组成的；政府在形式上对议会负责，而实际上却控制着议会；君主是国家的元首或象征，其权力受到宪法和议会的限制和制约，君主一般是“只临朝不理政”或“统而不治”。

(2) 民主共和制

民主共和制分为议会制、总统制和委员会制 3 种。

民主共和制是为较多的资产阶级国家所采取的政体。国家最高权力在实际上和形式上都不属于个人所有，而由选举产生，并有一定任期的国家机关掌握的政权组织形式。议会制也称为责任内阁制，简称为内阁制。它被认为是资本主义国家的主要政权组织形式，议会在国家政治生活中占有主导地位。政府即内阁，它由议会选举产生并对议会负责；总统由选举产生，一般不掌握实权，只为名义上的国家元首。

总统制是资产阶级共和政体中以总统为国家元首兼政府首脑的政权组织形式。

半总统制是一种兼有议会制特点的总统制。它的主要特征是：首先，形式上有两名行政首脑。总统既是国家元首，又主宰行政大权，同时政府还设有总理；其次，政府对议会负责。议会可以谴责政府，当议会对政府提出不信任案或否决政府的施政纲领时，总理必须向共和国总统提出政府总辞职。就这一点来说，它具有内阁制的特点。第三，总统由选民直接选举产生，法国就是半总统制的代表，半总统制也被称为“戴高乐式的总统制”。

在共和政体中，除议会制和总统制外，有的国家如瑞士还采用了委员会制的政权组织形式。其他资本主义国家没有仿效瑞士的，它是资本主义世界中的一个特别典型。联邦委员会是瑞士最高行政机关，它是议会的执行机关，它必须服从和执行联邦议会的决定，它无权解散议会，议会行使立法权，但议会否决委员会的某项政策或提案时，委员会不必因此而辞职，这是不同于总统制和内阁制的主要特点。

2. 社会主义国家政权组织形式

社会主义国家的政权组织形式，虽然在具体形式上有所不同，但它们都有一些基本的共同点，都可称为人民代表制。其特点是：国家的一切权力属于人民，人民是国家的主人，人民通过直接或间接选举方式选举代表（或议员）组成各级国家权力机关，行使管理国家和社会的一切权力；实行民主集中制原则，国家行政机关、军事机关、检察机关、审判机关都由国家权力机关产生，向它负责并接受它的监督，保证国家权力的集中统一行使；工人阶级的政党是国家的执政党，党对国家政权实行政治上、思想上和组织上的领导，党通过制定正确的方针、政策选拔德才兼备的干部，坚持进行思想教育工作，保证国家政权沿着正确道路前进。

人民代表大会制度是中华人民共和国的根本政治制度，是人民民主专政的政权组织形式。它是指我国的一切权力属于人民；人民在普选的基础上选派代表，按照民主集中制的原则，组成全国人民代表大会和地方各级人民代表大会并集中统一行使国家权力；其他国家机关由人民代表大会产生，受人民代表大会监督，对人民代表大会负责；人民代表大会常委会向本级人民代表大会负责，人民代表大会向人民负责，并最终实现人民当家做主的一项根本政治制度。

国家结构形式

国家结构形式也是国家制度的重要内容之一，与政体同属国家形式。它指的是特定国家统治阶级根据什么原则，采取何种形式划分国家内部的组成以及调整国家整体与组成部分之间的相互关系。

1. 现代国家基本上有两种国家结构形式：单一制和复合制

（1）单一制

单一制是以普通行政单位（省、县、乡等）或自治单位的形式来划分其国家内部组成。其主要特点是：国家设有统一的立法机关和统一的中央政府；全国只有一个宪法；按行政区域划分行政单位和自治单位，各行政单位和自治单位都受中央的统一领导，没有脱离中央而独立的权力，地方行政单位虽然也设有相应的权力机关或立法机关、行政机关和司法机关，但它们的权限有些是宪法授予的，有些是由中央政府直接授予或委托的，地方权力的大小完全取决于宪法的规定或中央的授予，在对外关系中，它是单一的主体，在它的领土上没有其他任何类似的国家组织存在。

（2）复合制

它主要包括联邦制和邦联两种形式。联邦制也叫联盟国家，它是以州、邦或成员国的形式来划分其国家内部组成的。其主要特点是，除有整个联邦的宪法、法律和最高国家机关以外，各组成单位还有自己的宪法和法律以及最高国家机关，根据联邦宪法的规定，行使自己的国家权力；联邦的权力可以遍及全国，而各州或共和国的权力只能在各州或共和国内部行使，各成员国的公民，同时又是联邦公民；有的联邦的成员国还有进行国际外交活动的权力，但在对外关系中，大多数联邦的各组成单位不是单独的主体。

邦联是一种松散的联盟。它以有关国家签订的条约为基础，是一些主权国家为了达到军事、贸易或其他共同的目的而组成的一种国家联合。邦联不是主权国家，没有统一的宪法、最高权力机关和行政机关，也没有统一的军队、赋税预算、国籍等。邦联所设的机关仅具有协商的性质，所形成的决定以成员国的自觉接受和自愿服从为基础。

2．我国是单一制的国家结构形式

（1）民族区域自治制度是解决我国民族问题的基本制度

民族区域自治制度是指在统一的祖国大家庭内，在国家统一领导下，按照宪法规定，以少数民族聚居区为基础，建立相应的自治地方，设立自治机关，行使自治权，民族区域自治的民族实现当家做主，管理本民族内部地方性事务。各民族自治地方都是中华人民共和国不可分离的组成部分。

（2）特别行政区是国家在必要时设立的

特别行政区是指在我国版图内，根据宪法和法律的规定，实行不同于一般行政区的政治、经济和法律制度，具有特殊法律地位，是在中央政府管理之下，不拥有国家主权的行政区域。

特别行政区与一般行政区的联系和区别：

特别行政区与其他一般行政区的共同之处主要表现在 3 个方面：第一，都是中华人民共和国不可分离的一部分，是我国地方制度的有机组成部分；第二，特别行政区是中华人民共和国的一级地方行政区域，直辖于中央人民政府；第三，特别行政区选举人民代表参加全国人民代表大会。

特别行政区与一般行政区的区别主要表现在以下 4 个方面：第一，地方政权体系不同；第二，行使权力的大小不同；第三，中央对它们的干预程度不同；第四，实施的法律不同。

3．国家政权的经济基础

国家政权又都是为一定的经济基础服务的，占据统治地位的阶级总是运用国家政权的力量来维护自己的经济利益和经济上的统治地位。我国目前处于社会主义的初级阶段，这一阶段的基本经济制度就是以生产资料公有制为主体，多种所有制经济共同发展，体现劳动者在生产过程中的主人翁地位和他们之间的平等、互助、合作关系，并且按照劳动的数量和质量分配社会产品的各项制度的总和。

社会主义公有制，又称社会主义所有制，是指生产资料属于全体人民或者劳动者集体所有的形式，主要包括国有经济和集体经济，还包括混合所有制经济中的国有成分和集体成分。非公有制经济包括劳动者个体经济、私营经济、外商投资企业等。

分配原则，《宪法》第六条规定："社会主义公有制消灭人剥削人的制度，实行各尽所能、按劳分配的原则。""国家坚持按劳分配为主体，多种分配方式并存的分配制度。"国家保护公民的合法收入、储蓄、房屋和其他合法财产的所有权。

4．我国宪法规定的行政区域划分

（1）一般行政区域单位：包括省、直辖市、县、市、市辖区、乡、民族乡、镇等；

（2）民族自治地方：包括自治区、自治州、自治县等；

（3）特别行政区：国家在必要时设立特别行政区。

5．国家象征

国家象征是一个主权国家的代表和标志，主要包括国旗、国徽、国歌和首都等。

公民的基本权利与义务

1．国籍和公民

国籍是一个自然人被确定属于某国家成员的法律上的资格。取得某一国籍的自然人不仅要享有该国宪法和法律规定的权利，而且也承担履行该国宪法和法律所规定的义务，该自然人的合法权益也受所属国家的保护。

国籍的取得方式有两种，即原始国籍和取得国籍。因出生而自然取得的国籍称原始国籍，其取得主要有 3 项原则：血统主义原则、出生地主义原则和混合主义原则。我国国籍的取得采取血统主义和出生地主义结合起来的混合方式，以血统主义为主。因加入一国而取得该国国籍，称为取得国籍。如我国国籍法规定外国人或者无国籍人愿意遵守中国宪法和法律，并符合一定条件的，可以加入中国国籍。

公民是指具有国籍，根据该国宪法和法律享有权利并承担义务的自然人。公民是一个人的第一位身份，各国普遍的做法是将取得国籍作为取得本国公民资格的法律条件。我国宪法规定，凡具有中华人民共和国国籍的人都是中华人民共和国公民。公民不同于人民，公民是一个法律概念，而人民是一个政治概念。公民的范围要比人民的范围广泛。

2. 基本权利和义务

宪法确认的公民权利具有宪法的地位和最高法律效力，称为基本权利或人权，表明了国家对公民最起码的、最基本的人格和尊严的认可与尊重。基本权利是公民作为权利主体的重要表现形式，也叫宪法权利，具有不可转让性。任何人都不得将权利擅自转让给他人（但财产权依法律规定除外）。基本权利中体现个人的社会地位和个人与国家关系的权利，选举权和被选举权，个人可以自由地处分，既可以行使也可以放弃，国家也可以予以剥夺、限制。

宪法确认国家机关负有保障个人实现其基本权利的义务。

宪法确认的公民义务同样具有宪法地位和最高法律效力，称为基本义务，也叫宪法义务，宪法义务是公民最主要、最基本和最低限度必须遵守和应尽的根本责任、基本权利和基本义务，可派生出公民的其他一般权利和义务，具有稳定性和排他性。

3. 人权和宪法

人权是指一定社会历史条件下，一个人所应享有和实际享有的权利。人权是宪法的渊源，宪法是人权的宣言书和保障书。列宁说“宪法是一张写着人民权利的纸”。宪法最根本的内容就是确认和保护公民的基本权利。

人权是文艺复兴时期西方资产阶级为反对封建专制而提出的口号。人权具有普遍性，是人类普遍享有的权利，只要有人的存在，就会有人权的存在，人权可以存在于不同社会历史环境中。同时，人权还具有特殊性，一切社会都有自己的人权概念，在人权问题上，中国政府与西方国家存在很多分歧。在长期的人权实践中，中国政府和人民形成了自己的人权立场和观点，如在人权的内容上，西方国家将人权的范围局限在政治权利和个人权利上，其核心内容是财产权，而我国政府认为人权的内容既包括政治权利，也包括经济、文化权利，不仅有个人人权，而且还有集体人权，对一个国家和民族来说，生存权和发展权则是首要的人权，中国政府一贯尊重和保护人权。2004 年的宪法修正案增加了一个条款，即“国家尊重和保障人权”。这是我国向世界做出的尊重和保障人权的宣示，有利于推进我国社会主权事业的发展，有利于我国在国际人权事业中进行交流与合作。

我国公民的基本权利、义务

1. 我国公民的基本权利和自由

我国宪法规定的公民的基本权利涉及社会生活的各个领域，主要包括以下几个方面：

（1）公民在法律面前一律平等

法律面前人人平等是一项宪法原则，却不是具体权利。从法律角度来说，平等是法律的根本属性，从权利角度来说，平等是一切权利实现的基本要求。法律面前人人平等是指法律上的平等，即公民在遵守法律和适用法律上一律平等，而不是立法上的平等。平等是指以法律规定的同等对待，不是指权利与义务的对等。

我国宪法规定的中华人民共和国公民在法律面前一律平等具有以下内容：

①任何公民都平等地享有宪法和法律规定的权利；

②任何公民都平等地履行宪法和法律规定的义务；

③任何公民的合法权益都平等地受到宪法和法律的保护，对任何公民违法和犯罪的行为，都平等地追究法律责任；

④任何公民个人或组织都不得享有超越宪法和法律的特权。

（2）政治权利和自由

政治权利和自由是宪法规定的公民享有的参与政治生活的权利和自由。根据我国宪法规定，政治权利和自由包括以下权利和自由：

①选举权和被选举权。我国《宪法》所规定的公民的选举权和被选举权具有广泛性的特点。凡是年满 18 周岁的公民，不分民族、种族、性别、职业、家庭出身、宗教信仰、教育程度、财产状况、居住期限，都有选举权和被选举权。但《宪法》同时又规定依照法律被剥夺政治权利的除外。我国《刑法》规定剥夺政治权利的内容包括：选举权和被选举权，宪法规定的公民享有言论、出版、集会、结社、游行、示威自由的权利；担任国家机关公职的权利及担任国有公司、企事业单位和人民团体领导职务的权利。

②政治自由。我国《宪法》规定的公民享有的政治自由有言论、出版、集会、结社、游行、示威自由，这是公民表达自己政治意愿、个人见解的自由，是公民参加国家管理、参与国家政治生活的一项基本权利。

（3）宗教信仰自由

根据我国《宪法》第三十六条的规定："任何国家机关、社会团体不得强制公民信仰宗教或者不信仰宗教"，我国公民享有的宗教信仰自由包括以下含义：

①公民有信仰宗教的自由，也有不信仰宗教的自由，任何国家机关、社会团体不得强制公民信仰宗教或者不信仰宗教；

②公民有信一种宗教的自由，也有信另一种宗教的自由；

③公民有过去信教现在不信教的自由，也有过去不信教现在信教的自由；

④同一宗教里公民有选择不同教派的自由；

⑤公民有参加或不参加宗教仪式的自由。

我国的宗教政策，一是对宗教自由不得强制；二是国家保护正常的宗教活动；三是宗教独立自主。

（4）公民的人身自由不受侵犯

人身自由是公民最重要的权利和自由之一，是公民行使其他一切权利和自由的前提和基础。人身自由可从狭义和广义两个方面理解，狭义的人身自由又称身体自由，是公民的人身不受非法的逮捕、拘禁、搜查，不得非法剥夺限制人身自由。广义的人身自由包括公民的人格权、住宅权不受侵犯，通信自由和通信秘密受法律保护等。

关于人身自由权，我国宪法规定，任何公民非经人民检察院批准或者决定或者人民法院决定，并经公安机关执行，不受逮捕；禁止非法拘禁和以其他方法非法剥夺或者限制公民的人身自由，禁止非法搜查公民的身体；禁止用任何方法对公民进行侮辱、诽谤和陷害；禁止非法搜查或者非法侵入公民的住宅；除因国家安全机关或者追查刑事犯罪的需要，由公安机关或者检察机关依照法律规定的程序对通信进行检查外，任何组织或者个人不得以任何理由侵犯公民的通信自由和通信秘密。

（5）批评、建议、申诉、控告、检举和取得赔偿的权利

我国各级国家机关及其工作人员主要是通过间接民主的方式选举产生的，并代表人民行使权力，因而在国家机构及其工作人员行使权力的过程中，人民必须通过各种途径和方式对他们实行监督，以保证各级国家机关及其工作人员能正确行使权力，全心全意为人民服务。监督权是一项综合性的权利。

我国宪法规定公民的监督权包括批评、建议、申诉、控告、检举和取得赔偿的权利。由于国家机关和国家工作人员侵犯公民权利而受到损失的人，有依照法律规定取得赔偿的权利。国家赔偿法规定了国家机关和国家机关工作人员违法行使职权，侵犯公民合法权益的国家赔偿责任。

（6）社会经济权利

社会经济权利是公民享有其他基本权利的物质基础，社会经济权利是指公民享有的经济生活、物质利益和社会保障方面的权利。我国宪法规定公民的社会经济权利主要有：

①劳动权利。劳动权利是指有劳动能力的公民有获得社会工作的资格。劳动权利包括劳动者的就业权利和取得报酬的权利。劳动权是公民实现自身价估的最重要的途径，我国宪法规定了国家实现公民劳动权利的基本政策。第一，国家通过各种途径，创造劳动就业条件；第二，国家加强劳动保护，改善劳动条件，并在发展生产的基础上，提高劳动报酬和福利待遇；第三，国家提倡社会主义劳动竞赛，奖励劳动模范和先进工作者；第四，国家对就业前的公民进行必要的劳动就业训练。

②休息权利。劳动者的休息权是和劳动权密不可分的，休息权可以保障劳动者的生命和健康，提高劳动效率。休息权是劳动者的休息和休养的权利。在我国，国家规定工作时间和休假制度来保证劳动者的休息权。

③退休权。退休是指企事业单位组织的职工和国家机关工作人员达到一定年龄时，退出原来工作岗位，按照国家规定领取一定退休金。退休权是公民的一项重要的权利。退休者的生活受到国家的保障。

④物质帮助权。物质帮助权是指公民通过自己的能力不能达到基本的物质生活水平有获得国家和社会救济的权利。我国宪法规定公民获得物质帮助的情况有：年老、疾病或者丧失劳动能力；残疾军人的生活，抚恤烈士家属，优待军人家属；盲、聋、哑和其他残疾的公民的劳动、生活和教育。

⑤财产权。财产权是公民的一项重要的经济权利，是公民行使其他权利和义务的物质基础。根据我国宪法规定，国家保护的公民个人的合法财产权包括公民合法的私有财产权和继承权。

我国公民合法的私有财产权是指公民个人通过合法劳动或者其他方式获得并占有一定财产的权利。如合法的收入、公民个人的储蓄、公民个人的房屋等。继承权是公民个人合法财产所有权的延伸，我国法律保护公民的私有财产的继承权。

（7）文化教育的权利

文化教育权利是指公民在接受教育和从事文化活动的过程中所享有的权利。我国宪法规定的公民文化教育权利主要包括：公民有受教育的权利和义务；公民有进行科学研究、文学艺术创作和其他文化活动的自由。

（8）妇女、儿童和老人受国家特殊保护

我国宪法规定，妇女在政治、经济、文化、社会和家庭生活等各方面均享有同男子平等的权利。妇女权益保障法将宪法这一规定具体化。我国制定和实施的《婚姻法》《继承法》《收养法》和《刑法》等法律对婚姻家庭及母亲和儿童的权利做出了具体的规定，如《婚姻法》规定的婚姻自由、一夫一妻原则、父母有抚养教育未成年子女的义务，成年子女有赡养抚助父母的义务，禁止虐待老人、妇女和儿童等。

9．保护华侨、归侨和侨眷的正当权利和利益

我国《宪法》规定，保护华侨的正当权利和利益，保护归侨和侨眷的合法权利和利益。华侨的正当权利和利益是指按照国际法和国际惯例，我国华侨旅居外国所应当享有的一切权利和利益，我国制定的归侨侨眷保护法对归侨侨眷的合法权利和利益的保护做了具体的规定。

2．我国公民的基本义务

根据我国《宪法》的规定，公民的基本义务主要包括以下几个方面：

（1）维护国家统一和各民族团结的义务

国家的统一包括国家领土的统一，国家政权的统一和国家主权的统一。各民族团结是各民族共同发展和繁荣的基本条件，国家统一和民族团结是我国社会主义革命和建设取得胜利的根本保证。公民都有义务与分裂祖国的行为做斗争，任何人不得以任何形式制造民族纠纷，离间民族关系，破坏民族团结。

（2）遵守宪法和法律，保守国家秘密，爱护公共财产，遵守劳动纪律，遵守公共秩序，尊重社会公德的义务

宪法和法律是我国人民根本利益和意志的集中体现，遵守宪法和法律，维护宪法和法律的尊严，是每个公民的神圣职责，是公民基本权利和义务体系的基础和核心。

泄露国家秘密将给国家和社会造成重大损失，侵害人民的根本利益。因而，保守国家秘密是公民应尽的义务。

社会主义的公共财产是巩固国家政权、使国家不断发展的物质基础，是神圣不可侵犯的。

劳动纪律是维护社会化大生产正常进行，提高劳动生产效率及保证劳动者人身安全的基本手段。公民必须承担遵守纪律的义务。

良好的公共秩序和社会公德是保证国家、社会、人民生活正常运行的基本条件。公民应当自觉遵守公共秩序，尊重社会公德。

（3）维护祖国安全、荣誉和利益的义务

维护国家的安全、荣誉和利益是国家政权稳定的根本保障；是社会生产正常进行的根本保障；是公民依法行使各项权利的根本保障。公民不得以任何理由和形式危害国家的安全、荣誉和利益，否则将依法追究其法律责任。

（4）保卫祖国、抵抗侵略、依法服兵役的义务

公民保卫祖国、抵抗侵略是维护国家安全的需要，其直接的方式就是依法服兵役和参加民兵组织。根据我国兵役法的规定，我国公民不分民族、种族、职业、家庭出身、宗教信仰和教育程度，都有义务服兵役，但有严重生理缺陷或严重残疾不适合服兵役的人，免服役，依照法律被剥夺了政治权利的人，不服兵役。

（5）依法纳税的义务

社会主义国家的税收取之于民，用之于民。公民依法纳税对增加国家财政收入、维护国家机器正常运转、改善和提高人民生活水平都有着重要意义。公民向国家纳税是一项光荣的义务，纳税事项是由国家法律做出规定，每个公民都应自觉遵守和执行有关法律法规，依法纳税。

3. 我国公民基本权利和义务的特点

（1）公民权利和自由的广泛性

我国公民享有权利和自由的广泛性体现在两个方面：一是享有基本权利和自由的主体非常广泛，在我国，全体社会主义劳动者、一切拥护社会主义与拥护祖国统一的爱国者享有宪法赋予的权利和自由。被剥夺政治权利的只是极少数。二是享有基本权利和自由的非常广泛。我国宪法所确认的公民权利和自由涉及政治、经济、人身、文化、教育、宗教各方面，随着我国民主法制的加强和我国中国特色社会主义现代化建设的发展，我国公民权利和自由的范围和内容还将进一步扩大和增加。

（2）公民权利和义务的平等性

公民权利和义务的平等性是指任何公民不仅享有宪法和法律规定的权利，同时必须平等地履行宪法和法律规定的义务。公民的正当权利和合法权利都受到法律平等地保护。任何组织或者个人都不得有超越宪法和法律的特权。任何人都必须在宪法和法律的范围内活动。司法机关也必须根据事实和法律

平等地保护公民的合法权益，平等地追究一切违法犯罪行为的法律责任。

（3）公民权利和自由的现实性

我国《宪法》规定的公民权利和自由的内容具有真实性，是可以实现的。其真实性主要体现两个方面：一是我国宪法对公民基本权利和自由的规定是从我国的国情出发，从我国政治、经济和文化发展的实际情况出发，坚持了实事求是的原则，因而是切实可行的。二是宪法规定的公民的基本权利和自由的实现是有法律保障和物质保障的。法律保障，如选举法规定对破坏选举的行为追究刑事责任和行政责任的规定；物质保障，如选举经费由国库开支的规定等。

（4）公民权利和义务的一致性

公民权利和义务的一致性是我国宪法的一个显著特征。主要体现在以下几个方面：

一是我国《宪法》规定公民享有的权利和履行的义务是统一的，不允许某些公民只享有权利，而另一些公民只履行义务。任何公民在享有宪法和法律规定的权利的同时必须履行宪法和法律规定的义务。二是我国《宪法》规定的某权利和义务彼此结合，如劳动权和受教育权既是公民权利也是公民的义务。三是我国《宪法》规定的公民的基本权利和义务相互制约、相互促进。宪法和法律为公民享有权利和自由提供保障，从而激发公民自觉履行义务的积极性，而公民自觉履行义务，才能促进国家经济发展、政治稳定，进而为公民享有各项权利提供可靠保证，促使我国公民的权利和自由的范围更加广泛。

国家机构

国家机构是统治阶级为了行使国家权力，实现国家职能而依据一定的组织原则建立起来的互相联系的国家机关的总和。在我国，按照国家机关的不同职能，可分为权力机关、行政机关、军事机关、审判机关和检察机关；按照国家机关的不同等级，又可分为中央国家机关和地方国家机关。

1．国家机构具有的特点和组织原则

（1）特点

①国家机构有鲜明的阶级性；

②国家机构行使国家权力，以国家的名义进行活动；

③国家机构是由统治阶级中最优秀的那部分成员组成；

④国家机构是一个严密的组织体系；

⑤国家机构是一个历史范畴。

（2）国家机构的组织活动原则

国家机构的组织活动原则主要有：民主集中制原则，社会主义法制原则，联系群众原则，民族平等原则，精简、效率的原则，党的领导原则。

2. 最高国家权力机关

（1）全国人民代表大会

全国人民代表大会是最高国家权力机关。

全国人民代表大会的主要职权有以下6个方面：

①修改宪法和监督宪法实施的权力；

②制定和修改国家基本法律的权力；

③对国家机构组成人员的选举；

④对国家重大事项的决定权；

⑤对其他国家机关的监督权；

⑥其他应当由它行使的职权。

（2）全国人民代表大会常务委员会

全国人民代表大会常务委员会，简称全国人大常委会，是全国人民代表大会的常设机构，是最高权力机关的组成部分，是在全国人民代表大会闭会期间，行使最高国家权力的机关。

全国人民代表大会常务委员会的职权可以归纳为以下6个方面：

①立法权；

②法律解释权；

③监督权；

④重大事项决定权；

⑤人事任免权；

⑥全国人民代表大会授予的其他职权。

（3）全国人民代表大会各专门委员会

全国人民代表大会专门委员会是全国人民代表大会的常设工作机构，由全国人民代表大会产生，受全国人民代表大会领导，向全国人民代表大会负责。在每次全国人民代表大会会议上各专门委员会都要向全国人民代表大会书面报告一年来的工作和今后一年的工作要点，在每届一次会议上还要报告过去一年的工作。在全国人民代表大会闭会期间，全国人民代表大会各专门委员会受全国人民代表大会常委会的领导。它是全国人民代表大会及其常委会的工作机关，不是最后决定问题的国家权力机关。全国人民代表大会专门委员会没有独立的法定职权，其主要职责是在全国人民代表大会及其常委会的领导下，研究、审议和拟定有关议案。全国人民代表大会根据宪法的规定和实际需要设立专门委员会。

（4）全国人民代表大会代表

全国人民代表大会代表，简称全国人大代表，是依照法律规定选举产生的最高国家权力机关的组成人员。

根据宪法和有关法律的规定，全国人民代表大会代表在执行代表职务时，享有以下几项保障措施：

①言论免责权；

②人身特别保护权；

③执行代表职务的时间保障；

④执行代表职务的物质保障；

⑤执行代表职务的服务保障；

⑥对阻碍全国人民代表大会代表执行代表职务的惩戒。

3. 国家主席

国家主席职权的基本特点是：国家主席不独立决定任何国家事务。他只在全国人民代表大会或全国人民代表大会常委会根据宪法规定的职权范围和程序，对国家事务出决定以后，予以宣布或执行。

国家主席的具体职权，根据《宪法》规定，主要有以下 4 个方面：

①公布法律，发布命令；

②任免国务院的组成人员和驻外全权代表；

③外事方面的职权；

④授予荣誉权。

4. 国务院

国务院即中央人民政府，是最高国家权力机关的执行机关，国务院是最高国家行政机关，国务院对全国人民代表大会及其常务委员会负责并报告工作。

5. 中央军事委员会

《宪法》分则规定：“中华人民共和国中央军事委员会领导全国武装力量”。这一规定表明，中央军事委员会是国家最高军事领导机关，有权领导和指挥全国武装力量。中央军事委员会实行主席负责制，从而明确了中央军事委员会的领导体制。

6. 地方各级人民代表大会和地方各级人民政府

地方各级人民代表大会是地方国家权力机关。本级的地方国家行政机关、审判机关和检察机关都由人民代表大会选举产生，在本行政区域内要对它负责，受它监督。

地方各级人民政府是地方各级国家权力机关的执行机关，是地方各级国家行政机关。

7. 民族自治地方的自治机关

民族自治地方包括自治区、自治州和自治县。民族自治地方的人民政府对本级人民代表大会和上级国家行政机关负责并报告工作，在本级人民代表大会闭会期间，对本级人民代表大会常务委员会负责并报告工作。各民族自治地方的人民政府都要服从国务院的统一领导。

8. 人民法院和人民检察院

人民法院是国家的审判机关。人民法院的任务是审判刑事案件、民事案件和行政案件。

人民检察院是国家的法律监督机关。

9. 特别行政区机关

（1）香港特别行政区

香港特别行政区行政长官是香港特别行政区的首长，代表香港特别行政区，依照基本法的规定对中央人民政府和香港特别行政区负责。

香港特别行政区政府是香港特别行政区行政机关，其首长是香港特别行政区行政长官。

香港特别行政区的立法机关是香港特别行政区立法会。

香港特别行政区各级法院是香港特别行政区的司法机关，行使香港特别行政区的审判权。

（2）澳门特别行政区

澳门特别行政区政府是澳门特别行政区行政机关，其首长是澳门特别行政区行政长官。

澳门特别行政区行政长官是澳门特别行政区的首长，代表澳门特别行政区，依照基本法的规定对中央人民政府和澳门特别行政区负责。

澳门特别行政区的立法机关是澳门特别行政区立法会。

澳门特别行政区法院是澳门特别行政区的司法机关，澳门特别行政区设立初级法院、中级法院和终审法院。

第三篇　民法基础知识

民法的概念

我国民法是调整平等主体公民之间、法人之间、公民与法人之间的财产关系和人身关系的法律规范的总称。民法是我国的基本部门法之一，在社会主义市场经济条件下，民法更是起到了基础性的作用，市场经济以资源的自由流通和自由竞争为特征，民法的民事主体制度，特别是法人制度确立了市场主体的法律地位；物权制度、知识产权制度确保了民事主体可以通过法律允许的多种途径取得财产，并获得法律的充分保障；民事责任制度在因他人的违法行为（主要为侵权行为和违约行为）造成损害的情况下，对受害者的利益予以充分的保护，保障正常的市场秩序不受破坏。当然，民法不仅限于为市场经济提供基本的法律框架，而且在保障人权、保障正常的家庭生活等方面，也发挥着基础性的作用。

民法的调整对象

根据《民法通则》第二条的规定，我国民法调整的对象包括以下两种社会关系：

1. 平等主体之间的财产关系

财产关系指权利、义务的客体可以以金钱衡量其价值的社会关系。可以作为民法调整的这种财产关系的主体的，主要是公民和法人两种。财产关系，多种法律部门都可以加以调整，但是调整的范围不同。民法调整的是平等主体之间的财产关系，或者说横向的财产关系。这与税法调整国家与纳税人之间的征税、纳税关系以及其他非平等主体之间的财产关系形成鲜明对比。

2. 平等主体之间的人身关系

人身关系指与民事主体的人身密切相连、不可分割的社会关系。作为民法调整的人身关系的主体的，也主要是公民和法人两类。与财产关系一样，人身关系也有多个法律部门都加以调整。民法调整的是平等主体之间的人身关系。与此相对比，以刑法为例，刑事责任规定的主要是对犯罪人的生命或者自由予以剥夺，也涉及公民的人身利益，但是这种人身关系就不属于平等主体之间的人身关系。

民法的基本原则

民法的基本原则反映民法的基本精神，是对具体民事法律规范的制定、解释、适用起到指导作用的根本方针，特别是当法律缺少明确规定时可以对法律适用起指导作用，它包括以下几种：

1. 当事人地位平等原则

《民法通则》第三条规定："当事人在民事活动中的地位平等"。根据平等原则，在民事活动中当事人的法律地位一律平等，任何一方只能根据法律的规定或者当事人之间的约定行使权力，不得将自己的意志非法强加给对方。在民事活动中，无论当事人的社会地位、财产状况等有无差异，法律地位都是平等的。平等原则体现了民法调整的社会关系的特点。

2. 自愿、公平、等价有偿原则

《民法通则》第四条规定，民事活动应当遵循自愿原则。自愿原则主要指当事人进行民事法律行为时，可以在法律规定的范围内，根据自己的意愿，设定、变更、消灭民事法律关系。自愿原则主要体现在合同自由上，即只要合同的内容不违反法律和社会公共利益、社会公德，当事人就可以订立，即使法律上并没有规定这种具体合同，合同也是有效的，受法律保护。遗嘱自由也是自愿原则的重要体现。民法的自愿原则使得当事人可以在不违反法律的前提下，自主地安排有关权利、义务，充分地实现自己的利益。自愿原则以及反映自愿原则的法律规定，是市场经济的最重要的法律基础之一。

《民法通则》第四条规定，民事活动应当遵循公平原则。公平是一种有赖于社会一般观念的主观评价。公平原则要求民事法律关系的内容应当公平，对于不公平的民事关系，法律上将给予否定性的评价。公平原则的一个明显体现，是《民法通则》规定显失公平的民事行为属于可变更、可撤销的民事行为。

《民法通则》第四条规定，民事活动应当遵循等价有偿原则。等价有偿是价值规律的要求，也是市场经济的应有之义。在商品交换当中，总是遵循等价有偿的价值规律，等价有偿原则是价值规律在民法上的集中体现。当然，在民事法律中并非所有的财产流转都是等价有偿的。比如赠予合同、无偿的委托合同等，另外即使是有偿合同，双方的给付价值也不一定相等，所谓等价是相对等价，不是指绝对等价。这当然不意味着这些民事法律关系是违反民法基本原则的。只要民事行为符合一般的公平观念，是当事人自愿进行，就是法律所承认和保护的，不能机械和孤立地理解等价有偿原则。

3. 诚实信用原则

《民法通则》第四条规定，民事活动应当遵循诚实信用原则。诚实信用原则，指一切法律关系的当事人，应当公平地考虑对方的正当利益和社会公共利益，善意地行使权力、履行义务。

诚实信用的要求，本是一种道德要求，即在不损害他人利益和社会利益的前提下追求自己的利益。但是民法的目的在于维持一种公平、高效的社会秩序，要求当事人诚实、守信用是实现这一目的所必需的。在民法的具体制度中，大量的制度都体现了诚实信用原则。比如因故意过失造成他人损失的，应当承担侵权的民事责任；因欺诈、胁迫而为的民事行为无效等。

诚实信用原则更重要的作用是，如果一方当事人因为恶意损害他人，即使缺乏法律的明确规定，当事人之间也无明确约定，仍然属于民事违法行为，应当承担民事责任。

4. 保护公民、法人合法民事权益和禁止权利滥用原则

《民法通则》第五条规定公民、法人的合法民事权益受法律保护。公民、法人依法取得的各种合法权益，包括各种人身权、物权、债权、知识产权以及其他合法权益，都受到法律的保护，如果不法侵害他人的合法权益，应当承担民事责任，权利人可以依法通过各种救济途径实现自己的权利。保护公民、法人合法民事权益，并不等于权利绝对，允许权利人按照自己的意志自由地行使权利，更不等于容许权利人在行使自己的权利时可以不顾国家法律、社会公德、社会利益，甚至去损害他人的合法权益。

权利行使以禁止恶意权利行使损害他人利益为原则。

民事法律关系

1. 民事法律关系的概念

民事法律关系是指民法规范所调整的、产生于平等主体之间的、以民事权利和民事义务为内容的法律关系。

2. 民事法律关系的要素

民事法律关系包括主体、内容、客体3个要素。

（1）民事法律关系的主体

民事法律关系的主体指在民事法律关系中享受权利或者承担义务的当事人，简称民事主体。民事法律关系是一种人与人之间的关系，所以必须有参加这种关系的主体。根据我国民事法律的规定，民事法律关系的主体主要是公民、法人两种，此外，没有法律资格的组织如果符合一定的条件，比如合伙组织、个体工商户、创作作品的非法人单位以及特殊情况下的国家，也是民事主体。

（2）民事法律关系的内容

民事法律关系的内容指民事法律关系的一方主体对他方享有的民事权利或者负有的民事义务。简单地说，民事法律关系的内容就是民事权利和民事义务。比如所有权法律关系中，所有权人所享有的对标的物占有、使用、收益、处分的权利和排除他人干涉的权利，义务人（所有人之外的其他人）都负有义务不去干涉所有权人对标的物的支配。

民法调整社会关系，就是为了使法律规定的民事法律关系的内容在现实生活中实现，使得权利人能够享有权利带来的利益，使义务人履行所负有的义务，并通过各种途径保证这种目的的实现。

（3）民事法律关系的客体

民事法律关系的客体指民事权利、义务所指向的对象。

各种不同的民事法律关系，客体有所不同，可以作为民事法律关系客体的有物、行为、智力成果、特定的人身权利以及特定的权利。例如物权法律关系的客体是物，债的关系的客体是行为，知识产权的客体是智力成果，各种人身权的客体是不同的人身利益。

自然人

1. 自然人的概念

自然人是指依自然规律出生，具有生物特性的人。自然人是与法人相对应的概念。民法上的“人”包括自然人和法人，狭义的“人”仅指自然人，故在法律意义上使用“人”的概念时，需要做特别解释，以便区分自然人与法人。

自然人与公民并非等同的，应该加以区别。公民是具有一国国籍，并根据该国宪法享有权利、承担义务的自然人。凡公民必然是自然人，但公民不等同于自然人，因为公民是以国籍为标志的，而所有的自然人并非均有国籍。

2. 自然人的民事权利能力

民事权利能力又简称权利能力，是民事主体享有民事权利、承担民事义务的资格。民事权利能力不同于权利，前者是取得权利的资格和前提条件，后者则是利用这种资格和前提条件获得的结果。民事权利能力的资格内容包括享受权利和承担义务两方面。民事权利能力具有下列特征：

（1）平等性

自然人的权利能力不存在任何差异，因为权利能力是每个自然人的固有属性，也不需要什么资格。人人有权利能力，人人有参与社会活动的平等机会，但不意味着参与社会活动的结果平等。

（2）不可转让性

民事主体的权利能力生而有，死则灭，由于权利能力是民事主体在世界上生存的基础，是无法转让或抛弃的。转让或者抛弃权利能力，无异于转让或抛弃自己的生存权。尽管有些具体的民事权利可以被放弃，但是这并不意味着权利能力的放弃。

（3）非依法不得剥夺或限制

对自然人的权利能力，在没有法律特别规定的情况下，不可剥夺或者附加限制。民事权利能力始于自然人出生之时，终止于自然人死亡之时。自然人出生的标志是以活体出现，其出生时间以完全脱离母体时为准，对此时间可以根据户籍文件的记载，或者参考医院出生证明等进行认定。自然人权利能力的终止以死亡为判断标准，但是，在法律上，死亡分为两种情形：一是自然死亡，如心脏停止跳动、脑死亡等均属于自然死亡；二是依法被宣告死亡。自然人的死亡是重要的法律事实，其效力表现为：不仅产生死者权利能力终止的法律效果，而且还发生涉及他人的法律效果，如婚姻关系消灭、继承开始等。

3．自然人的民事行为能力

民事行为能力是指民事主体通过自己的行动取得权利、承担义务及责任的能力。对自然人而言，行为能力取决于其体能和智能，即智力发育情况和精神健康状态。

自然人民事行为能力的类型包括：

（1）完全行为能力人

这类人能够依自己的意志进行活动，独立享有权利、承担义务和责任。它具体包括两类人：年满18周岁且智力与精神状态正常的成年人；年满16周岁不满18周岁的，能够以自己的劳动收入作为主要生活来源的未成年人，被视为完全民事行为能力人。

（2）限制行为能力人

这类人能够在法律许可的范围内或者经法定代理人同意独立进行民事活动，但是，这些活动应当符合下列条件：与限制行为能力人的生活密切相连；限制行为能力人能够理解自己的行为并预见其后果；行为所涉及的标的数额不大。限制行为能力人具体包括两类人：年满10周岁的未成年人；不能完全辨认自己行为的精神病人和痴呆者。

（3）无行为能力人

从理论上讲，这类人不能独立实施任何民事行为，但是在实际生活中凡是他们实施的纯受益、无义务、不损害他人利益的行为，如接受赠予、获取奖金等，法律一般不干预，但其性质不能是法律行为，因为它缺乏有法律效力的意思表示。无行为能力人具体包括：不满10周岁的未成年人；不能辨认自己行为的精神病人和痴呆者。

4．住所

住所，是自然人基于久居意图而长期居住的地方。《民法通则》第十五条规定：住所是自然人的户籍所在地。如果自然人经常居住的地方不是户籍所在地，则经常居住地被视为住所。确定住所的意义在于：一是确定准据法。例如，侵权行为的损害赔偿，适用侵权行为地法律确定法院对民商事案件的管辖。在法律没有特别规定的情况下，原告必须在被告住所地的法院起诉；二是确定债务履行地。债务的履行，在没有特别规定或者约定的情况下，债务人必须在债权人住所地履行债务；三是确定民事法律文书的送达地点，法院做出的民事法律文书的送达地点，是当事人的住所地。四是确定计算人身损害的赔偿标准。

5. 监护

监护是为无民事行为能力或者限制民事行为能力的未成年人、精神病人设立保护人，对其进行特别保护的制度。

（1）未成年人的监护

《民法通则》第十六条规定，未成年人的父母是未成年人的监护人。未成年人的父母已经死亡或者没有监护能力的，由下列人员中有监护能力的人担任监护人：祖父母、外祖父母，兄、姐；关系密切的其他亲戚、朋友愿意承担监护责任，经未成年人的父母所在单位或者未成年人住所地的居民委员会、村民委员会同意的。没有符合这些规定的人担任监护人的，由未成年人的父母所在单位或者未成年人住所地的居民委员会、村民委员会或者民政部门担任监护人。最高人民法院关于贯彻执行《中华人民共和国民法通则若干问题的意见》（以下简称《通则意见》），第十五条规定，有监护资格的人之间可以通过协议确定由谁担任监护人。

（2）精神病人的监护

《民法通则》第十七条规定，无民事行为能力或者限制民事行为能力的精神病人，由下列人员担任监护人：配偶，父母，成年子女，其他近亲属，关系密切的其他亲属、朋友愿意承担监护责任，经精神病人的所在单位或者住所地的居民委员会、村民委员会同意的。没有这些规定的人担任监护时，由精神病人的所在单位或者住所地的居民委员会、村民委员会或者民政部门担任监护人，《通则意见》第十五条规定，有监护资格的人之间可以通过协议确定由谁担任监护人。

6. 宣告失踪

如果一个公民失踪下落不明，则与该公民相关的财产关系将处于一种不确定的状态，失踪人的财产将不能得到有效的管理，也难以充分地发挥其效用，与失踪人有财产利害关系的人，其利益也将受到一些困扰。宣告失踪制度的目的，就在于根据利害关系人的申请，为失踪人设立财产代管人，以保护失踪人的利益，使有关法律关系得以确定。

（1）宣告失踪的条件

①公民下落不明满 2 年。下落不明是指公民离开最后居住地后没有音讯的状况，战争期间下落不明的，下落不明的时间从战争结束之日起计算。

②由利害关系人进行申请。人民法院并不主动宣告失踪而是必须有利害

关系人的申请。《通则意见》第二十四条规定，利害关系人指：被申请宣告失踪人的配偶、父母、子女、兄弟姐妹、祖父母、外祖父母、孙子女、外孙子女以及其他与被申请人有民事权利、义务关系的人。

（2）宣告失踪的程序

《民事诉讼法》第十五章第三节规定了宣告失踪案件审理的特别程序。依此规定，人民法院受理后。应当发出寻找下落不明人的公告，公告期为 3 个月。公告期间届满仍不能确知其下落的，应做出失踪宣告。

（3）宣告失踪的法律后果

①财产代管人的指定。《民法通则》第二十一条规定：失踪人的财产由他的配偶、父母、成年子女或者关系密切的其他亲属、朋友代管。代管有争议的，没有以上规定的人或者以上规定的人无能力代管的，由人民法院指定的人代管。指定失踪人的财产代管人，应当根据有利于保护失踪人财产的原则指定。无民事行为能力人、限制行为能力人失踪的，其监护人即为财产代管人。

②财产代管人的职责。《民法通则》第二十一条规定：失踪人所欠的税款、债务和应付的其他费用，由代管人从失踪人的财产中支付。其他费用包括赡养费、抚养费、抚育费和因代管财产所需的管理费等必要费用。

涉及失踪人的法律关系，在诉讼中，代管人作为原告或被告。失踪人的财产代管人不履行代管职责或者侵犯失踪人的财产权益的，失踪人的利害关系人可以向人民法院请求财产代管人承担民事责任。

③财产代管人不履行代管职责的，失踪人的利害关系人可以申请人民法院变更代管人。

（4）失踪宣告的撤销

《民法通则》第二十二条规定，被宣告失踪的人重新出现或确知他的下落，经本人或者利害关系人的申请，人民法院应当撤销对他的失踪宣告。

7. 宣告死亡

宣告失踪制度能够解决失踪人财产的管理、利用和财产纠纷。但是：一方面，不管经过多长时间，这些财产在法律上仍然属于失踪人，其继承人不能够继承，并且失踪人的婚姻关系等人身关系仍然存在，这些问题都会困扰有关当事人。宣告失踪制度不能解决这些问题。所以，法律上设有宣告死亡制度。人民法院可以根据有关当事人的申请，宣告下落不明满一定期限的人死亡，即在法律上推定其死亡。这样就可以发生与生理死亡相同的法律后果，消灭失踪人的民事主体资格，结束其所涉及的法律关系的不确定状态，使得有关当事人的合法利益获得实现。

（1）宣告死亡的条件

根据《民法通则》第二十三条的规定，宣告死亡应当符合以下这些条件：

①公民下落不明满 4 年，或者因意外事故下落不明，从事故发生之日起满 2 年，或者因意外事故下落不明，经有关机关证明该公民不可能生存。

下落不明是指公民离开最后居住地后没有音讯的状况。对于在我国台湾或者在国外，无法正常通讯联系的，不得以下落不明宣告死亡。战争期间下落不明的，下落不明的时间从战争结束之日起计算。

②利害关系人的申请。根据《通则意见》第二十五条的规定，申请宣告死亡的利害关系人的顺序是：配偶；父母、子女；兄弟姐妹、祖父母、外祖父母、孙子女、外孙子女；其他有民事权利、义务关系的人。

（2）宣告死亡的程序

《民事诉讼法》第十五章第三节规定了宣告死亡案件审理的特别程序。人民法院受理后，应当发出寻找下落不明人的公告，公告期为 1 年，因意外事故下落不明，经有关机关证明该公民不可能生存的，公告期间为 3 个月。公告期间届满仍不能确知其下落的，应做出死亡宣告。

（3）宣告死亡的法律后果

被宣告死亡的人，判决宣告之日起为其死亡的日期，发生死亡的法律后果，即丧失民事权利能力，遗产依法继承，婚姻关系消灭。

（4）死亡宣告的撤销

①被宣告死亡的人重新出现或者确知他没有死亡，经本人或者利害关系人申请，人民法院应当撤销对他的死亡宣告。利害关系人申请撤销死亡宣告不受顺序限制。

②有民事行为能力的人在被宣告死亡期间所实施的民事法律行为有效。被宣告死亡的和自然死亡的时间不一致的，被宣告死亡所引起的法律后果仍然有效，但自然死亡前实施的民事法律行为与被宣告死亡引起的法律后果相抵触的，则以其实施的民事法律行为为准。

③财产的返还。被撤销死亡宣告的人有权请求返还财产。如依照继承法取得他的财产的公民或者组织，应当返还原物，原物不存在的，给予适当补偿。被撤销死亡宣告的人请求返还财产，其原物已被第三人合法取得的，第三人可不予返还。但依继承法取得原物的公民或者组织，应当返还原物或者给予适当补偿。利害关系人隐瞒真实情况使他人被宣告死亡而取得其财产的，除应返还原物及孳息外，还应对造成的损失予以赔偿。

④有关人身关系。被宣告死亡的人与配偶的婚姻关系，自死亡宣告之日起消亡。死亡宣告被人民法院撤销，如果其配偶尚未再婚的，夫妻关系从撤销死亡宣告之日起自行恢复。如果其配偶再婚后又离婚或者再婚后配偶又死亡的，则不得认定夫妻关系自行恢复。被宣告死亡的人在被宣告死亡期间，其子女被他人依法收养，被宣告死亡的人在死亡宣告被撤销后，仅以未经本人同意而主张收养关系无效的，一般不应准许，但收养人和被收养人同意的除外。

法　人

1．法人的概念与特征

《民法通则》第三十六条规定：法人是具有民事权利能力和民事行为能力，依法独立享有民事权利和承担民事义务的组织。由这一概念可知法人的特征是：法人是一种组织，是法律拟制的“人”，而不是自然人；法人的法定代表人只是代表该法人的自然人，有人将法定代表人称为法人是错误的。这是法人与自然人的根本区别所在。

依法人设立的基础不同，法人分为几种情形：以人的集合为基础产生的法人，称为社团法人；以财产的集合为基础产生的法人，称为财团法人。与自然人一样，法人有其自己的权利能力。这是法人与非法人团体即没有权利能力的团体之间的区别所在。并非所有的团体均是法人，法人仅是社会生活中诸多团体中的一部分，只有具备法人条件的团体才被赋予法人资格；法人能够独立承担责任。设立法人的目的是将符合法人条件的团体视同一个自然人，参与交易使其介入社会经济生活，以降低交易成本。

2．法人成立的条件

我国法律对法人的成立采取严格条件限制，凡不符合条件者不得成为法人。根据《民法通则》第三十七条的规定，法人应当具备下列条件：

①依法成立。法人的设立，在其设立目的、设立方式、组织机构、经营范围和设立程序上均要符合法律的要求。

②有必要的财产或经费。从民法上讲，无财产即无人格，财产是民事主体实施民事活动的基本物质条件，也是法人独立承担民事责任的前提条件。对企业法人，要求有必要的财产；对机关法人、社会团体法人和事业单位法人，要求有必要的经费。

③有自己的名称、组织机构和场所。法人的名称是特定法人区别于他人的符号，该符号的实质是表明特定法人具有独立人格，它既独立于其成员的人格，也独立于其他法人或者团体的人格；组织机构是法人参与社会生活的重要条件，法人的组织机构通常包括决策机构、执行机构和监督机构。如股份有限公司是最典型的法人，在股份有限公司中，股东大会决定着公司的经营方针和重大事项，是公司的决策机构；经理执行决策机构的决定，是公司的执行机构；公司执行机构既可以是一个集体，也可以是一个人。监事会是监督公司的决策和经营活动的机构，属于公司的监督机构。场所是法人进行业务活动的相对固定的地方，如法人的主要办事机构所在地。

④能够独立承担民事责任。这意味着法人要能够以自己的财产独立承担自己的责任。法人的责任既不能要求其成员承担，也不能要求其他法人承担，同样，在法律没有特别规定的情况下，亦不能要求国家承担。即使是国有企业，因国家已经将国有的财产交由该企业独立经营，因此绝不能将该企业法人的民事责任同国家的责任混为一谈。

3．法人的类型

国际上较为通行的法人分类如下：

（1）财团法人与社团法人

这是依法人组建基础不同进行的分类，凡以人的集合为成立基础的，是社团法人，企业法人即社团法人；凡以捐助财产为成立基础的，则为财团法人，基金会法人是典型的财团法人。

（2）公益法人、中间法人和营利法人

这是依法人的事业有无营利性进行的分类。对营利性，一般认为应当从两个方面考虑：因经济行为获取利益；分配该利益于法人成员。鉴于此，营利法人是指以营利事业为目的的法人。《民法通则》中规定的企业法人就是营利法人，公司是最典型的营利法人。公益法人指以公益事业为目的的法人，其活动的目的具有公益性而非营业性。以科学研究、学术、慈善等事业为目的的法人是公益法人。中间法人是指既不宜归于营利法人，又难归于公益法人的法人，例如工会、商会、合作社等，营利法人与中间法人在组织形式上一定是社团法人。

4．法人的法定代表人

法定代表人是依照法律或者法人的组织章程规定，代表法人行使职权的负责人，如董事长、经理、厂长、校长等。法定代表人依其职权代表法人实施的行为，并非是他自己的行为，而是法人行为，其行为后果由法人承担。

法定代表人的变更并不影响法定代表人行为对法人所产生的效力，即法定代表人的变化对法人行为不产生影响。就法人的对外关系而言，因法定代表人的行为所产生的权利，由法人享有；因法定代表人的行为所导致的义务和责任，由法人以自己的财产承担，而不是以法定代表人或者法人的其他成员的个人财产对外承担责任。在对外承担责任后，法人可以在其内部对法定代表人或者其成员按照组织章程或劳动合同的约定追究责任。

5. 法人的变更和消灭

法人变更，是指法人在其存续期间内，其组织构成或其他重要事项发生变化，如与其他企业合并，法人的变更包括法人的合并与法人的分立。

法人的消灭，是指法人不再具有民事主体资格，其权利能力和行为能力消灭。依法被撤销、被解散，存续期间届满、破产等情形均可导致法人的消灭。

民事法律事实

民事法律事实，是指符合民事法律规范规定的，能够引起具体民事法律关系或者具体民事权利产生、变更和消灭的客观情况。例如，民法规定，合同依法订立的事实就能在特定的合同当事人之间产生具体的合同权利、义务关系；人的死亡能够引起具体的继承法律关系的产生；侵害行为能够引起具体的损害赔偿法律关系的产生；债务人部分履行债务的行为可以引起债的关系的变更；诉讼时效期间的届满可以引起当事人胜诉权的消灭等。这里合同依法订立、人的死亡、侵害行为实施、债务部分履行、诉讼时效期间的届满都是引起具体民事法律关系或者具体民事权利产生、变更、消灭的客观情况，都是民事法律事实。

民事法律事实具有如下特征：

1. 民事法律事实是一种客观情况。民事法律事实首先是一种客观事实。所谓客观事实是指脱离于人的主观意识的存在。如果是人的主观意识的东西则不是法律事实。

2. 民事法律事实是由民事法律规范规定的事实。客观情况各种各样，但并非一切客观情况都能引起民事法律关系或者民事权利的产生、变更和消灭，因此，并非一切客观情况都是民事法律事实。什么样的客观情况能够作为民事法律事实，是国家意志的体现，取决于国家对民事社会关系调整的需要。

国家把它所要调整的社会关系据以发生、变更、消灭的客观情况用民法规范加以规定，这种客观情况就成为民事法律事实。那些无须国家运用法律调整的社会关系及其相联系的客观情况，就不是民事法律事实，如日出、日落、四季变化、朋友约会、读书、散步、睡觉等。

民法规范对民事法律事实的规定有两种情况：一种情况是明确规定某种客观情况引起某种民事法律关系或民事权利的产生、变更和消灭，例如，出生引起自然人民事权利能力的产生；死亡引起继承权的产生；诉讼时效期间届满引起诉讼时效消灭等。另一种情况是规定当事人依法选择民事法律事实的自由，如果某一客观情况，法律虽未明确规定它为法律事实，但当事人只要符合民事法律规范规定，将某一客观情况纳入民事法律关系时，这一客观情况就成为民事法律事实，例如，天下雨本不是民事法律事实，但当事人依据民法规定将天下雨作为其法律行为所附条件时，天下雨则成为民事法律事实。

民事法律规范对民事法律事实的规定还体现在它要规定民事法律事实的构成条件或标准。比如，人的死亡民法上就有自然死亡的标准和宣告死亡的条件和程序，订立合同立遗嘱等法律行为都有其成立标准。

3. 民事法律事实是能够引起一定的民事法律后果的客观事实。民事法律规范规定民事法律事实就是规定民事法律事实的民事法律后果，正是由于民事法律规范的规定，一定的客观事实才引起民事法律后果的产生，从而决定了这客观事实成为民事法律事实。民事法律事实所引起的民事法律后果，就是引起具体的民事法律关系或者具体的民事权利的产生、变更和消灭。

民事法律事实构成

民事法律事实构成，也叫民事法律事实组合，是指由两个或两个以上的客观事实组合起来引起民事法律关系发生变更和消灭。通常情况下，某一特定的客观事实因法律规定就能独立引起民事法律关系的产生、变更和消灭。这一客观事实就是一个法律事实。但在有些情况下，法律规定必须由两个或两个以上的客观事实结合一起，才能引起某个民事法律关系的产生、变更和消灭。这种依法律规定由两个或两个以上的客观事实组合而成的民事法律事实，就是民事法律事实构成：例如，被继承人生前立遗嘱的法律行为与被继承人死亡的事件，遗嘱继承人接受继承的法律行为三个事实组合一起构成民事法律事实，才能引起遗嘱继承法律关系的产生。

民事法律事实的分类

民法学上关于民事法律事实的分类，依据民事法律事实的发生是否具有直接的人的意志性而将民事法律事实分为事件和行为两大类。

1．事件

事件，是指其本身不直接包含人的意志性的民事法律事实。这说明两点：第一，事件是和人的意志无关的，它区别于行为；第二，事件本身并不直接含有人的意志性，就是要把事件本身与引发事件的原因区别开来，如果事件是由人为原因引起的，人的意志性就与事件发生有间接的联系，但事件本身并不直接含有人的意志性，因而它仍然与行为相区分。例如，甲杀死乙，甲的杀人行为与乙的死亡事件就是可区分的。

事件法律事实的种类主要有以下几种：

（1）自然事件

自然事件是指与人的意志完全无关，纯由自然原因引发的事件。

①人的出生和死亡。人的出生、成长、患病、丧失劳动能力、死亡虽然与人密切联系，但其发生过程完全受自然规律支配，并不直接含有人的意志因素，是与人的意志无关的事件。出生在民法上引起公民民事权利能力的产生和公民人格权、亲权等法律关系的产生，死亡在民法上可以引起公民民事权利能力的终止，从而引起该公民为一方的民事法律关系的终止。死亡可以引起财产继承法律关系、保险赔偿或保险金给付关系的产生。民法中关于公民民事权利能力始于出生终于死亡的规定，代理关系因被代理人或代理人死亡而终止的规定，继承从被继承人死亡时开始的规定，关于宣告死亡的规定等都是关于出生和死亡法律事实的规定。

②自然灾害。比如地震、冰雹、水灾、旱灾等都可引起民事法律关系的产生、变更或消灭。例如，民法规定因不可抗力的发生可引起合同的变更和解除，可引起民事责任的免除。作为保险事故的自然灾害发生的，可引起保险赔偿法律关系的发生。

③一定时间的经过。例如，一定时间的经过可引起附期限民事法律关系的生效或终止，一定时间的经过可引起诉讼时效的消灭；债务履行期限的届满可引起债权请求权的行使或担保物权的行使。

④天然孳息的产生。天然孳息的产生可引起所有权的产生。

⑤意志能力人所实施的“行为”，无民事行为能力的人实施的“行为”与其意志无关，所以属于事件。

（2）人为事件

人为事件是指由人的行为引发的事件。作为事件的原因与人的行为有关，但事件本身却与人的意志无关，事件本身不直接含有意志属性。它与自然原因引起的自然事件相区别。主要包括以下几种情况：①战争、罢工、动乱等；②人为事故，比如纵火、失火，生产事故等；③人为原因引起的死亡；④人的失踪。

在人为事件中应当将作为事件原因的行为所引起的法律后果，与事件本身所引起的法律后果加以区分。比如，杀人行为的法律后果是要负刑事责任，而人死亡的后果则要引起继承法律关系的产生。

2. 行为

行为，是受人的意志支配的活动。人的行为十分广泛，但人的行为并不全由民法加以规定。比如吃饭、穿衣、睡觉、读书看报、走亲访友等行为民法就不规定，因而不是民事法律事实。

人的行为受民事法律规范规定的，就成为民事法律事实。例如，订立合同的行为、立遗嘱的行为、拾得遗失物的行为、生产行为、著作行为、侵权行为等。除了民法规定的行为外，其他法律规范规定的行为与民事法律后果相关联的，也可以引起民事法律关系的产生、变更或消灭，从而成为民事法律事实。例如，行政行为、司法行为等。

行为是人的意识支配的活动，其构成极为复杂，既有其主观意志状态，也有其客观表现状态，两者既可以是一致的，也可能出现不一致。人的行为意志因素既受自身因素决定，也会受到外界因素影响，因而行为样态表现出十分复杂的各种样态。民法在规定行为法律事实时是从各种样态规定其法律后果的。比如依行为人的主观心理状态有故意、过失、重大过失、单独过错、混合过错、无过错、知道、应当知道、不应当知道、恶意、善意、重大误解、欺诈、受欺诈、胁迫、自愿、真实、不真实等各种行为主观心理样态，其在法律上的后果就不一样。从行为的客观表现样态来看，有明示、默示，明示有口头、书面，默示有沉默、推定等。从对行为的法律评判看，有合法行为、违法行为等。总之，作为民事法律事实的行为，样态是多种多样，十分复杂的。

作为民事法律事实的行为，可以用不同的标准做如下分类：

（1）依据行为的法律性质的不同，可分为民法上的行为、行政行为、司法行为。

民法上的行为，是指由民法规定的作为民事法律事实的人的行为。这是行为法律事实中最主要的、最常见的。

行政行为，是指国家行政机关依法行使职权的行为。当行政行为与民事活动相关联时，就可以成为民事法律事实。例如，技术引进合同经主管机关批准的行为而生效，这里主管机关的批准行为即行政行为，就成为技术引进合同生效的民事法律事实。

司法行为，这里的司法行为是指人民法院对案件的判决行为，它可以引起民事法律关系的产生、变更和终止。

（2）根据行为人是否进行意思表示，可以将民法上的行为分为表意行为和非表意行为。

①表意行为。表意行为是指行为人通过意思表示进行的行为。表意行为包括民事法律行为、准民事法律行为、可变更和可撤销的民事行为、无效民事行为。表意行为就是我国《民法通则》创设的民事行为。

——民事法律行为。民事法律行为，是指当事人通过意思表示，旨在产生、变更、终止民事法律关系的合法行为。例如，依法订立合同的行为，立遗嘱的行为等。它是最常见、最大量、最重要的民事法律事实。

——准民事法律行为。准民事法律行为，是指民事法律行为以外，当事人实施的意思通知、观念通知、感情表示的行为。意思通知，如要约拒绝、履行催告、选择权行使催告；观念通知，如承诺迟到的通知、发生不可抗力通知、瑕疵通知、债权让与通知、转委托通知等；感情表示，如被继承人的宽恕等。

——可变更和可撤销的民事行为。可变更和可撤销的民事行为，是指当事人因重大误解而实施的民事行为或者显失公平的民事行为。

——无效民事行为。无效民事行为，是指当事人实施民事行为的意思表示不合法，因而不能产生当事人所预期的民事法律后果的行为。

②非表意行为。非表意行为，是指当事人无须意思表示而实施的行为。主要包括事实行为、违法行为等。

——事实行为。事实行为是指行为人主观上并无产生民事法律关系的意思，而是依照法律的规定引起民事法律关系后果的行为，例如，拾得遗失物、发现埋藏物、先占、加工、著作、无因管理等。

——侵权行为。侵权行为是因违反民法规定，侵犯他人合法权益，依法应承担民事责任的行为。

——违约行为。违约行为是指违反合同义务的行为。

（3）根据行为是否合于法律规定，可将民法上的行为分为合法行为和违法行为。

①合法行为。合法行为是指符合民法规定或不违反民法规定，能够引起民事法律后果的行为。主要包括民事法律行为、准民事法律行为、事实行为。

②违法行为。违法行为是指不符合或者违反民法规定的，依法应承担民事责任的行为。主要包括侵权行为和违约行为。

民事法律事实的地位、作用

在法的现象中，事实是极端重要的。民法规范中关于民事法律事实的规范在整个民法规范体系中，以及民法学理论中关于民事法律事实的理论在整个民法学理论体系中，都具有十分重要的地位，起着十分重要的作用。

1．民事法律事实在民法规范中的地位

法律规范的结构是由假定、处理、制裁三要素构成的，法理原理在民法规范中最为典型。假定，是法律规范中指明该法律规范适用条件的部分。处理是法律规范中关于人们的具体行为规则。制裁是法律规范中关于主体违反处理部分所招致的法律后果。这三要素体现于民事法律规范结构中就是：民事法律事实、民事法律关系、民事法律责任。民事法律事实是民法规范的假定部分，指明民事法律规范适用的条件。民事法律关系是民事法律规范的处理部分，规定民事主体的权利、义务，权利是民事主体可以做的，义务是民事主体必须做的，滥用权利或违反义务则是民法所禁止的。民事法律责任则是民事主体违反民事法律关系所招致的法律后果。例如，民法规定合同依法订立（民事法律事实即假定），当事人就必须全面严格地履行合同义务，任何一方不得擅自变更合同，不得违反合同（民事法律关系即处理），否则，就要承担违约责任（民事法律责任，即制裁）。由此可见，民事法律事实是民事法律规范的假定部分，它是民事法律关系和民事法律责任规范适用的前提。

2．民事法律事实在实现民法调整功能中的作用

民事法律规范对民事社会的调整功能，就是通过民事法律关系将民事社会关系纳入到民事权利、义务的有序状态，得以顺利运转。而仅有民法规范

尚不能产生民事法律关系，更不会有民事法律关系的变更和消灭，只有当一定的民事法律事实出现时，才能在当事人之间产生具体的民事权利、义务关系，民事法律事实是产生、变更、消灭民事法律关系的直接原因，是适用民法规范的事实依据。它实际上起着发动民法调整的作用。没有民事法律事实，民法规范对民事社会关系的调整功能则是无法实现的。

民法规范对民事社会关系的调整的动态过程可概括为：当一定的民事法律事实出现时，民事主体之间则依法产生、变更、消灭一定的民事权利、义务关系，在民事责任的保障下，民事主体依法正确行使权利、切实履行义务，民事社会关系就得到了调整；如果民事主体滥用权利、违反义务，则要通过民事责任的制裁或救济，以便当事人之间的民事关系又恢复到民事法律关系的正常状态。由此可见，民事法律事实在实现民法对民事社会关系的调整功能中具有重要的作用。

3．民事法律事实理论对民事司法实践的意义

民事司法实践中遵循的基本原则就是“以事实为根据，以法律为准绳”，所谓以事实为根据就是以民事法律事实为根据。以民事法律事实为根据才能查明民事案件事实，确定当事人之间民事法律关系产生、变更、消灭的原因及其权利、义务变化的状态，在此基础上，以法律为准绳判明当事人之间民事权益争执，对合法的民事权利给予保护，对违法行为给予制裁。

在民事诉讼过程中当事人向人民法院举证，人民法院审查、判断证据，都是围绕证据能够证明民事法律事实进行的。因此，只有在民事法律事实理论的指导下，才能正确及时地收集、提供、审查、判断能够证明民事法律事实的证据，弄清法律事实，排除非法律事实，正确地依据民事法律事实适用法律做出判决，使法律准绳适用于正确的事实基础之上，避免以非法律事实做出错误判决。由此可见，掌握民事法律事实理论对于正确从事民事司法实践有重要的指导意义，它是保证民事审判以正确事实为根据的理论基础。

民事法律行为

民事法律行为是民事主体实施的以设立、变更、终止民事权利、义务为目的，以意思表示为基本要素的合法行为。《民法通则》第五十四条规定：“民事法律行为是公民或者法人设立、变更、终止民事权利和民事义务的合法行为。”

在这里要区分民事行为和民事法律行为。民事行为是民事主体为了设立、变更、终止民事法律关系而实施的以意思表示为构成要素的行为。民事主体设立、变更、终止民事法律关系的意思表示合于法律规定，就能发生法律效果，从而成为民事法律行为。民事主体的意思表示违反了法律规定或者有法律规定的瑕疵，就不能发生或不能当然发生意思表示的法律效果，而成为无效民事行为或可变更、可撤销的民事行为。可见，民事行为是民事法律行为的上位概念，民事行为包括了民事法律行为、准民事法律行为、无效民事行为、可变更和可撤销的民事行为、效力未定的民事行为等。

民事法律行为具有以下特征：

（1）民事法律行为是由民事主体做出的。国家行为、裁判行为虽也能导致民事法律关系的变动，但是其并不属于民事法律行为。

（2）民事法律行为是合法行为。任何人的行为不得以损害他人的权利或破坏公共秩序为代价。

（3）民事法律行为是以意思表示为核心要素的，且目的是为追求某种法律效果。任何民事法律行为都必须具备意思表示这一要素。

民事法律行为的分类

依据不同的标准，民事法律行为可做以下几种分类：

（1）以进行法律行为的人数为标准，可将民事法律行为区分为单方行为、双方行为与多方行为。单方行为是指根据一方行为人的意思表示即可成立的民事法律行为，如订立遗嘱。双方行为是指行为人双方意思表示达成一致才可成立的民事法律行为，合同行为即是典型的行为。多方行为是指两人以上的行为人的意思表示达成一致才可成立的民事法律行为。如两人以上的合伙人订立合伙合同的行为。

（2）以民事法律行为有无对价为标准，可以将民事法律行为区分为有偿行为与无偿行为。有偿行为是指行为人一方取得利益须以向对方支付对价为前提的民事法律行为，如买卖合同。无偿行为是指行为人约定一方承担义务，而对方在取得利益时无须支付对价的民事法律行为，如赠予合同。

（3）根据民事法律行为除意思表示之外，是否以标的物的交付为成立要件，可以把民事法律行为分为诺成性行为和实践性行为。诺成性行为是指行为人双方意思表示达成一致即可的行为。实践性行为是指民事法律行为的成立，不仅要求双方行为人意思表示达成一致，还要求交付标的物。

（4）以民事法律行为的成立是否必须依照法定的形式实施为标准，可以把民事法律行为区分为要式行为与不要式行为。要式行为是指必须按照法律或行政法规规定的特定形式实施方可成立的民事法律行为。不要式行为，法律或行政法规没有规定特定形式，行为人可以选择某种形式的民事法律行为。

此外，民事法律行为还可以分成：主民事法律行为、从民事法律行为；有因民事法律行为、无因民事法律行为；财产民事法律行为、身份民事法律行为；财产处分民事法律行为、财产负担民事法律行为等。

民事法律行为的形式

民事法律行为的形式，实质就是作为其核心要素的意思表示的形式，主要有明示和默示两种。明示是使用直接语汇实施的表示行为，包括口头形式，它的优点就是快捷，但不具备保留证据的特点。书面形式主要指文字（文件、信函、电报）、图表、数据、照片等形式。它相对于口头形式具有保留证据的特点，适用于标的额较大的民事法律行为。除此之外，明示还包括依习惯使用的特定形体语汇，如举手招呼出租汽车，即表示有租用该车的意思。

默示是一种较为含蓄的表达意思表示的方式。按默示时的作为和不作为又可划分为：（1）推定，如租赁合同届满，承租人继续交付租金，出租人予以接受，便可推定两者对延长租赁时间已达成一致；（2）沉默，只有在法律有规定或当事人有约定的情况下才可以视为意思表示。如《中华人民共和国继承法》第二十五条第二款规定受遗赠人到期没有表示的，视为放弃受遗赠。

民事法律行为的成立与生效

我国《民法通则》第五十五条规定：“民事法律行为应当具备下列条件：（1）行为人具有相应的民事行为能力；（2）意思表示真实；（3）不违反法律或者社会公共利益。”一般情况下，民事法律行为只要具备以上三项内容就成立并生效，但对某些民事法律行为还需要满足法律规定的特别要求后方可成立或生效，如实践性民事法律行为需要标的物的交付才可成立和生效，要式合同需要履行登记等法律手续才可生效。民事法律行为一旦成立，意思表示人就必须受约束，不得擅自变更或撤回。

民事行为的效力状态

民事行为的效力状态是指民事行为成立后能否引起行为人意思表示内容所追求的民事法律效果的不同状况。民事行为的效力状态大致有以下几种情况：有效、无效、可变更和可撤销、效力未定、部分有效部分无效等。

1. 民事法律行为的有效

民事行为成立具备民事法律行为有效条件的，就是民事法律行为。民事法律行为从成立时起具有法律约束力，行为人非依法律规定或者取得对方同意，不得擅自变更或者解除。民事法律行为有效，就能按照行为人意思表示的内容引起民事法律关系的设立、变更和终止。

2. 民事行为的无效

民事行为的无效是指已经成立的民事行为因不具备民事法律行为的有效条件，因而根本不能引起行为人意思表示内容要求的民事法律后果。

3. 民事行为的可变更和可撤销

民事行为的可变更或可撤销，是指民事行为成立后就引起了意思表示内容所要求的民事法律效果，但未充分具备有效条件，法律允许当事人变更或撤销。这种民事行为的效力具有相对性，在当事人依法撤销以前其效力状态处于有效状态，但并非绝对有效，经当事人依法撤销后，从行为成立时不产生法律效力，自始不产生行为人意思表示内容的法律效果；但撤销权人知其可撤销事由后不行使撤销权而承认其效力或者于法定撤销期间不行使撤销权，该民事行为则成为绝对有效民事行为，其效力同于民事法律行为。

4. 民事行为的效力未定状态

民事行为的效力未定，是指民事行为成立后因欠缺有效条件而不能生效，但法律允许第三人补充有效条件而使其生效或听任其不予补充而使其无效的不定状态。这类民事行为的效力取决于第三人是否补充有效条件而处于待定状态。例如，无权代理民事行为须被代理人追认而有效，或被代理人不予追认而无效。

5. 民事行为的部分有效部分无效

民事行为的部分有效部分无效是指民事行为内容的一部分不具备法律行为的有效条件而无效，但并不影响其余部分的效力，其余部分仍然是有效的民事行为效力状态。

无效民事行为的类型

（1）行为人不具有行为能力实施的民事行为。它主要是指：无民事行为能力人实施的纯获利益以外的行为；限制民事行为能力人实施的与其年龄、智力、精神健康状况不相适应的行为以及纯获利益以外的行为且为其法定代理人未在法定期限内予以追认。

（2）意思表示不真实并损害国家利益的民事行为。它主要是指一方以欺诈、胁迫的手段实施的损害国家利益的合同行为。所谓欺诈，是指故意欺骗他人，使之陷于错误的行为。所谓胁迫，是指以给公民及其亲友的生命健康、荣誉、名誉、财产等造成损害，或者以给法人的荣誉、名誉、财产等造成损害为要挟，迫使对方做出违背真实意思表示的行为。在欺诈和胁迫情况下，只有损害国家利益为无效的民事行为，其余则属于效力待定民事行为。

（3）恶意串通，损害国家、集体或者第三人利益的行为。

（4）以合法形式掩盖非法目的的行为。

（5）违反法律或者社会公共利益的行为。《民法通则》第五十八条第二款规定："无效的民事行为，从行为开始起就没有法律约束力。"由此可以得知，无效民事行为所强调的无效是指行为自始无效且当然无效，如果这类行为所约定的义务尚未履行，那么就无须再去履行；对于这类行为所约定的义务正在履行之中，即应中止履行；对于已经履行的部分，依照我国《民法通则》第六十一条规定，民事行为被确认为无效或者被撤销后，当事人因该行为取得的财产，应当返还给受损失的一方。有过错的一方应当赔偿对方因此所受的损失；双方都有过错的，应当各自承担相关责任。双方恶意串通，实施民事行为损害国家的、集体的或者第三人的利益的，应当追缴双方取得的财产，收归国家、集体或者返还给第三人。对于部分无效的民事行为，不影响其他部分效力的，其他部分仍然有效。

可变更、可撤销的民事行为

根据我国《民法通则》第五十九条规定及《中华人民共和国合同法》第五十四条第一款规定，可变更、可撤销的民事行为类型有以下几种：

（1）行为人对行为内容有重大误解的。这是指因认识错误而实施的行为。

基于错误认识的行为，行为人的表意虽然是自愿的，但却是违背本意的。

（2）显失公平的。显失公平的行为是民事行为效果明显违背公平原则的行为。一方当事人利用优势或者利用对方没有经验，致使双方的权利与义务明显违反公平、等价有偿原则的，可以认定为显失公平。

（3）一方以欺诈、胁迫、乘人之危的方式使对方在违背真实意思的情况下所实施的合同行为。一方当事人故意告知对方虚假情况，或者故意隐瞒真实情况，诱使对方当事人做出错误意思表示的，可以认定为欺诈行为；一方当事人乘对方处于危难之机，为牟取不正当利益，迫使对方做出不真实的意思表示，严重损害对方利益的，可以认定为胁迫行为。

对于可变更、可撤销的民事行为，当事人请求变更的，人民法院应当予以变更；当事人请求撤销的，人民法院可以酌情予以变更或者撤销。由此可见，可变更、可撤销的民事行为必须经人民法院裁决方可变更、撤销。可变更或者可撤销的民事行为，自行为成立时起超过一年当事人才请求变更或者撤销的，人民法院不予保护。

效力未定的民事行为

民事行为的效力未定，是指某些民事行为成立后，能否依行为人效果意思发生法律效力尚未确定，待第三人意思表示补助后才能确定。这类民事行为称为效力未定的民事行为。

1．效力未定民事行为的类型

效力未定的民事行为主要有以下几种：

（1）无权处分行为。无权处分行为是行为人对于他人权利标的并无处分权但却以自己名义实施处分的行为。无权处分人以自己名义处分他人权利标的，是对他人权利的侵犯。因此，能否确定这一处分行为的效力，应完全取决于有处分权的当事人的意思。如果处分权人承认无权处分人的处分行为，实际上就是处分权人自己行使的处分权，无权处分行为也就成为确定有效的民事行为；如处分权人不承认无权处分人的处分行为，则成为确定无效的民事行为。

（2）无权代理行为。无权代理行为，是指行为人无代理权，而依被代理人即本人名义所为的民事行为，行为人未取得对本人事务的代理权，就无权依他人名义进行代理行为，无权代理行为成立后，其法律后果要被代理人

（本人）承受，对本人有重大利害关系，因此，能否按照行为内容发生法律效力，应取决于本人的意志。在本人未追认前，其效力处于未确定状态。只有在本人对无权代理人以自己名义实施的民事行为予以追认后，才能发生法律效力。

（3）债务承担。债务承担是指债务人与第三人约定，由第三人承担债务人对于债权人债务的民事行为，因为第三人承担债务人对债权人的债务，第三人的信用及履债能力对于债权人债权的实现有利害关系，因此，要债务人承担民事行为对债权人有效，发生债务转由第三人承担的效力，就必须经债权人同意，才能有效。

（4）限制民事行为能力人实施的超越其行为能力范围的民事行为。依《民法通则》第十二条、第十三条规定，限制民事行为能力人只能实施法律允许其实施的与其行为能力相适应的民事行为或纯粹获利性行为，其他民事行为则要由法定代理人代理或经法定代理人同意其实施。如果未经法定代理人同意，限制民事行为能力人实施了越出其行为能力范围的民事行为，则属于效力未定的民事行为，如获法定代理人追认同意则成为确定有效的民事法律行为，如法定代理人拒绝追认，则成为确定无效的民事行为。

2. 效力未定民事行为的效力

（1）效力未定民事行为具有成立效力。行为人意思表示做出并符合民事行为成立要件，就成立。但能否发生意思表示内容要求的民事法律效果则是不确定的。

（2）民事行为效力不确定是因为它欠缺民事行为有效条件，但欠缺的条件法律允许通过补助而完备，所以在得到补助前，该民事行为既非无效，也非有效，而是有待确定。

（3）民事行为效力的确定取决于享有形成权的第三人的承认或拒绝。享有形成权的第三人追认该民事行为有效的，从行为开始即发生法律效力，从而转化成确定有效的民事法律行为；如果第三人拒绝追认该民事行为，则该民事行为自始无效，成为确定无效的民事行为。

民事行为无效或被撤销的法律后果

根据《民法通则》第六十一条规定，民事行为无效或被撤销，主要有以下几种法律后果：

双方互相返还财产；
单方返还财产；
赔偿损失；
追缴双方取得的财产。

民事代理

1．代理的概念

代理是指代理人以被代理人或以自己的名义，在代理权限范围内向第三人为意思表示或受领意思表示，而该意思表示产生的法律后果由被代理人来承担的民事法律行为。在代理关系中，被代理人也称本人，第三人也称相对人。

2．代理的特征

（1）代理人须以被代理人或以自己的名义来进行民事行为。代理有广义和狭义之分，狭义的代理仅指代理人以被代理人的名义进行活动，即所谓的直接代理，而广义的代理不仅包括直接代理，同时包括代理人以自己名义代理被代理人的民事行为。我国现行的民事立法采用广义的代理。

（2）代理人以意思表示为职能。代理人进行代理行为，以代本人实施民事行为为使命，因此，代理人以自己的技能为本人的利益独立为意思表示，是代理人的职能。但凡意思表示具有严格的人身性质，必须由表意人亲自做出决定和进行表达的行为，尽管包含有意思表示因素，也不得适用代理。如订立遗嘱、婚姻登记、收养子女等行为不得代理。

（3）代理行为的法律效果归属于被代理人。代理是被代理人经由代理人进行的民事法律行为，是为了设定本人自己的民事权利并负担民事义务。所以，代理人在代理权限范围内与第三人进行的一切民事法律行为所产生的法律效果均由被代理人负责。

3．代理的类型

依据代理权产生的原因不同，可将代理分为委托代理、法定代理、指定代理。

（1）委托代理。委托代理是代理人根据被代理人授权而进行的代理。民事法律行为的委托代理，可以用书面形式，也可以用口头形式，法律规定用书面形式的，应当用书面形式。书面委托代理的授权委托书应当载明代理人的姓名或者名称、代理事项、权限和期间，并由委托人签名或者盖章。委托书授权不明的，被代理人应当向第三人承担民事责任，代理人负连带责任。

（2）法定代理。法定代理主要是为民事法律行为能力欠缺者设计的，它是法律根据自然人之间的亲属关系而直接规定产生的代理权。

（3）指定代理。指定代理是指基于法院或有关机关的指定行为发生的代理。有关机关指依法对被代理人的合法权益负有保护义务的组织，如未成年人所在地的居民委员会或村民委员会等。

4. 代理权的终止

我国《民法通则》第六十九条规定，有下列情形之一的，委托代理终止：（1）代理期限届满或代理事务完成；（2）被代理人取消委托或代理人辞去委托；（3）代理人死亡；（4）代理人丧失民事行为能力；（5）作为被代理人或代理人的法人终止。第七十条规定，有下列情形之一的，法定代理和指定代理终止：（1）被代理人已取得或恢复民事行为能力；（2）被代理人或代理人死亡；（3）代理人丧失民事行为能力；（4）指定代理的人民法院或者指定单位取消指定；（5）由其他原因引起的被代理人和代理人之间的监护关系消灭。

5. 表见代理

（1）表见代理的概念

表见代理，是指代理人虽不具有代理权，但因某种表面现象，足以使善意第三人相信代理人对本人有代理权，而与代理人进行法律行为，由此产生的法律效果依法直接归本人承担的代理。表见代理制度的作用在于维护善意第三人利益，维护交易安全。

（2）表见代理的构成条件

①须代理人不具有代理权。表见代理人实施表见代理行为时，对该代理行为不具有代理权，是成立表见代理的首要条件。

②客观上存在使第三人相信表见代理人有代理权的外表现象。比如，表见代理人持有被代理人的授权委托书，被代理人的介绍信、合同专用章、盖有印章的空白合同书等。

③第三人为善意。第三人为善意是指表见代理人以被代理人名义在与第三人进行法律行为时，第三人不知道，也不应当知道表见代理人实际上不具有代理权。反之，第三人在行为时已经知道或依情况应当知道表见代理人不具有代理权，而仍然与其发生代理行为的即为有恶意，是不成立的表见代理，表见代理只维护善意第三人利益。

④表见代理人与第三人实施的代理行为除不具备代理权要件外，仍须具

备代理民事法律行为的其他有效要件。

（3）表见代理的效力

表见代理对第三人与被代理人发生有权代理的法律效果，产生代理行为所引起的民事法律关系，第三人有权以表见代理为理由要求被代理人承受其权利、义务，被代理人不得以表见代理人无代理权抗辩善意第三人。被代理人因向第三人履行债务或承担责任而遭受损失的，他只能向表见代理人追偿；如果损失是由被代理人与表见代理人双方过错造成的，依过错程度由被代理人与表见代理人分担损失。第三人也可以放弃向被代理人主张表见代理的权利，而主张狭义无权代理，要求无权代理人向其履行所实施法律行为引起的债务，或赔偿其因此遭受的经济损失。对第三人承担了责任的表见代理人也可以向有过错的被代理人追偿，但表见代理人故意实施表见代理行为的，不得向被代理人追偿。

人身权

1. 人身权的概念和特征

人身权是指民事主体依法享有的与人身密切相连且无直接财产内容的民事权利。它是具有平等身份的人基于彼此的人格和身份而形成的相互关系在权利上的体现。人身权具体包括两类：一是以权利人自身的人格要素为客体的人格权，如生命健康权、姓名权、名誉权、肖像权、隐私权等；二是基于一定的身份关系而存在的身份权，如荣誉权、亲权、配偶权等。

人身权具有下列法律特征：

（1）平等性

任何民事主体的人格均是平等的，即使民事主体在社会地位、文化程度、宗教信仰等方面存在差异，都不会产生人身权的差异。因此，任何人都享有生命健康权、姓名权、肖像权、名誉权等。凡有子女的父母亦均享有监护权，凡有婚姻关系者均享有配偶权。

（2）非直接财产性

人身权不具有直接的财产内容，因为人身不是财产，不具有经济学上的经济价值和使用价值，不能用金钱进行衡量，只能从观念上进行判断，任何人不得买卖人身。因而不具有直接的财产内容，但是它与财产关系又有着密切的联系。

（3）专有性

人身权专属于民事主体的特定人身，没有人身权的民事主体即丧失了作为社会成员的资格，没有民事主体的人身权亦是不可能存在的。人身权不能像财产权那样被转让、赠予或者继承，除非法律有明确的特别规定。

（4）绝对性和支配性

人身权是一种绝对权和支配权，除权利主体外，任何他人均不得侵犯其权利，同时权利主体可对自己的人身与人格利益直接进行支配，而无须他人的协助。

（5）对人身权保护具有特殊性

除民法保护外，还通过刑法、行政法等保护。

2．人格权

人格权是指主体依法固有的、以人格利益为客体的、为维护主体的独立人格所必备的权利。人格权主要包括：

（1）生命权

生命是指自然人的生理活动能力，生命权是以其性命维持和安全利益为内容的人格权，又称为生存权。生命权的内容：

——可保护自己的生命。公民在遭受他人非法侵害时，有权实施正当防卫；在遭遇意外事故时，有权实施紧急避险；如遇环境危险时，有权消除危险或要求消除危险。公民的生命权非依法定程序不得剥夺。

——可要求侵害人赔偿财产损失。公民的生命遭受他人非法侵害造成财产损失时，本人有权要求侵害人赔偿，本人如已死亡，可以由近亲属行使这一权利。

——可请求司法机关追究侵害人法律责任。公民的生命遭受恐吓、威胁、侵害，本人或家属有权请求司法机关追究侵害人的法律责任。

——可为他人提供血液、肌体、器官。公民可献血以救死扶伤，可将自己的肌体、器官提供他人做医学试验和其他科学实验，捐助自己的器官供他人移植。

（2）健康权

健康是人的各器官生理机能完整，正常运转。健康权是指自然人对自己的器官功能和心理功能的完整性和正常运转所享有的权利，它包括器质健康、功能健康、生理健康和心理健康。健康权的内容：

——公民可提高自己的生活质量，保持和追求健康；

——公民患病时可请求医治，恢复健康，医疗机构不得拒绝；

——公民健康遭受他人非法侵害时，可请求侵害人排除侵害，赔偿损失，并可请求司法机关追究侵害人的法律责任。

（3）身体权

身体权是自然人主体依法享有自己身体的权利。身体权的内容：身体权的内容为权利主体依法享有、支配、保护自己的身体，他人不得非法妨碍。侵犯身体权的表现有：

——非法搜身，包括无权搜身和有权搜查的机关或个人违反法定程序之搜身；

——伤害他人身体；

——未造成伤害之殴打他人身体；

——未造成伤害之破坏他人身体，如强行剃除眉毛；

——未造成伤害之侵犯他人身体，如面唾他人；

——以伤害他人身体相威胁。

公民有权拒绝上述非法侵害行为，公民身体权受侵犯后，可请求侵害人赔礼道歉，赔偿财产损失，并可请求司法机关追究侵害人法律责任。

（4）姓名权

姓名是特定自然人区别于他人的符号。一般由姓氏与名字构成，除真名外，还有笔名、艺名、别名、乳名、字、号等形式。姓名权的内容包括姓名决定权、姓名变更权、姓名使用权。自然人有权要求他人正确使用自己的姓名，有权禁止他人以假冒、盗用的方式使用自己的姓名，凡假冒他人姓名、恶意使用他人姓名、干涉姓名权的行使等均属于侵权行为。

（5）名称权

名称是姓名的另一种说法，是法人或者不具有法人资格的团体的标记，专属特定的法人或社会组织享有。名称权是法人及其他社会团体享有的符号权，具体包括名称决定权、名称变更权以及根据法律的特别规定将名称转让给他人的权利。

（6）肖像权

肖像是自然人通过摄影、摄像、艺术造型等各种平面、立体、静态或动态方式将自己的形象进行客观再现。它反映自然人的形象与特征，与特定人的人格不可分。肖像权是自然人对客观再现自己形象所享有的专有权，包括形象再现权、肖像使用权。未经许可不得擅自传播、陈列、展览、复制他人肖像，不得将他人肖像用于广告、封面或商标图案上，更不得擅自以盈利为目的进行使用。

(7) 名誉权

名誉是有关特定人所受到的品德、才干、信誉等社会总括性评价及权利主体的自身内心感受。名誉的好坏关系到主体在社会上的地位、尊严与信誉。名誉权的内容是名誉权人享有、支配、保护自己的名誉，不受他人妨害。凡以侮辱、谩骂的语言直接毁损他人名誉，以捏造事实、散布流言蜚语毁损他人名誉的，均构成侵权。

(8) 隐私权

隐私是指私人生活中不宜为外人知道或权利人不愿公开的事实。隐私权是自然人私生活的不公开权，包括个人生活自由权、个人信息保密权、个人信息利用权。凡非法利用他人的私生活信息，擅自窥探、拍摄他人私生活情况等均构成侵权。

3. 身份权

身份权是民事主体基于某种特定的身份而享有的民事权利。

身份权主要的类型有：

(1) 荣誉权

荣誉是特定人从特定的组织得到的专门化和定性化的积极评价。荣誉权的取得是因特定人的行为为国家或特定组织所认可，一般是被认为有某方面的贡献或成绩。荣誉权是荣誉公民、荣誉法人享有荣誉的权利，是相对于不特定人的权利，属于绝对权。

(2) 配偶权

配偶权是夫妻之间互享的身份权。配偶权是夫妻平等权，任何一方都不是对方的权利客体。

(3) 亲权

亲权是父母对未成年子女的身心抚养教育、监护和财产管理的权利，是父母对未成年子女的身份权。我国民法没有规定亲权，以监护权包含亲权。

(4) 亲属权

亲属权是指父母与成年子女、祖父母与孙子女、外祖父母和外孙子女以及兄弟姐妹之间的身份权。

物　权

1．物的概念和特征

民法意义上的物，是指能够被人们支配和利用的具有物质属性的对象。物具有如下法律特征：

（1）客观物质性

客观物质性是指物必须是客观存在的物质实体或自然力。客观物质性不限于外在存在的人们可感知的物质形态，只要有一定的物质结构并能够被人们支配，便是民法上的物，如电、热、气、磁力等。但是活体的人不是物，不得成为被支配和利用的对象。然而，人死后的遗体或者是从活体上分离的物质器官等可以作为物。

（2）可支配性

可支配性是指物能够被民事主体支配。这是民法确立物的制度的宗旨所在。不能够被民事主体进行支配的物，其在民法上无任何意义，例如某人在赠予甲一项财产时，约定的条件是甲必须改变地球的自转方向，这种约定显然没有任何意义，因为人们不可能通过自身的力量去支配地球这个物。

（3）可使用性

可使用性是指物能够满足民事主体的物质或精神需求。物的可使用性不仅是指可以满足民事主体在物质利益上的需求，也包括对民事主体精神需求的满足。在理论上和实践中，动产与不动产是常用的物的表现形态。动产是能够移动并且不至于损害价值的物，如书、电脑等。不动产是指性质上不能移动或虽移动但移动就会损害价值的物，如土地和附着于土地的建筑物、林木等地上定着物、建筑物的固定附属设备等。

2．物权的概念和特征

物权是物权人直接支配特定物并排他性地享受其利益的权利。

物权具有如下法律特征：

（1）直接支配性。物权是直接支配物的权利。

（2）利益性。物权是人直接支配标的物而享受其利益的权利。

（3）对世性。可以对抗世间一切人的绝对权。

（4）排他性。物权人排他性地享受特定物的利益。

（5）追及性。当物权人的物被侵夺、侵占时得追及标的物所在，以恢复物权。

（6）公示性。物权的归属、内容需向社会一般公众公示。

（7）物上请求性。标的物被侵占，物权人有返还请求权。

（8）独立处分性。基本上无限制地独立处分。

3. 物权的基本原则

（1）物权法定原则。这是指物权的类型、效力、变动要件、保护方法等都只能由法律规定，不容许当事人自行创设。

（2）一物一权原则。这是指一个标的物上只能有一个所有权，在同一个物上不得同时存在两个以上互不相容的物权。

（3）公示公信原则。公示公信原则是指物权的变动必须按法定方式进行公示，依法进行的公示具有社会公信力。

4. 物权的主要类型

（1）自物权与他物权。自物权是指权利人依法对自己的物享有的物权。所有权就是自物权，它是自物权的唯一类型。自物权人在法律许可的范围内，可以按照自己的意愿对标的物实施占有、使用、收益和处分，并排除他人的干涉。他物权是指权利人根据法律或约定，对他人所有之物享有的物权。所有权之外的物权均是他物权。

（2）用益物权与担保物权。这是根据他物权设立目的的不同进行的分类。用益物权是指以实现对标的物的使用和收益为目的而设立的他物权，如地上权、典权等。担保物权是指为担保债务履行而在债务人的物上设立的他物权，如抵押权、质权、留置权等。

5. 物权的效力

物权的效力是指基于对物的直接支配和排他性而产生的被法律保护的强制效力。该效力包括：

（1）物权的排他效力。这是指在同一个客体上，不允许有两个性质和内容完全相同的物权并存。

（2）物权的优先效力。这是指在法律没有特别规定的情况下，物权的效力优先于债权，如在同一标的物上既有物权又有债权时，物权的行使优于债权。

（3）物上请求权效力。它是指当物权的存在或行使受到妨害或者有被妨害之虞时，物权人对于排除他人妨害，恢复对物的正常支配的效力。该效力作为一项请求权，被称为“排除妨害请求权”。

（4）物权的追及效力。它是指当物权标的物被他人不法占有时，无论该物辗转于何处、何人之手，物权人并不因失去物的占有而丧失物权，物权人有权要求不法占有人返还原物。

6．物权的变动

物权的变动，可从两个方面来把握：从物权的主体角度来看，是指物权的取得、设定、变更与丧失；就物权的本体角度来看，是指物权的发生、变更与消灭。物权的变动是物权法上的一种民事法律效果，其实质是权利主体之间对于权利客体的支配和归属的法的关系的变更。

（1）物权的取得（发生）

物权的取得指物权就特定主体而发生。物权的取得，以是否基于他人之权利与意思为标准，包括原始取得与继受取得两种。

①原始取得。原始取得指非依他人权利与意志而取得物权，又称固有取得。

学理认为，物权的原始取得方法通常有：通过生产而取得产品的物权；通过收益而取得的天然孳息的物权；国家通过税收、国有化、征收、征用、没收而取得物权；国家按法定程序取得无人继承的遗产，无人认领的遗失物和所有人不明的埋藏物、隐藏物的所有权；集体组织取得其成员的无人继承的遗产的所有权；在法律允许范围内通过先占取得无主动产的所有权；取得添附物的物权；通过时效制度取得物权；通过即时取得制度取得物权。

②继受取得。继受取得指依他人的权利和意志而取得物权，又称传来取得。物权的继受取得可再分为：A．移转之继受取得，指原物权人的物权完整地移转给新物权人。发生此种继受取得的原因有买卖、互易、赠予、遗赠、继承等。B．创设之继受取得，指所有权人为他人创设所有权以外的物权，此种继受取得的方法有民事与行政两类方法。民事方法是指所有权人通过与他人订立契约的方式为他人创设他物权，如订立地上权契约、永佃权契约、地役权契约、土地使用权出让契约、抵押权契约等；行政方法指国家行政主管机关通过划拨或特许为法人、自然人创设他物权，如创设土地使用权、采矿权、水产养殖权、水产资源捕捞权、取水权、狩猎权，等等。

通常情况下，继受取得均基于法律行为。除上述两种重要的继受取得的方法外，还有对特定标的物的特定继受取得和对他人权利、义务全部继受的概括继受取得。

（2）物权的变更

物权的变更，指物权客体与内容的变更，不包括物权主体的变更。所谓物权客体的变更，指物权的标的物的量有所改变，即物的数量上的增减，如物权的标的物因附合而增加。所谓物权内容的变更，指物权的质的改变，即物权权利、义务存在状态的变更，例如，土地所有权人与地上权人合意改变土地的使用方法、地上权的期间等。

（3）物权的消灭

物权的消灭，是指特定主体与物权分离，即主体物权的丧失。物权消灭有下列两种情况：

①物权的绝对消灭。这是指物权与特定主体分离，且他人又未取得其权利，如物权标的物灭失、物权人抛弃其物权、他物权与所有权混同等，都能引起物权的绝对消灭。

②物权的相对消灭。这是指物权与原主体分离而又与新主体结合归于新主体，例如，转让人因转让而丧失物权。

（4）物权变动的原因

既然物权变动是物权法上的一种民事法律效果，那么，和其他民事法律效果一样，物权的变动也是由民事法律事实引起。依近现代各国物权立法和实务，能够引起物权变动的民事法律事实即原因有下列几类：

①物权法律行为。物权法律行为简称物权行为，包括双方行为与单方行为。双方物权行为即为物权契约。

②物权行为以外的法律事实。包括生产、天然孳息、时效、先占、遗失物拾得、埋藏物发现与标的物灭失、混同、加工、附合，以及法定期限的届满等。

③某些公法行为。如法院强制执行、征收、没收等。物权的变动，大都基于物权行为而生，因此，物权行为是物权变动之常见的主要原因，也因此引起各国民法理论和民事立法的重视。

所有权

1. 所有权的概念

所有权是指所有权人在法律规定的范围内对所有的物全面支配的权力。所有权是典型的物权，是物权的原形。这种支配权通常表现为若干具体的存在形式。这些形式，即所有权的“权能”。

所谓所有权的权能，是指所有人为利用所有物以实现其对所有物的独占利益，而于法律规定的范围内可以采取的各种措施与手段。

2. 所有权的四大权能

所有权的不同权能表现了所有权的不同作用，是构成所有权的内容的有机组成部分。《民法通则》第七十一条规定："所有权是所有人对其财产依法享有的占有、使用、收益和处分的权利。"

（1）占有权能

占有权能，指特定的所有人对标的物（所有物）为管领的事实，换言之，占有是所有权的事实的权能。从社会生活的实际来看，行使物的占有权能是行使物的支配权的基础与前提。但与此同时，作为所有权的一项独立权能，占有权能于一定条件下又可与所有权分离。当占有权能与所有权分离而属于非所有人时，非所有人享有的占有权能同样受法律保护，所有人不得随意请求返还原物，恢复对所有物的占有。

（2）使用权能

使用权能，指依所有物的性能或用途，在不毁损所有物本体或变更其性质的情形下对物加以利用，从而满足生产和生活需要的权能。按照经济学理论，物之所以有使用权能是在于物（现代市场经济条件下大都表现为商品）有使用价值。因此行使使用权能，在本质上就是实现物的使用价值的手段。当然，该权能的行使以对物的占有为前提，就此而论，享有物的使用权能必须同时享有物的占有权能。但在某些场合，享有物的占有权能却并不一定享有物的使用权能，例如质权人、仓储保管合同中的保管人即只能对标的物进行占有，而不能对标的物予以使用。

（3）收益权能

收益权能，指收取由原物产生出来的新增经济价值的权能。而所谓新增经济价值，包括由原物派生出来的果实（天然孳息）以及因利用原物进行生产经营活动而产生的利润等。收益权能虽为所有权的基本权能，但这并不意味着收益权能不能与所有权相分离。事实表明，在现代市场经济条件下，收益权能也可以完全与所有权分离，且其分离的形式呈现出日趋复杂多样的趋势。概括起来，主要有三种形式：其一是所有人与经营人订立合同，在让与资产占有权、使用权、处分权的同时，让与部分收益权，保留部分收益权，从而与经营人按一定比例分享资产的利益；其二是所有人让与占有权、使用权和部分收益权，保留处分权与部分收益权；其三是在一定期限内让与占有权、使用权和全部收益权而仅保留处分权。例如，在我国现今，为鼓励开发自然资源，将国有荒山、荒沟、荒坡、荒滩的土地使用权交给集体或个人使用，在一定期限内国家不收取对价。

（4）处分权能

所有权的处分权能指依法对物进行处置，从而决定物的命运的权能。处分权能为所有权内容的核心，是所有权最基本的权能。处分权能，包括事实上的处分权能与法律上的处分权能两种。事实上的处分权能，指对标的物进行实质上的变形、改造或毁损等物理上的事实行为，如拆除房屋、撕毁书籍等；法律上的处分权能，指将标的物的所有权加以移转、限制或消灭，从而使所有权发生变动的法律行为，例如买卖中的所有权移转、抵押权、质权的设定等。

一般认为，法律上的处分权能与事实上的处分权能有三点差异：其一，法律上的处分权能属于法律行为的范畴，事实上的处分权能属于事实行为的范畴；其二，法律上的处分权能一般均要引起物权的各种变动，而事实上的处分权能则引起物的形体的变更或消灭；其三，法律上的处分权能是对物的价值进行利用的行为，处分的目的在于获得一定的货币价值，而事实上的处分权能则是对物的使用价值进行利用的行为，处分的目的在于满足生产、生活对财产进行消费的实际需要。

债　权

1．债的概念和特征

（1）债的概念

债，是一个古老的法律概念，最原始的债的概念源于罗马法。优士丁尼大帝的《法学纲要》给出的解释是“债是依国法使他人为一定给付的法锁”。在我国古代，“债”与“责”通用。古人对债的理解是“欠人钱财即为债”。但是，民法意义上的债是指特定当事人之间，一方享有请求他方为一定行为或不为一定行为的权利，他方负有满足该项请求的义务，这样一种民事法律关系。享有权利的一方称债权人，负有义务的一方称债务人。生活中的各种合同关系以及致人损害而引起的赔偿关系，都是债的关系。

（2）债的法律特征

民法所调整的财产关系，主要是物权关系和债的关系。两者虽然都是与财产有密切联系的民事法律关系，但它们却有明显的不同。与物权的法律特征相比，债的法律特征体现为：

①主体不同

在物权关系中，权利主体是特定的人，而义务主体却是除物权人之外的一切非特定的人。因而物权被称为绝对权、对世权。但是债的关系的主体则无论是权利主体还是义务主体都是特定的在债的关系中的人，债权人只能向负有义务的特定人主张其权利，债务人也须向享有该项权利的特定人履行其义务。因此，债权被称为请求权，它的效力只及于特定的当事人。

②内容不同

在物权关系中，物权人对物的支配是直接的，并不以他人的配合为前提，因此物权的性质是支配权。在债的关系中，债权只能通过特定的义务主体为一定行为或不为一定行为才能实现，而债权的性质是请求权。债权是一种请求权，这是债权区别于物权的根本之处。

③客体不同

物权只能以物为客体，债的客体可以是物也可以是给付行为。

④权利设定原则不同

物权设定原则为“一物一权”，不允许在同一物之上同时并存两个所有权，故具有排他效力。债权设定则遵循债权平等原则，在同一物之上，可以先后或同时设定数个债权，它们均具有债的效力，不具有排他效力。

⑤权利的设定原因不同

因为物权是法定的，故物权只能基于合法行为产生；债权既可基于合法行为，又可基于非法行为产生，如侵权行为可以产生侵权赔偿之债的。

⑥权利的动态效力不同

首先，物权优于债权，这是民法的重要原则；其次，债权无追及性效力，物权有追及性效力。

2. 债的发生根据

债的发生，是指一种新的债权债务关系的产生。同其他民事法律关系一样，债的发生必须以一定的法律事实为根据。能够引起债发生的那些事实，就是债发生的根据。具体包括合同行为、侵权行为、无因管理、不当得利及缔约过失。

（1）合同

合同也称契约，是指民事主体之间关于设立、变更或终止民事关系的协议。在社会生活中，合同是人们通过公平交换获得物质资料和精神产品，满足生产、生活需要的重要的手段。而任何一种民商事合同的成立，都意味着在当事人之间发生债的关系。因此，合同行为是引起债权债务关系发生的最主要、最普遍的根据。因合同发生的债成为“合同之债”。关于合同和合同之债，由于内容较多且与人们生活密切相关，故另设一节介绍。

（2）侵权行为

侵权行为是指行为人不法侵害他人的财产权利或人身权利的行为。根据我国《民法通则》第一一七条、第一一八条等有关法规的规定，侵权行为一经发生，也能在加害人和受害人之间产生权利、义务关系，即受害人有权要求加害人赔偿其损失的权利，加害人则负有赔偿受害人损失的义务。侵权行为是较为普遍的债的发生根据。因侵权行为而产生的债，传统民法称为“侵权之债”。

（3）不当得利

不当得利是指没有法律或合同上的根据取得的利益，造成他人损害。不当得利具体表现为：不当得利人的财产不应当增加的却增加了，应当减少的却没有减少；而有关的他人的财产不应当减少的却减少了，应当增加的却没有增加。不当得利人负有返还原物和孳息的义务，在原物和孳息不能返还时，偿还其价额。因不当得利产生的债称为“不当得利之债”。

（4）无因管理

无因管理是指没有约定义务，也没有法定义务而主动为他人管理事务的行为。无因管理制度的确立就是法律对道德规范的认可，并以法律的形式予以规定，使原来的道德规范上升为法律规范，对助人为乐的义举，法律给予确认和保护。无因管理的管理人应当负有管理义务、注意义务和通知义务，同时，就自己为实施管理而支出的费用和损失，管理人对受益人有请求给付的权利，由此而形成的债务称为“无因管理之债”。

（5）缔约过失之债

缔约过失之债是指在当事人缔结合同过程中，由于过失导致合同不成立、不生效，或被撤销，使对方当事人遭受损害，由此而产生的债务成为“缔约过失之债”。

4．债的担保

债的担保是通过给债务人或第三人设定一定的财产负担来确保债权实现的法律制度。该法律制度的核心是增加债权实现的安全系数。担保的方式有保证、抵押、质押、定金和留置。保证是以保证人的信用进行担保，称为“人的担保”；后四种担保方式均是通过提供一定的财产进行的担保，理论上称为“物的担保”。

（1）保证

保证是由保证人与债权人约定，当债务人不履行债务时，由保证人依约履行债务或承担责任的担保方式。保证的性质是一种从债务，其所保证的必须是有效主债务。保证人的履行行为或承担责任的行为是基于主债务不履行的情况而发生。保证人对债权人负有代债务人进行清偿的义务。在清偿后，保证人有权向债务人进行追偿。

保证人应当是具有代为清偿债务能力的自然人、法人、其他组织。企业法人的分支机构、职能部门不能成为保证人。国家机关和以公益事业为目的的事业单位、社会团体不得做保证人，除非法律有特别规定。

保证的设立必须采取有效的书面形式。保证合同既可以是一个独立的合同，也可以作为主合同中的条款。在保证合同中，应当载明被保证的主债权种类、数额、债务人履行债务的期限、保证的范围、保证的期限、保证债务的履行方式和保证人承担的责任性质。所谓保证人承担的责任性质又称保证的方式，是指一般保证责任还是连带保证责任。这是依据保证债务与主债务之间是否具有连带关系或保证债务是否具有补充性来划分的。

一般保证是指与主债务并无连带关系的保证债务。一般保证债务具有补充性，保证人享有先诉抗辩权，当债权人未就主债务人的财产先为执行并且无效果之前，便要求保证人履行保证债务时，保证人有权拒绝履行。

连带保证是指与主债务具有连带关系的保证债务。连带保证债务不具有补充性，保证人与主债务人连带承担义务，不享有先诉抗辩权，债权人有权要求主债务人首先履行债务，也有权要求保证人首先履行。即使主债务人有履行能力，债权人在要求主债务人履行之前，便要求保证人履行，保证人亦不得拒绝履行保证义务。

这两种保证债务的根本区别就在于是否具有补充性，在成立连带保证债务的情况下，保证人所承担的保证义务要重于一般保证债务。

凡有多个保证人时，保证人相互之间应当承担连带保证责任，除非保证人与债权人明确约定承担按份保证责任。

保证责任的消灭主要基于下列原因：保证责任的存在以主债务的存在为前提，主债务消灭，保证责任自然随之消失；由于保证是一种信用担保，故当主债务人发生更换时，除非保证人同意，否则保证消灭；保证人死亡或作为保证人的法人解散；保证期满或解除。

（2）抵押

抵押是指债务人或者第三人不转移对能够用于抵押的财产的占有，将该财产作为债权的担保，向债权人保证履行合同义务的担保方式。债务人和第三人称为抵押人，债权人为抵押权人。当债务人不履行债务时，债权人有权依照法律规定将该财产折价或者以拍卖、变卖财产的价款优先受偿。抵押应以书面订立抵押合同。

我国担保立法在抵押物登记效力上采取了以登记要件主义为主，以登记对抗主义为辅的原则，使特定抵押的登记与其他抵押财产的登记效力有所区别。依据《中华人民共和国担保法》（以下简称《担保法》）第四十一条、第四十二条的规定，设立抵押权后应予登记的特定财产包括5种：

①无地上定着物的土地使用权；

②城市房地产或乡（镇）、村企业的厂房等建筑物；

③林木；

④航空器、船舶和车辆；

⑤企业的设备和其他动产。

上述财产设定抵押，抵押合同自登记之日生效，如不进行登记将产生抵押合同无效的结果。以其他法律允许的财产设定抵押的，其合同自签订之日起生效。至于是否办理登记，由当事人自行约定。但当事人未履行抵押物登记的，则不得对抗第三人。

（3）质押

质押是指债权人通过占有质物或权利而担保其债权优先受偿的一种担保方式。债务人和第三人为出质人，债权人为质权人。债务人不履行债务时，债权人有权将该动产或权力证书上载明的财产权利折价或者以拍卖、变卖该动产或财产权利的价款优先受偿。出质人和质权人订立抵押合同。质押分为动产质押和权利质押两种方式。

（4）定金

定金是合同当事人约定，为确保合同的履行，一方预先向他方交付一定的金钱或其替代物。定金的交付同样是担保主债履行的从债性行为。定金多发生在买卖等各类有偿合同中。与其他“物的担保”不同的是，定金不是仅对一方当事人的约束，而是对合同双方当事人的约束。

根据《担保法》的规定，定金应在主合同成立后债务履行前交付，自交付时起定金合同生效。定金的数额可以在主债务的给付价值内由双方约定。但是，法律规定了最高限额，即不得超过合同标的额的20%。定金的效力不仅可以对主合同的效力进行证明，更重要的是当发生违约行为时，如果是给付定金的一方不履行债务，那么他就无权要求返还定金；如果是接受定金的一方不履行债务，那么他就应当双倍返还定金，这就是定金罚则。

（5）留置

留置是指债权人依照合同约定占有对方的财产，当对方在约定的期限内不履行合同义务时，债权人有权留置该财产，并以其折价或者从拍卖、变卖的价款中优先得到偿还的一种担保措施。

留置权的产生是基于法律的直接规定，无须当事人在合同中特别约定，在法律规定的留置权适用范围外，当事人也不得约定留置权。这和抵押、定金有明显的区别。对于留置权而言，债务到了履行期限不是权力行使的条件，而是留置权成立的条件，留置权人要行使留置权，还必须经过两个月的催告期。我国《担保法》规定留置的适用范围是：保管合同、运输合同、加工承揽合同以及法律规定的其他合同，这里的法律仅指全国人民代表大会及其常务委员会制定的法律。

5. 债的消灭

债的消灭又称债的终止，是指债权债务关系在客观上不复存在。导致债的消灭的原因，可以分为两大类：一类是基于当事人意思的消灭，如免除；另一类是基于债的目的的消灭，如清偿、混同等。债的消灭原因主要有 5 种：

（1）清偿

清偿是指履行了债务。清偿是债消灭的最主要原因。债的清偿意味着债权人的权利已经实现，债务人的义务消失，因而债的关系也就失去了存在的基础。

（2）抵销

抵销是指两个均届履行期限的同种类对待给付的债务，因当事人相互充抵其债务而同时消灭。以抵销方式消灭债的关系，必须符合特定的条件：第一，必须同时在特定的双方当事人之间存在两个债的关系；第二，必须是对等债务，对等债务是指两个债的双方当事人互为债务人，他们均负有向对方给付的义务；第三，必须是同种类的给付，同种类的给付是指履行的内容相同，如均是给付货币；第四，两个债务均到履行期。但是在履行期限上也有选择的余地，即尽管其中一个债务尚未到履行期，但是债权人自愿放弃期限利益而同意进行抵销的，应当允许。

（3）提存

提存是指当债权人无正当理由拒绝接受履行，或其下落不明，或暂时无法确定债权人，导致债务人难于履行债务，经公证机构或法院许可，债务人可将履行债务的标的物提交公证机构或法院保存的行为。提存的效力是债务人的债务履行完毕，债的关系消灭。因提存发生的费用，由债权人承担。

（4）混同

混同是指同一个债的关系中的债权人和债务人合二为一，鉴于债务人和债权人合为一体，故一方向他方履行义务的前提条件消失，原来所设的债的关系也就失去了存在的基础，故导致债的关系的消灭。

（5）免除

免除是指债权人放弃债权而导致债务人债务的消失。债务人的债务一经债权人免除，债的关系即自行消灭。

此外，具有人身性质的债的关系，因当事人的死亡而消灭，如演出合同是一种典型的具有人身性质的债的关系，因演员的死亡而导致演出行为不可能实施，债的关系自然消灭。

民事义务

1. 民事义务的概念和特征

民事义务是指民事法律关系的义务主体为满足权利主体受法律保护的利益，依法必须为一定行为或不为一定行为的约束。民事义务是与民事权利相对应的一个概念，是民事法律关系内容的被动方面。民事义务具有以下特征：

（1）民事义务具有利他性。义务人为一定行为或不为一定行为的目的，在于满足权利人的法定利益，如债务人的作为在于满足债权人的利益，非所有人的不作为在于满足所有人的利益。若以满足自己的利益为目的而作为或不作为，就不是义务，而是权利。

（2）民事义务具有法律的约束性。民事义务对义务人具有法律的拘束力，不能依被拘束的义务人的意思而变更或解除。不问义务人的意思如何，均须遵守其承担义务，具有限定性。民事义务不是没有边际的，而是有边际的，义务人应当实施的行为种类（作为或不作为）和范围由权利人享有的民事权利决定，义务人只需在权利人权益及权能的范围内为一定行为或不为一定行为。权利人不得超越其权益和权能范围要求义务人为一定行为或不为一定行为。例如，依所有权的权益及权能，非所有人只有不作为的义务，而无协助所有人实现其权益的义务。债务人的义务由债的标的来决定，债权人无权要求债务人为超越债的标的的行为。

（3）民事义务承担的义务。如义务人违反其义务，应当为的行为不为，而不应当为的行为又为了，一方面要产生对义务人不利的后果，另一方面权利人还可诉请法院强制义务人履行其义务，以实现义务的拘束力。与义务的拘束力相对的权利的支配力则与此相反，可依权利人的意思而变更或消灭。权利无论来源于法律的直接规定或当事人的约定，除专属权外，其支配力均可依权利人的意思而变更或消灭。当权利人抛弃其权利时，亦意味着消灭其支配力，由此决定了义务与权利的如下区别：权利可以由权利人抛弃，义务则只能由权利人加以免除，不能由义务人抛弃。

2. 民事义务的内容

义务的内容为义务主体的作为或不作为。作为的义务，是指义务主体为实现权利主体的利益，依法应当积极地为某种行为的义务。不作为的义务，是指义务主体为实现权利主体的利益，依法应当消极地不为某种行为的义务。义务主体的义务究竟是作为的义务或不作为的义务，或者两者兼而有之，依权利人实现其利益对义务人的不同要求而定，如权利人利益的实现要求义务人积极地为某种行为，义务人的义务即为作为的义务。如债权，如权利人利益的实现仅要求义务人不为干涉、妨碍行为，那么义务人的义务则仅为不作为的义务。如所有权，如权利人利益的实现既要求义务主体为某种行为，又要求义务主体不为某种行为，则义务的内容兼有作为与不作为。

3. 民事义务的履行

民事义务的履行，是指义务人具体实施他应当实施的义务内容的行为，即义务人依其义务的内容为一定行为或不为一定行为。例如，出卖人按买卖合同的约定向买受人交付出卖物并转移出卖物所有权的行为，非所有人对他人所有物不为侵占的行为。履行义务的行为可能是法律行为，也可能是事实行为。以实施法律行为当作履行义务之标的人，该义务的履行人应有行为能力。例如，履行房屋买卖合同约定的移转房屋所有权的义务，就要求履行人有行为能力。以事实行为当履行义务之标的者，仅要求履行人具有为此事实行为的意思能力，如代人保管物品。义务之履行有要求权利人协同者，也有不要求权利人协同者，前者如债务的履行，后者如一般不作为义务的履行。义务的履行由法律规定的一系列责任加以督促，义务人不履行义务将遭受到对其更为不利的法律后果。

民事责任

1. 民事责任的概念与特征

民事责任又称民事法律责任，是民事主体因违反民法规范或者合同约定的义务，依民法的规定而承担的对其不利的法律后果。

民事责任与刑事责任和行政责任共同构成整个法律责任。尽管这3种责任均基于行为人的行为与法律规范相抵触而产生，但是，与其他两种责任相比较，民事责任有其独特的特征：

（1）民事责任是民事主体违反民法禁止性规范所产生的责任

民法规范中任意性规范占据多数，但同时也包含了相当多的禁止性规范，如不得侵犯他人人格权、财产权，不得随意违约，必须赡养父母、抚养子女等。违反民法规范，实施民法规范所禁止的行为，行为人必须要承担相应的民事法律责任。刑事责任和行政责任则是因违反了刑法或行政法的规范而产生的责任。

（2）民事责任主要是财产责任

民事责任的承担，并不以惩治违法行为人为核心目的，相反，要求违法行为人承担民事责任的根本目的是对受害人遭受到的利益损害给予填补。所以民法规定的修理、重做、更换、恢复原状、赔偿损失乃至支付违约金等，都是要从财产上对受到损害者给予补偿。由于民法调整的人身权受到侵害时不一定存在财产上的损害，以非财产责任方式承担责任如赔礼道歉、恢复名誉等方式便足以弥补违法行为造成的后果，所以民法亦规定了一些非财产责任的承担方式。

2. 产生民事责任的行为类型及其构成要件

根据行为人违反的具体民法规范的不同，产生民事责任的行为主要分为违约行为和侵权行为。

（1）违约行为

违约行为是指当事人违反合同约定依法应当承担的民事法律责任的行为。违约行为是一种财产责任。当合同一方当事人发生违约行为时，即使合同没有约定违约责任，相对方可以根据法律的直接规定追究违约人的违约责任，其请求权仍得以行使。

违约行为的构成要件是：

①当事人有违约行为。没有违约行为，即不可能存在违约责任。

②违约当事人有过错，过错包括故意和过失。

过失分两种，行为人对行为后果应当预见而且能够预见，因疏忽大意而没有预见，属疏忽大意的过失；已经预见但轻信能够避免，属过于自信的过失。过失就是行为人由于疏忽大意或过于自信而导致结果发生的主观状态。在民法中，仅有过失即足以追究对方的法律责任，故意则更要追究。

违约责任的承担形式包括：

支付违约金。违约金是当事人一方不履行合同时依法律法规或约定向对方支付一定数额的金钱。违约金具有救济受害人受损利益和制裁违约人的双重功能。所以理论上认为违约金既具有补偿性，又具有惩罚性；当违约没有造成损失而支付违约金或虽有损失但支付的违约金大于损失部分时，其惩罚性便更明显；当支付的违约金等于或小于所造成的损失时，违约金仅具有补偿性。但是无论如何，违约金的支付，并不以违约行为造成对方损失为前提条件，这是一个基本规则。

赔偿损失。这是指违约方不履约，给对方造成损失时，依法承担的赔偿责任。这意味着，在一方当事人因他方的违约行为遭受损失时，违约金的支付并不当然阻挡赔偿损失请求权的行使。在合同中当事人可以约定一方违约时应当根据违约情况向对方支付一定数额的违约金，也可以约定因违约产生的损失赔偿额的计算方法。约定的违约金低于造成的损失的，当事人可以请求人民法院或者仲裁机构予以增加；约定的违约金过分高于造成的损失的，当事人可以请求人民法院或者仲裁机构予以适当减少。

通常，当事人违反合同约定时必须要承担相应的法律责任。但是在法律有特别规定的情况下，行为人尽管有违约行为，但并不承担违约责任。这是由于行为人违约是由某些客观条件造成的，而并非行为人所追求和希望的。行为人确曾力图阻止违约但客观情况却使之力所不及，在这种情形下，如若要求行为人承担违约责任，反而失去了法律的公正与公平，对这种情况，法律规定了免责条件。

我国法律规定的违约免责条件有：

不可抗力。不可抗力是指不能预见、不可避免和不能克服的客观情况。如地震、海啸、水灾等自然界的不可抗力以及战争、动乱等社会中的不可抗力。

对方有过失。对方有过失指当合同不能履行或不完全履行完全是由于对方的过失造成时，不履行或不完全履行的一方不仅可以免负责任，而且有权要求对方赔偿损失。

（2）侵权行为

侵权行为是民事主体不法侵害他人非合同权利或者受法律保护的利益，而必须对所造成的损害承担责任的行为。

侵权行为的法律构成要件是：

——须有损害事实。损害是指权利和受法律保护的利益的量的减少和质的降低。损害是一个客观存在的事实，而不是虚构的现象。

——须实施了违法性加害行为。即实施了造成他人权益受损害的行为，该行为具有违法性，且没有法律上的免责理由。如果是为了阻止他人正在实施的加害行为而造成加害人的损害，那么此种阻止行为因为符合法律规定的正当防卫，即可以免责。

——违法性加害行为与损害事实之间有因果关系。因果关系是指两个先后发生的现象之间，在先现象必然地、肯定地引起在后现象发生的关系。即指：实施违法行为是原因，导致损害事实是结果。

——加害人的行为须有主观过错。

在侵权责任中，根据法律的特别规定，除具备上述构成要件的侵权行为外，还存在着行为本身并不完全具备侵权行为的要件，但《民法通则》或者其他规范性文件规定行为人必须承担责任的情况，理论上将这些侵权行为称为“特殊侵权行为”，特殊侵权行为包括下列行为：

①间接侵权性特殊侵权行为，即侵权责任是由不直接实施侵权行为的关系人承担，如公务人员在执行职务过程中侵害他人财产或人格权利，由国家机关对受害人承担侵权责任。此外，社团或财团的成员实施的职务侵权行为，被监护人实施的侵权行为，由该团体或监护人承担责任亦属于间接侵权性特殊侵权行为。

②工业生产的灾害性特殊侵权行为，它包括产品瑕疵加害行为、高度危险作业加害行为和污染环境加害行为。因产品瑕疵致人损害，由制造人和销售人共同承担责任。因高空、高压、易燃、易爆、剧毒、放射性、高速运输工具等对周围环境有高度危险的作业给他人造成损害，依法由作业人承担责任。

此外，因建筑物、悬挂物的倒塌、脱落所致损害，饲养或管理的动物所致损害，在公共场所、道路旁或者通道上挖坑、修缮安装地下设施，因没有设置明显标志和采取安全措施所致损害，依法分别由所有权人、管理人、施工人承担责任，但是如果能够证明是他人过错所致的除外。

3. 承担民事责任的方式

按照《民法通则》第一三四条规定，承担民事责任的方式主要有：

（1）停止侵害；

（2）排除妨碍；

（3）消除危险；

（4）返还财产；

（5）恢复原状；

（6）修理、重做、更换；

（7）赔偿损失；

（8）支付违约金；

（9）消除影响、恢复名誉；

（10）赔礼道歉。

以上承担民事责任的方式，可以单独适用，也可以合并适用。

关于精神损害赔偿的问题

精神损害赔偿一般是因自然人的人格权利及人格利益遭受非法侵害，且造成严重后果的，人民法院予以支持的一种承担民事责任的方式。根据最高人民法院的司法解释，精神损害的赔偿数额根据侵权人的过错程度，侵害手段、场合、行为方式等具体情节及侵权行为所造成的后果，侵权人的获利情况，侵权人承担责任的经济能力，受诉法院所在地平均生活水平来确定。受害人对损害事实和损害后果的发生有过错的，可以根据其过错程度减轻或者免除侵权人的精神损害责任。

第四篇　合同法基础知识

合同的概念及特征

1. 合同的概念

合同是指平等主体的自然人、法人、其他组织之间设立、变更、终止民事权利、义务关系的协议。

2. 合同的特征

合同具有以下特征：

（1）合同是一种民事法律行为。民事法律行为不同于事实行为，它以发生一定的民事法律后果为目的，以当事人的意思表示为基本特征。故不具备民事法律特征的行为，不是合同，如侵权行为等。

（2）合同是双方法律行为。民事法律行为，根据其意思表示的多寡可分为单方行为、双方行为与多方行为，合同属于双方法律行为，即由两个方向相反的意思表示所构成的民事法律行为，双方当事人处于利害关系相对立的地位。

（3）合同是一种旨在发生债权债务关系的合意。合同的目的在于产生、变更或者消灭某种财产权利、义务关系，不具备此目的者，不是合同。例如，结婚或离婚的协议，不是合同。另外，合同的这一特征也意味着合同一经成立即具有约束力，当事人应当按约履行，否则，应当承担违约责任。

合同的分类

依据不同的标准，合同可以分为若干不同的类型。合同主要有以下几种分类：

（1）双务合同和单务合同。以合同双方当事人是否互负给付义务为标准，将合同分为双务合同和单务合同。双务合同是指合同当事人任何一方均向对方承担给付义务的合同。单务合同是指合同双方只有一方负有给付义务而另一方只享有权利的合同。

（2）有偿合同和无偿合同。以合同当事人之间取得合同利益是否支付对价为标准，将合同分为有偿合同和无偿合同。有偿合同是指当事人双方要取得合同利益须支付对方对价的合同。无偿合同则是指当事人一方取得利益无需支付对价的合同。

（3）诺成合同和要物合同。以合同成立是否一定要交付标的物为标准，将合同分为诺成合同和要物合同。诺成合同只需合同当事人意思表示一致，合同即告成立。要物合同又称实践合同，除合同当事人意思表示一致外，必须交付标的物，合同才告成立。

（4）要式合同和不要式合同。以合同成立是否采取一定形式为标准，将合同分为要式合同和不要式合同。要式合同是法律规定必须采用某种形式，合同才告成立的合同；不要式合同的成立，法律没有对形式做严格的要求。

（5）主合同和从合同。以合同相互间的主从关系为标准，将合同分为主合同与从合同。在两个相关联的合同中，可以独立存在的合同为主合同，而须依赖其他合同的存在而存在的合同为从合同。

合同法的概念和基本原则

合同法是调整合同关系的法律规范的总称。现今我们国家通过合同法对合同关系进行规范调整。1999 年 3 月 15 日第九届全国人民代表大会第二次会议通过，同年 10 月 1 日开始施行的《中华人民共和国合同法》（以下简称《合同法》）相对过去的三大合同法有了明显的改进，更有利地保护民事主体的合法权益，维护社会经济秩序。

我国合同法的基本原则是：

（1）平等原则。合同当事人的法律地位平等，任何一方不得将自己的意愿强加给另一方。

（2）自愿原则。当事人订立合同，完全出于其本人的意志，任何单位和个人不得非法干预，不得强买强卖。

（3）公平原则。当事人应当遵循公平原则确定各方的权利和义务。

（4）诚信原则。合同当事人应当诚实信用，不得以隐瞒、编造等欺诈方式订立合同。

（5）公序良俗原则。当事人订立履行合同要遵守法律法规，尊重社会公德，不得扰乱社会经济秩序，损害社会公共利益。

合同的订立

合同是合同当事人之间关于权利和义务的合意。合同成立的一般过程要经过两个阶段，即要约和承诺。《合同法》第十三条规定：当事人订立合同，采取要约、承诺方式。

1．要约

要约是希望和他人订立合同的意思表示。该意思表示应当符合下列条件：

第一，要约是由具有订约能力的特定人做出的意思表示；

第二，要约的内容要具体确定，所谓具体确定，是指要约的内容必须是合同的主要条款且语言明确，不能使人难以理解；

第三，要约必须具有订立合同的意图，表明经受要约人承诺，要约人即受该意思表示约束。

要约自到达受要约人时即告生效。要约也可以撤回，但撤回要约的通知须在要约到达受要约人之前或者与要约同时到达受要约人时要约方可撤回；要约也可以撤销，但撤销要约的通知应当在受要约人发出承诺通知之前到达受要约人。但对于要约人确定了承诺期限或其他形式明示要约不可撤销，或受要约人有理由认为要约是不可撤销的，且已经为履行做了准备工作的，要约人不得撤销要约。

在下列情况下，要约失效：

第一，拒绝要约的通知到达要约人；

第二，要约人依法撤销要约；

第三，承诺期限届满，受要约人未做出承诺；

第四，受要约人对要约的内容做出实质性变更。

2．承诺

承诺是受要约人同意要约的意思表示。承诺应当以通知的方式做出，但根据交易习惯或者要约表明可以通过行为做出承诺的除外。承诺应当在要约确定的期限内到达要约人。通知到达要约人时生效，承诺不需要通知的，根据交易习惯或者要约的要求做出承诺的行为时生效。承诺生效时合同成立，承诺可以撤回，但撤回承诺的通知应当在承诺通知到要约人之前，或者与承诺通知同时到达要约人。

合同当事人订立合同可以采用书面形式，也可以采用口头形式，但法律规定或当事人约定采用书面形式的应采用书面形式。

以上是合同订立的一般方式，属于典型的交易方式。实践中还有一些特殊的合同订立的方式，如招标投标、拍卖、交叉要约、带有标价的商品陈列、悬赏广告等。

合同的内容

合同的内容一般由当事人约定，主要包括以下条款：

（1）当事人的名称或者姓名和住所；

（2）标的；

（3）数量；

（4）质量；

（5）价款或者报酬；

（6）履行期限、地点和方式；

（7）违约责任；

（8）解决争议的方法。

合同的效力

1．合同的生效

依法成立的合同，自成立时生效。法律、行政法规规定应当办理批准、登记等手续生效的，依照其规定。当事人对合同的效力可以约定附条件或附期限，合同在所附条件成就或所附期限届至时生效。

合同的生效要件：第一，主体合格，即当事人应具有相应的缔约行为能力；第二，内容合法，即合同不能违反法律法规强制性规定和社会公共利益；第三，内容确定可能，即约定各方的权利、义务的内容必须确定和可能履行；第四，形式合法、合约，即合同的形式要符合法律规定，符合当事人的约定。

2．无效合同

《合同法》第五十二条规定，有下列情形之一的，合同无效：（1）一方以欺诈、胁迫的手段订立合同，损害国家利益；（2）恶意串通，损害国家、集体或者第三人利益；（3）以合法形式掩盖非法目的；（4）损害社会公共利益；（5）违反法律、行政法规的强制性规定。

无效合同从合同订立之时就无效。

3. 可撤销合同

《合同法》第五十四条规定，当事人一方有权请求人民法院或者仲裁机构变更或者撤销的合同：（1）因重大误解订立的；（2）在订立合同时显失公平的；（3）一方以欺诈、胁迫的手段或者乘人之危，使对方在违背真实意思的情况下订立的合同。

对于可撤销的合同，受损害方有权请求人民法院或者仲裁机构变更或者撤销。当事人请求变更的，人民法院或者仲裁机构不得撤销。

可撤销合同的特征是：合同的效力取决于撤销权人；在未被撤销前有效；一旦撤销自始无效。

4. 效力待定合同

限制民事行为能力人订立的合同，在未经法定代理人追认时，该合同效力为待定状态。

行为人没有代理权、超越代理权或者代理权终止后以被代理人名义订立的合同，在未经被代理人追认时其效力待定。

相对人对效力待定的合同可以催告法定代理人或被代理人在一个月内予以追认。法定代理人或被代理人未做表示的，视为拒绝追认。合同被追认之前，善意相对人有撤销的权利。撤销应当以通知的方式做出。

5. 合同无效、被撤销的法律后果

无效的合同或者被撤销的合同自始没有法律约束力。合同部分无效，不影响其他部分效力的，其他部分仍然有效。合同无效、被撤销或者终止的，不影响合同中独立存在的有关解决争议方法的条款的效力。

合同无效或者被撤销后，因该合同取得的财产，应当予以返还；不能返还或者没有必要返还的，应当折价补偿。有过错的一方应当赔偿对方因此所受到的损失；双方都没有过错的应当各自承担相应的责任。当事人恶意串通，损害国家、集体或者第三人利益的，因此取得的财产收归国家所有或者返还集体、第三人。

合同的履行

1．履行的原则

全面适当履行原则：合同当事人应当按照约定全面履行自己的义务。

诚实信用原则：当事人应当遵循诚实信用原则，根据合同的性质、目的和交易习惯履行通知、协助、保密等义务。

2．履行的一般规则

合同生效后，当事人就质量、价款或者报酬、履行地点等内容没有约定或者约定不明确的，可以协议补充；不能达成补充协议的，按照合同有关条款或者交易习惯确定。仍不能确定的按照以下原则确定：

（1）质量要求不明确的，按照国家标准、行业标准履行；没有国家标准、行业标准的，按照通常标准或者符合合同目的的特定标准履行。

（2）价款或者报酬不明确的，按照订立合同时履行地的市场价格履行；依法应执行政府定价或者政府指导价的，按照规定履行。

（3）履行地不明确的，给付货币的，在接受货币一方所在地履行；交付不动产的，在不动产所在地履行；其他标的，在履行义务一方所在地履行。

（4）履行期限不明确的，债务人可以随时履行，债权人也可以随时要求履行。但应给对方留出必要的准备时间。

（5）履行方式不明确的，按照有利于实现合同目的的方式履行。

（6）履行的费用负担不明确的，由有履行义务的一方负担。

（7）价格调整，按照合同法规定，执行政府定价或政府指导价的，在合同约定的交付期限内政府价格调整时，按照交付时的价格计价。逾期交付标的物的，遇价格上涨时，按照原价格执行；价格下降时，按照新价格执行。逾期提取标的物或者逾期付款的，遇价格上涨时，按照新价格执行；价格下降时，按照原价格执行。总之，是按照“不利于违约方”的原则确定。

3．履行中的抗辩权

所谓抗辩权即指在双务合同中，如符合法定条件，当事人一方亦可对抗对方当事人的履行请求或否认对方权利主张的权利。行使抗辩权，应符合法定条件。

（1）同时履行抗辩权。我国《合同法》第六十六条规定：当事人互负债务，没有先后履行顺序的，应同时履行。一方在对方履行之前有权拒绝其履行要求，一方在对方履行债务不符合约定时，有权拒绝其相应的履行要求。

（2）后履行抗辩权。《合同法》第六十七条规定：当事人互负债务，有先后履行顺序，先履行一方未履行的，后履行一方有权拒绝其履行要求；先履行一方履行债务不符合约定的，后履行一方有权拒绝其相应的履行要求。

（3）不安抗辩权。按照《合同法》第六十八条规定：应当先履行债务的当事人，有确切证据证明对方有经营状况严重恶化、转移财产、抽逃资金以逃避债务，丧失商业信誉等丧失或者可能丧失履行债务能力的情形，可以中止履行。中止履行的应当及时通知对方。若当事人没有确切证据中止履行的，应当承担违约责任。

4．债权人的代位权

因债务人怠于行使其到期债权，对债权人造成损害的，债权人可以行使其代位求偿权。债权人可以向人民法院请求以自己的名义代位行使债务人的债权，但该债权专属于债务人自身的除外，代位求偿权的范围仅以债权人的债权为限。债权人行使代位求偿权的必要费由债务人负担。

5．债权人的撤销权

因债务人放弃其到期债权或者无偿转让财产，给债权人利益造成损害的，或以明显低价转让财产且受让人知道该转让损害债权人利益的，债权人均可以请求人民法院撤销债务人的行为。该撤销权的范围以债权人的债权为限，债权人行使撤销权的必要费用，由债务人负担。撤销权自债权人知道或者应当知道撤销事由之日起一年内行使。自债务人的行为发生之日起5年内没有行使撤销权的，该撤销权消灭。

合同的变更和转让

合同变更。合同变更是指对已经依法成立的合同，在承认其法律效力的前提下，对其进行修改或补充。

合同转让。合同转让是当事人一方取得另一方同意后将合同的权利、义务转让给第三方的法律行为。合同转让是合同变更的一种特殊形式，它不是变更合同中规定的权利、义务内容，而是变更合同主体。合同的转让有三种：

（1）债权转让。合同法规定，债权人可以将合同的权利全部或者部分转让给第三人。并明确不得转让的债权，一是根据合同性质不得转让；二是按照当事人约定不得转让；三是依照法律规定不得转让。债权人转让权利，应该通知债务人，否则转让对债务人不发生效力。

（2）债务转让。合同法规定，债务人将合同的义务全部或部分转移给第三人，应当经债权人同意，否则转让无效。

（3）债权债务一并转让。当事人订立合同后合并的，由合并后的法人或其他组织行使合同权利，履行合同义务。当事人订立合同后分立的，除另有约定外，由分立的法人或其他组织对合同的权利和义务享有连带债权、承担连带债务。

合同的终止

合同终止是指合同当事人双方依法使相互间的权利、义务关系终止，即合同关系消灭。

《合同法》规定了合同终止的几种情形：债务已经按照约定履行；合同解除；债务相互抵销；债务人依法将标的物提存；债权人免除债务；债权债务同归一人；法律规定或者当事人约定终止的其他情形。

合同权利、义务的终止，不影响合同中结算和清理条款的效力以及通知、协助、保密等义务的履行。

第五篇　婚姻法、继承法基础知识

婚姻法的基本原则

婚姻法是调整婚姻关系、家庭关系的法律规范的总称。

中华人民共和国成立后，1950 年中央人民政府颁布了新中国第一部婚姻法，1980 年全国人民代表大会颁布了《中华人民共和国婚姻法》（以下简称《婚姻法》），2001 年、2004 年进行了修订。现行婚姻法是 2004 年修订后重新公布实施的。

婚姻法的基本原则：

（1）婚姻自由。婚姻自由是指当事人有权依法根据个人的意愿决定自己的婚姻，任何人不得强制和干涉。结婚自由和离婚自由两个方面共同构成婚姻自由的内容。结婚自由是指缔结婚姻关系的自由，即结婚必须男女双方完全自愿，不许任何一方强迫他方或任何第三者加以干涉。离婚自由是指解除婚姻关系的自由，即男女任何一方基于夫妻感情破裂而提出解除婚姻的要求，均应受到法律的保护。婚姻自由是我国婚姻法的一项基本原则，更是我国宪法赋予公民的一项基本权利。

（2）一夫一妻。一夫一妻是指一男一女结为夫妻的婚姻和家庭形式。一个男人只能有一个妻子，一个女人只能有一个丈夫，无论男女都不允许同时有两个或更多的配偶。因此，已婚者在配偶离婚或配偶死亡之前，不得再行结婚。要保障一夫一妻制的实现，就必须禁止重婚和反对其他破坏一夫一妻制的行为。《婚姻法》第三条第二款明确规定：禁止重婚，禁止有配偶者与他人同居。重婚是有配偶的男女未办理离婚手续又与他人登记结婚，或者没有登记结婚而与他人以夫妻名义共同生活，形成事实上的婚姻关系的以及未婚男女明知他人有配偶而与之结婚的行为。重婚是一种犯罪行为，应当依照刑法有关规定追究刑事责任。有配偶者与他人同居，主要是指虽不以夫妻名义共同生活，但存在较为长期的婚外非法同居关系的行为，如俗称的“包二奶”。

（3）男女平等。男女平等是指男方和女方在婚姻家庭中享有平等的权利和履行平等的义务。婚姻法的男女平等，表现为家庭关系上的男女平等，不同性别的其他家庭成员间的男女平等。

（4）保护妇女、儿童和老人的合法权益。保护妇女的合法权益，即妇女的合法权益不容侵犯，禁止家庭暴力和虐待行为。保护儿童的合法权益，即父母有抚养、教育子女的义务，禁止虐待和遗弃子女；禁止溺婴和其他残害婴儿的行为，非婚生子女、养子女和受继父母抚养的继子女享有与婚生子女同样的权利。保护老人的合法权益，即子女对父母有赡养扶助的义务，对子女已经死亡的父母、外祖父母，有负担能力的孙子女、外孙子女有赡养的义务，禁止虐待和遗弃老人。

（5）计划生育。计划生育是指有计划地调整人口增长的速度，控制人口的增长率，调整人口的构成、地域分布等各个方面的指标。我国实行的是以降低人口增长速度为主要目标的计划生育，提倡晚婚、晚育、少生、优生、优育。我国婚姻法把计划生育作为婚姻家庭的一项基本原则规定下来，并且强调夫妻双方都有计划生育的义务。

（6）禁止家庭暴力。家庭暴力是发生在家庭成员间的暴力行为，包括对配偶、子女、父母等家庭成员的身体、精神、性方面的暴力。根据最高人民法院的司法解释，家庭暴力是指行为人以殴打、捆绑、残害、强制限制人身自由或者其他手段，给其家庭成员的身体、精神等方面造成一定伤害后果的行为。家庭暴力实质上是家庭成员的一方对他方的虐待。婚姻法明确禁止家庭暴力，并规定了对受害者的救助措施，这对遏制家庭暴力的蔓延、保护人权具有积极的意义。

结婚制度

结婚是男女双方依照法律规定的条件和程序确立夫妻关系的行为。为了保护当事人的利益和社会利益，防止违法婚姻，巩固社会主义婚姻家庭制度，我国婚姻法规定了结婚应当具备的条件和必须履行的程序。只有完全符合法定条件和履行法定程序的婚姻，才是被国家承认和保护的合法婚姻。

1．结婚的条件

我国婚姻法对结婚条件做了两方面的规定，即必备条件和禁止条件，属于婚姻的实质要件。

结婚的必备条件：

（1）必须男女双方完全自愿，不许任何一方对他方加以强迫或任何第三者加以干涉。一是男女双方都自愿，而不是一厢情愿；二是本人自愿而不是父母等第三者的意愿；三是双方完全自愿而不是勉强同意。只有完全自愿才能建立以爱情为基础的家庭。父母、亲友、组织的意见只能提供当事人参考，而不能强迫服从，更不能无理要求和粗暴干涉。

（2）必须达到法定婚龄。法定婚龄是指法律上规定的男女双方结婚的最低年龄。

《婚姻法》第六条规定：结婚年龄，男不得早于22周岁，女不得早于20周岁。婚姻法关于婚龄的规定，考虑了两方面因素：一方面考虑到人的身心发育程度等自然因素，只有达到法定的婚龄结婚，才能具备相应的生理条件和心理条件，履行夫妻义务，承担对家庭和社会的责任；另一方面又考虑到社会物质生活条件，使之符合当前我国的实际情况，符合人口政策，有利于减轻人口对经济的压力，有利于社会的发展和进步。

（3）必须符合一夫一妻原则。按照这一原则要求，男女双方必须均无配偶，婚姻当事人只有各自在未婚、离婚或丧偶的情况下才能结婚。如果尚未解除现存婚姻关系又与他人结婚，即构成重婚，就要受法律制裁。

禁止结婚的条件：

（1）直系血亲和三代以内的旁系血亲禁止结婚。

直系血亲是指有血缘关系的亲属，即生育自己和自己所生育的上下各代的亲属，如生育自己的父母、祖父母、外祖父母以及这以上的直接长辈，还包括自己生育的子女、孙子女、外孙子女以及这以下的直接晚辈。

旁系血亲是指具有间接血缘关系的亲属，即直系血亲以外的，在血统上和自己出于同源的亲属，如自己的同胞兄弟姐妹、堂兄弟姐妹、表兄弟姐妹、叔伯、姑母、舅父、姨母等。所谓三代以内的旁系血亲，是指从自己算起往上数三代血亲，即与自己的祖父母或外祖父母同源而出的人，如同胞兄弟姐妹为二代以内的旁系血亲，堂兄弟姐妹、表兄弟姐妹为三代以内的旁系血亲。

我国婚姻法规定禁止近亲结婚，是从保护我们民族健康的目的出发的，它既是伦理观念的要求，也是自然选择规律的要求，符合优生学理论。

（2）患有医学上认为不应当结婚的疾病，应禁止结婚。《婚姻法》第七条第二款规定，患有医学上认为不应当结婚的疾病的人禁止结婚。这主要是指具有遗传性或传染性的疾病，如重度精神病、性病、活动期的肺结核病等。随着科学技术的发展，有些遗传病或传染病可以治愈，同时还会发现许多新的不宜结婚的病种。

2. 结婚的程序

结婚的法定程序是男女双方建立婚姻关系所必须履行的手续。结婚除必须符合法定的条件以外，还必须履行法定程序，这就是婚姻的程序要件。《婚姻法》第八条规定：要求结婚的男女双方必须亲自到婚姻登记机关进行结婚登记。符合本法规定的，予以登记，发给结婚证，取得结婚证，即确立夫妻关系。未办理结婚登记的，应当补办登记。2003 年 10 月 1 日起实施的《中华人民共和国婚姻登记条例》，对此进一步做出了明确规定。

结婚登记的机关，在农村是乡、民族乡、镇人民政府，在城市是街道办事处或者市辖区、不设区的市人民政府的民政部门。

按照我国的结婚制度，只要履行登记结婚手续，领取了结婚证，即使未曾同居生活，也是合法的夫妻关系。那种认为订婚就是结婚，或者认为只有举行了结婚仪式才是结婚的观点，完全是对法律的误解。

3. 无效婚姻与可撤销婚姻

（1）无效婚姻

无效婚姻是指欠缺婚姻成立法定要件的婚姻，因而不具有婚姻的法律效力。根据《婚姻法》第十条的规定，无效婚姻包括下列四种情形：重婚的；有禁止结婚的亲属关系的；婚前患有医学上认为不应当结婚的疾病，婚后尚未治愈的；未到法定婚龄的。

（2）可撤销婚姻

可撤销婚姻是指违背当事人真实意思而成立的婚姻。由于当事人的真实意思属主观认识范畴，不同于无效婚姻可用违反结婚实质要件去衡量，因此，因违背真实意思而缔结的婚姻，不宜通过无效婚姻制度解决，而应由当事人申请撤销而使婚姻关系归于无效。

《婚姻法》第十一条规定，因胁迫结婚的，受胁迫的一方可以向婚姻登记机关或人民法院请求撤销该婚姻。受胁迫的一方撤销婚姻的请求，应当自结婚登记之日起 1 年内提出。被非法限制人身自由的当事人请求撤销婚姻的，应当自恢复人身自由之日起 1 年内提出。

离婚制度

离婚是指夫妻双方依照法定程序，协议或由法院判决解除婚姻关系的法律行为。

离婚有两种情况：一是男女双方自愿离婚；一是配偶一方要求离婚，另一方不愿离婚。因此，离婚的程序也各不相同。

1. 登记离婚

男女双方确实自愿离婚的，双方必须亲自到一方户口所在地的婚姻登记机关申请离婚。申请时应持户口证明、身份证、离婚协议书、结婚证。婚姻登记机关对离婚登记当事人出具的证件、证明材料进行审查并询问相关情况。对当事人确属自愿离婚，并已对子女抚养、财产、债务等问题达成一致处理意见的，应当当场予以登记，发给离婚证。这是比较简便的程序。

2. 诉讼离婚

男女一方要求离婚的，可由有关部门进行调解或直接向人民法院提出离婚诉讼。感情破裂是人民法院判决离婚的主要条件。根据婚姻法的有关规定，感情确已破裂的具体表现情形主要包括：重婚或有配偶者但与他人同居的；实施家庭暴力或虐待、遗弃家庭成员的；有赌博、吸毒等恶习屡教不改的；因感情不和分居满 2 年的；其他导致夫妻感情破裂的情形。

3. 离婚的两项特殊规定

婚姻法对离婚问题有两项特殊的规定：第一，现役军人的配偶要求离婚，得军人同意，但军人一方有重大过错的除外。现役军人的配偶是指非军人的一方，如果双方都是现役军人则不适用该项规定。

第二，女方在怀孕期间和分娩以后 1 年内或中止妊娠后 6 个月内，男方不得提出离婚，但女方提出离婚的，或人民法院认为确有必要受理男方离婚请求的除外。

4. 离婚后子女的抚养和财产问题

（1）离婚后子女的抚养和教育

离婚只解除夫妻关系，他们与子女之间的血亲关系不能因离婚而消除，他们仍是原生子女的父母。离婚后，父母对子女仍有抚养和教育的权利和义务。婚姻法有关父母、子女间权利、义务的规定，对离婚后的父母、子女关系完全适用。离婚后，任何一方都不得以任何借口不履行这种义务。关于子女生活、教育费用的负担，我国婚姻法规定：离婚后，一方抚养的子女，另一方应负担必要的生活费和教育费的一部分或全部，负担费用的多少和期限的长短，由双方协议；协议不成时，由人民法院判决。关于子女生活费和教育费的协议或判决，不妨碍子女在必要时向父母任何一方提出超过协议或判决原定数额的合理要求。

（2）离婚后财产的处理

离婚时，夫妻的共同财产由双方协议处理；协议不成，由人民法院根据财产的具体情况，照顾子女和女方权益的原则判决。离婚时分割的财产，仅以夫妻共同财产为限；婚前财产及婚后个人财产归本人所有；约定的财产按双方的约定处理。夫妻关系存续期间所负的债务，属于共同债务的，由共同财产偿还，属于个人债务的，由个人财产偿还。

夫妻关系

夫妻关系是指由合法婚姻而产生的男女之间的人身和财产方面的权利、义务关系，它是家庭的基础和核心。《婚姻法》第十三条规定：夫妻在家庭中地位平等，这是调整夫妻关系的准则，是男女平等原则在家庭关系中的必然要求。

1. 夫妻之间的人身关系

《婚姻法》第四条规定：夫妻应当互相忠实，互相尊重。夫妻应当相互保持贞操，这是夫妻人身关系最基本、最重要的内容。夫妻应当互相尊重，维护平等、和睦的婚姻家庭关系。

夫妻双方都有使用自己姓名的权利。双方不因结婚而改变自己的姓名，双方所生的子女可以随父姓，也可以随母姓，由父母协商解决。

夫妻双方都有参加生产、工作、学习和社会生活的自由，一方不得对他方加以限制和干涉。

夫妻双方都有实行计划生育的义务。

父母对子女有抚养、教育的义务。父母有管教和保护未成年子女的权利和义务。

2. 夫妻之间的财产关系

夫妻在财产关系方面，对共同所有的财产有平等的处理权。个人特有的财产归个人所有；约定的财产按照双方的约定处理。夫妻在婚姻关系存续期间所得的下列财产，归夫妻共同所有：工资、奖金；生产经营的收益；知识产权的收益；继承或赠予所得的财产，但遗嘱或赠予合同中确定只归夫或妻一方的财产除外；其他应当归共同所有的财产。夫妻对共同所有的财产，有平等的处理权。

为夫妻一方所有的财产的情况：一方的婚前财产；一方因身体受到伤害

获得的医疗费、残疾人生活补助费等费用；遗嘱或赠予合同中确定只归夫或妻一方的财产；一方专用的生活用品等。

夫妻可以约定婚姻关系存续期间所得的财产以及婚前财产归各自所有、共同所有或部分各自所有、部分共同所有。约定应当采用书面形式。没有约定或约定不明确的，除应当属于个人所有的财产外，其余的均按夫妻共同财产对待。夫妻对财产的约定，可以在婚前进行，也可以在婚后进行，还可以变更约定，增加附条件或附期限的约定，但必须具备一定的要件才具有法律约束力，即要求夫妻双方具有完全行为能力、平等自愿、协商一致，内容明确合法；应当采用书面形式；约定的财产涉及需要办理批准、登记手续的，应当办理相应的手续。

夫妻双方有相互抚养的义务。抚养是指夫妻双方在物质上互相扶助和生活上相互照顾。一方不履行抚养义务时，需要抚养的一方，有要求对方付给抚养费的权利。

夫妻有相互继承遗产的权利，这是男女平等的又一表现。夫或妻对依法继承的遗产享有所有权。寡妇再婚，有权利将所得财产带走，任何人不得限制或干涉。

父母子女关系

父母、子女之间的关系包括自然血亲和拟制血亲关系。自然血亲是指基于子女出生的事实而发生的关系，包括婚生子女和非婚生子女。拟制血亲是指本无血缘关系，但法律上确认其与自然血亲有同等的权利与义务，如依法收养而发生的养父母与养子女的关系，以及因父母一方死亡或离婚而再婚所发生的继父母与继子女的关系。

我国《婚姻法》对父母与子女间的权利、义务做了明确规定：

（1）父母对子女有抚养、教育的义务

父母对子女有抚养、教育的义务，其含义是：父母有义务对子女的生活和学习提供一定的物质条件，承担必要的经济责任。父母对未成年子女的抚养责任是无条件的；父母对成年子女的抚养责任则是有条件的，即成年子女没有能力或于某种原因不能维持生活，父母也要根据需要和可能负担其生活费用或给予一定的帮助。父母不履行抚养义务时，未成年的或不能独立生活的子女，有要求父母付给抚养费的权利。在未成年子女对国家、集体或他人造成损害时，父母有赔偿经济损失的义务。

父母对子女不仅有抚养义务，还负有教育的责任。父母有责任从政治上、思想上关心子女健康成长，使之成为有理想、有道德、有文化、有纪律的社会主义劳动者。

（2）子女对父母有赡养、扶助的义务

子女对父母有赡养、扶助的义务是法定义务。子女对父母的赡养、扶助义务是无条件的，这是子女对家庭和社会应尽的责任。子女对父母的义务是多方面的：一是在经济上的奉养；二是在生活上给予扶助；三是在精神上尊敬、慰藉。子女不履行赡养义务时，无劳动能力的或生活困难的父母，有要求子女付给赡养费的权利。对于拒不承担赡养义务，情节恶劣的，可以依照刑法追究刑事责任。

（3）父母与子女间有相互继承遗产的权利

（4）非婚生子女、继父母与继子女之间的权利和义务

非婚生子女享有与婚生子女同等的权利，任何人不得加以危害和歧视。不直接抚养非婚生子女的生父或生母，应负担子女必要的生活费和教育费的一部分或全部，直至子女能独立生活为止。继父母与继子女间的关系，是子女因父母一方死亡，他方带着子女再行结婚，或者父母离婚，抚养子女的一方或双方再行结婚而产生的一种法律关系。继父或继母和受其抚养教育的继子女间的权利和义务，适用对父母子女关系的有关规定。继父母、继子女之间法定权利、义务的产生是以是否形成抚养关系为前提的，只有形成了抚养关系的继父母、继子女之间，才适用婚姻法关于父母、子女关系的有关规定，没有形成抚养关系的继父母、继子女之间无法定的权利与义务。这里的抚养关系是指共同生活关系。

（5）养父母与养子女间的权利和义务

养父母和养子女间的权利和义务，适用婚姻法对父母、子女关系的有关规定。养子女和生父母间的权利和义务，因收养关系的成立而消除。

收养关系除因收养人或被收养人死亡而自然终止外，还可以因依法解除而终止。解除收养关系必须符合一定的条件，履行一定的程序。养父母与养子女间的权利、义务因收养关系的解除而终止。

其他家庭成员间的关系

1. 祖父母、外祖父母与孙子女、外孙子女间的抚养、赡养义务

祖父母、外祖父母与孙子女、外孙子女间的抚养、赡养是有条件的。《婚姻法》第二十八条规定：有负担能力的祖父母、外祖父母，对于父母已经死亡或父母无力抚养的未成年孙子女、外孙子女有抚养的义务。同时又规定：有负担能力的孙子女、外孙子女对于子女已经死亡或子女无力赡养的祖父母外祖父母有赡养的义务。

2. 兄弟姐妹间的抚养义务

兄弟姐妹间的经济责任是有条件的。根据《婚姻法》第二十九条，有负担能力的兄、姐，对于父母已经死亡或父母无力抚养的未成年的弟、妹，有抚养的义务。如果抚养过自己的兄、姐生活发生困难时，其弟、妹也应给予照顾和帮助。

家庭救助措施

救助措施是指发生家庭暴力、虐待或遗弃家庭成员情况，有关部门帮助受害者及时制止暴力、虐待、遗弃行为，保障其人身安全的途径与办法。

1. 对家庭暴力、虐待的受害人的救助措施

家庭暴力是指发生在家庭成员之间，以殴打、捆绑、残害、强制限制人身自由或者其他手段，给其家庭成员的身体、精神等方面造成一定伤害后果的行为。持续性、经常性的家庭暴力构成虐待。

对正在实施的家庭暴力，受害人可以向居民委员会、村民委员会请求予以劝阻。居民委员会和村民委员会在接到受害人请求时，有义务劝阻实施家庭暴力的行为人停止违法行为。家庭暴力的受害人也可以直接请求公安机关救助，公安机关应当制止正在发生的家庭暴力行为。此外，家庭暴力或虐待行为的受害人有权提出请求，要求居民委员会、村民委员会以及所在单位进行调解。

2. 对遗弃家庭成员的受害人的救助措施

遗弃是指负有抚养义务的人对没有独立生活能力的家庭成员拒绝履行抚养义务的行为。对被家庭成员遗弃的受害人的救助办法是居民委员会、村民

委员会以及所在单位予以劝阻、调解。当事人是否愿意外人或有关组织介入调解纠纷，应取决于当事人的意愿。居民委员会、村民委员会以及所在单位不能主动对家庭成员间的遗弃予以劝阻、调解。

此外，婚姻法还规定了对被家庭成员遗弃的受害人的司法救助措施。根据《婚姻法》第四十四条第二款的规定，被遗弃的受害人可以向人民法院起诉，请求人民法院依法做出判决，责令被告支付抚养费、赡养费。

家庭暴力法律责任

现行婚姻法明确列举的违法行为有：实施家庭暴力；虐待、遗弃家庭成员；重婚或有配偶者与他人同居；离婚时一方隐藏、转移、变卖、毁损夫妻共同财产；伪造债务企图侵占另一方财产等。对这些违法行为规定了不同的处罚办法和标准。

1．民事责任

为保障婚姻当事人的合法权益，《婚姻法》规定了离婚过错方的损害赔偿制度。第四十六条规定：有下列情形之一，导致离婚的，无过错方有权请求损害赔偿：重婚的；有配偶者与他人同居的；实施家庭暴力的；虐待、遗弃家庭成员的。

离婚损害赔偿是因夫妻一方的重大过错致使婚姻关系破裂的，无过错方有权要求过错方赔偿损害。离婚时实行损害赔偿制度，使有过错方受到经济上的制裁，使无过错方得到经济补偿和精神抚慰，有利于有效地维护无过错方的合法权益。

根据最高人民法院的司法解释，离婚损害赔偿的范围既包括财产损害的赔偿，也包括人身伤害、精神损害的赔偿。人民法院应当根据过错方对另一方造成的身体方面、精神方面的损害程度和当事人的经济状况等，来决定赔偿的数额。

对离婚时非法侵占夫妻共同财产的当事人，《婚姻法》第四十七条规定：离婚时，一方隐藏、转移、变卖、毁损夫妻共同财产，或伪造债务企图侵占另一方财产的，分割夫妻共同财产时，对隐藏、转移、变卖、毁损夫妻共同财产或伪造债务的一方，可以少分或不分。离婚后，另一方发现有上述行为的，可以向人民法院提起诉讼，请求再次分割夫妻共同财产。

2. 行政责任

行政责任是指对违反婚姻法情节较轻，尚不构成犯罪的行为，有关部门酌情予以行政处罚。该行政处罚具有惩戒性。根据婚姻法规定：实施家庭暴力或虐待家庭成员，受害人提出请求的，公安机关应当依照治安管理处罚法的规定予以行政处罚。处罚的措施是：分不同情况给予拘留、罚款或者警告。

3. 刑事责任

侵犯婚姻家庭关系构成犯罪的，是婚姻法领域中最为严重的违法行为，如暴力干涉婚姻自由罪、重婚罪、破坏军婚罪、虐待罪、遗弃罪等。对于这些犯罪，应按照我国刑法的规定予以制裁。

继承的基本原则

继承是公民死亡或宣告死亡之后，按法定程序，把死者遗留的个人合法财产和其他合法权益转移给他人所有的民事法律制度。在继承法律关系中，遗留财产的死者称为被继承人；接受遗产的人，称为继承人；死者遗留的个人合法财产和合法权益，称为遗产；继承人依法取得被继承人遗产的权利，称为继承权。

1985 年 4 月 10 日，六届人大三次会议通过《中华人民共和国继承法》（以下简称《继承法》）。我国继承法律制度的基本原则有：

（1）保护公民私有财产的原则

我国《继承法》第一条阐明：根据《中华人民共和国宪法》的规定，为保护公民的私有财产，制定本法。保护公民私有财产的继承权，是保护公民合法财产所有权的具体体现。

（2）继承权男女平等原则

继承权男女平等原则主要表现在：被继承人不分男女都有同样处分自己遗产的权利；同一顺序继承人不分男女都享有平等的继承权；夫妻都有继承对方遗产的权利。

（3）养老育幼的原则

我国《继承法》对保护老人、儿童合法权益做出了很多规定，如对生活有特殊困难的缺乏劳动能力的继承人予以照顾，为胎儿保留应得的继承份额等。

（4）权利、义务一致原则

公民依照法律规定享有对遗产的继承权利，但也要承担相应的义务。继承人分割财产时，应考虑继承人对被继承人所尽义务多少的因素。同时，对有抚养能力和条件但不尽抚养义务的继承人，在分配遗产时，可不分或少分；继承是概括继承，接受遗产的人负有清偿被继承人生前所欠税款和其他合法债务的义务。

遗产的概念与范围

遗产是指公民死亡时遗留下来的个人合法财产。

根据我国《继承法》的规定，可以继承的遗产的范围包括：公民的收入；公民的房屋、储蓄和生活用品；公民的林木、牲畜和家禽；公民的文物、图书资料；法律允许公民所有的生产资料；公民的著作权、专利权中的财产权利；公民的其他合法财产（如债权、有价证券）等。

遗产既包括死者遗留的财物和债权，也包括债务。遗产中的债务，继承人有义务在所得遗产的价值中予以清偿，超过遗产实际价值部分，继承人不再负有法律责任。土地使用权、承包权、房屋租赁权等不是遗产，也不能继承。但在自留地、自留山以及个人承包的荒山、荒沙、荒滩上种植的树、草或其他作物，可以继承。

继承开始的时间和地点

继承开始的时间是被继承人死亡的时间。自然死亡的以有关部门开具的死亡证明确认的时间为准；宣告死亡的以法院判决宣告死亡之日为准。确定继承开始的时间的主要意义在于：一是确定继承人范围的时间界限；二是确定遗产内容的时间界限；三是确定遗嘱和遗赠的时间。

继承开始的地点，通常以被继承人生前的户籍所在地或主要遗产所在地为继承开始的地点。

继承发生的根据和继承权的丧失

根据《继承法》第五条的规定，继承发生的根据有3种方式：法定继承、遗嘱继承或遗赠、遗赠抚养协议。继承开始后，按照法定继承办理；有遗嘱的，按照遗嘱继承或遗赠办理；有遗赠抚养协议的，按照协议办理。

继承人有下列行为之一的，丧失继承权：故意杀害被继承人的；为争夺遗产而杀害其他继承人的；遗弃被继承人的，或者虐待被继承人情节严重的；伪造、篡改或销毁遗嘱，情节严重的。

继承人主动放弃继承权的，应当做出明确的意思表示；接受继承的，既可以明示，也可以默示。继承开始后，继承人无须任何意思表示，便可当然取得继承权，并取得遗产所有权。

1. 法定继承

（1）法定继承的概念

法定继承又叫作无遗嘱继承，是指继承人的范围、继承的顺序以及遗产分配的原则，均按法律规定处理的一种继承方式。法定继承的特点是以一定的人身关系如被继承人与继承人之间的婚姻、家庭和血缘关系为依据而成立的继承关系。法定继承人的范围、继承顺序和遗产分配原则，都是由法律做出规定，除被继承人生前依法以遗嘱的方式改变外，其他人没有权利变更。

被继承人死亡或被宣告死亡后，根据继承法的有关规定，有下列情形之一的，适用法定继承：被继承人生前没有立遗嘱的；遗嘱继承人放弃继承或受遗赠人放弃受遗赠的；遗嘱继承人丧失继承权的；遗嘱继承人或受遗赠人先于遗嘱人死亡的；遗嘱无效部分所涉及的遗产；遗嘱未处分的遗产。

（2）法定继承人的顺序和范围

法定继承人是指按法律规定有资格继承死者遗产的人。法定继承人是以一定人身关系和抚养关系为前提的。法定继承的顺序是指法定继承人继承遗产的先后顺序。继承法规定我国法定继承分为两个顺序：第一顺序为：配偶、子女、父母；第二顺序为兄弟姐妹、祖父母、外祖父母。

继承开始后，由第一顺序继承人继承，第二顺序继承人不继承；没有第一顺序继承人继承的，由第二顺序继承人继承。

《继承法》第十二条规定，丧偶儿媳对公婆，丧偶女婿对岳父母尽了主要赡养义务的，作为第一顺序继承人。

（3）代位继承和转继承

代位继承是指被继承人的子女先于被继承人死亡的，由被继承人的子女的晚辈直系血亲代替被继承人的子女继承其应继承的遗产。代位继承人只限于被继承人子女的晚辈直系血亲，被继承人的旁系血亲或长辈直系血亲都没有代位继承权。代位继承人只能继承被代位继承人应继承的份额。婚生子女、非婚生子女、养子女、有抚养关系的继子女具有同等的代位继承权。

转继承是指继承人或受遗赠人在继承开始后，分割遗产前死亡，其应得的遗产份额，转由其法定继承人继承。因此，转继承又叫二次继承。

2．遗嘱继承、遗赠和遗赠抚养协议

（1）遗嘱和遗嘱继承

遗嘱是指被继承人在生前按照法律规定的方式和内容，对自己的财产预作处分或对其他身后事务所作的安排，并在死亡时发生法律效力的法律行为。

遗嘱继承是指在被继承人死亡后，按其生前所立遗嘱的内容，将其遗产转移给指定的法定继承人的一种继承方式。立遗嘱的被继承人叫遗嘱人，遗嘱指定的继承人称遗嘱继承人。

遗嘱继承和法定继承都是继承方式，但遗嘱继承优先于法定继承。被继承人生前如立有合法有效的遗嘱，应首先按照遗嘱的规定进行遗嘱继承；在没有遗嘱或遗嘱被人民法院判决为无效时，才按法定继承方式继承。

（2）遗嘱的有效条件和形式

遗嘱是一种法律行为，因此，遗嘱的成立必须具备法定的条件才能发生法律效力。有效遗嘱必须具备下列条件：

①立遗嘱人必须具有行为能力。年满18周岁具有完全行为能力的人才能具有立遗嘱的行为能力。精神病人和不满18周岁的未成年人，不能立遗嘱处理其遗产。

②遗嘱必须是遗嘱人本人真实的意思表示。遗嘱内容应完全出于立遗嘱人内心自愿，如果遗嘱人是在受到他人胁迫、欺骗的情况下立的遗嘱，或者所立遗嘱被其他人伪造和篡改过，则一律无效。

③遗嘱内容必须合法。遗嘱的内容不得违反国家的法律和政策以及社会主义道德，违反的部分无效。

④如果取消或减少法定继承人中未成年人、无劳动能力又无生活来源的人以及未出生的胎儿的应继承份额，也导致遗嘱无效。

要使遗嘱成立和有效，除上述条件外，还必须在形式上符合法律规定。继承法规定的遗嘱形式有公正遗嘱、自书遗嘱、代书遗嘱、录音遗嘱和口头遗嘱。

公证遗嘱是指遗嘱人到国家公证机关办理了公证手续的遗嘱。

自书遗嘱是指由遗嘱人本人亲自书写的遗嘱。本人必须签名，并注明年、月、日。

代书遗嘱是指遗嘱人委托他人代笔书写的遗嘱。应当有两个以上见证人在场见证，由其中一人代书，注明年、月、日，并由代书人、其他见证人和遗嘱人签名。

录音遗嘱应当有两个以上见证人在场见证。

遗嘱人在危急情况下，可以立口头遗嘱。口头遗嘱应当有两个以上见证人在场见证。危急情况解除后，遗嘱人能够用书面或者录音形式立遗嘱的，所立的口头遗嘱无效。

遗嘱人立遗嘱后，如果认为原立遗嘱不妥，有权加以变更或撤销。如遗嘱人先后立了数份内容相抵触的遗嘱，应以最后一份遗嘱为准。自书、代书、录音和口头遗嘱均不得变更、撤销公证遗嘱。

为了保证遗嘱的真实性，继承法规定，下列人员不能作为遗嘱见证人：无行为能力人和限制行为能力人；继承人和受遗赠人；与继承人、受遗赠人有利害关系的人。

（3）遗赠

遗赠是指公民以遗嘱方式将其遗产的一部分或全部赠给国家、集体组织、社会团体或者法定继承人之外的人。遗赠财产者称为遗赠人，承受遗赠者叫作受遗赠人。

遗赠与遗嘱继承相比有以下特点：在遗赠中，获得财产的都不是法定继承人，而是国家、集体组织、社会团体或者法定继承人之外的人。遗赠是遗赠人死亡时生效的单方法律行为，只要将遗赠内容载入遗嘱，不需要受遗赠人同意即为有效。受遗赠人放弃受遗赠的，并不影响遗赠的法律效力；受遗赠人并不参与遗产的分配，而只是从继承人或其遗嘱执行人那里取得遗赠财产；一般情况下，受遗赠人在受领遗赠中不负有义务。

（4）遗赠抚养协议

遗赠抚养协议，是一方抚养对方终生而对方将个人遗产的全部或部分遗赠给抚养人的协议。遗赠抚养协议具有以下法律特征：

①它是不同于法定继承和遗嘱继承的第三种继承方式；

②它是一种互助性的转移遗产方式；

③它具有最优先的适用效力。

第六篇　刑法基础知识

刑法是我国重要的法律规范之一，是关于犯罪及其刑罚的法律。在一个国家的法律体系中，刑法具有非常重要的地位。本章主要介绍刑法的概念、基本原则、适用范围，犯罪概念和犯罪构成要件，正当防卫与紧急避险、故意犯罪的形态、刑罚制度、刑法分则规定的犯罪种类及校园易出现的几种犯罪等内容。通过本篇学习，使学生了解我国刑法的相关规定，熟悉我国刑法的原则和适用范围，正确区分罪与非罪，熟悉我国刑罚、犯罪的种类及校园内易出现的几种犯罪的概念、特征、处罚规定，增强学生的刑法意识和刑法观念，提高学生识别和预防犯罪的能力，培养学生运用所学的知识处理简单刑事案件的能力。

刑法的概念

刑法是统治阶级为了维护本阶级政治统治和经济利益，根据本阶级意志，通过国家立法程序制定的关于犯罪和刑罚的法律规范的总称，它是国家的基本法律。

刑法有广义与狭义之分。在我国，狭义的刑法是指刑法典，即国家以刑法名称颁布的，系统规定犯罪与刑罚的一般原则和各种具体犯罪与刑罚的法律规范。我国的刑法典即是指1979年7月1日第五届全国人民代表大会第二次会议通过并施行，1997年3月14日第八届全国人民代表大会第五次会议修订的《中华人民共和国刑法》（以下简称《刑法》）。广义的刑法：是指一切刑法规范的总和，它除了刑法典以外，还包括单行刑事法规及附属刑法。单行刑法是国家以决定、规定、补充规定、条例等名称颁布的，规定某一类犯罪及其后果或者刑法的某一事项的法律。附属刑法是指附带规定于经济法、行政法等非刑事法律中的罪刑规范。

刑法的目的和功能

刑法的目的就是：惩罚犯罪，保护人民，是两者的统一。

刑法的功能是指刑法作为一个有机整体可起到的作用或发生作用的能力。一般说，刑法具有三种功能：

（1）规制功能。刑法规定了犯罪和惩罚，表明了国家对人们行为的约束和规制，要求人们的意志不得背离国家保护法意的意志。

（2）保护功能。即保护公民和社会不受犯罪的侵害。

（3）保障功能。刑法具有保障犯罪不受刑法以外不正当的刑事处罚。

刑法的任务

根据《刑法》第二条的规定，刑法的任务有以下 4 个方面：

（1）保卫国家安全，保卫人民民主专政的政权和社会主义制度。国家的安全，人民民主专政的国家政权的巩固，社会主义制度的实现，是我国人民的根本利益所在，是涉及生存发展的大问题。因此，我国刑法将保卫国家安全，保卫人民民主专政的政权和社会主义制度列为首项具体任务。

（2）保护公民的人身权利、民主权利和其他权利。公民的财产权利、人身权利、民主权利和其他权利是我国宪法赋予公民的基本权利。因此，保护公民的人身权利、民主权利和其他权利不受犯罪分子的侵害是刑法的重要任务。保护公民充分行使这些权利，是我国保护人权的表现，是社会主义制度优越性的体现，是调动人民群众积极性，投身国家建设的需要。

（3）保护国有财产和劳动群众集体所有的财产，保护公民私人所有的财产。无论是公共财产，还是公民私人所有的财产，都是我国社会主义经济的组成部分，都对我国社会市场经济的发展起着重要作用，都受到法律的保护。

（4）维护社会秩序、经济秩序，保障社会主义建设事业的顺利进行。社会秩序是维护社会的稳定和安宁，保障人民正常工作、生产、生活不可缺少的条件，社会秩序也是国家继续发展和改革的必要保证。经济秩序是社会主义市场经济建立、完善和发展的必要保障。社会秩序、经济秩序都直接关系到社会的稳定，关系到社会主义建设事业的顺利进行。

刑法的基本原则

刑法的基本原则是指我国法律明文规定的，在制定和适用刑法的过程中，必须严格遵守的、刑法所固有的、全局性和根本性的准则。我国《刑法》明文规定了3个基本原则。

1. 罪刑法定原则

罪刑法定原则是刑法最重要的基本原则。我国《刑法》第三条规定：法律明文规定为犯罪行为的，依照法律定罪处刑；法律没有明文规定为犯罪行为的，不得定罪处刑。即法无明文规定不为罪，法无明文规定不处罚。罪刑法定原则的具体要求如下：

（1）规定犯罪及法律后果的法律，必须是立法机关制定的成文的刑法典、单行刑法和附属刑法，行政规章不得规定刑罚，习惯法和判例都不能作为刑法的渊源。

（2）禁止不利于行为人的事后法，刑法无溯及力，禁止溯及既往。

（3）禁止不利于行为人的类推解释与类推适用。

（4）禁止绝对的不定期刑。

2. 平等适用刑法原则

平等适用刑法原则是我国宪法的基本精神。我国《刑法》第四条规定，对任何人犯罪，在适用法律上一律平等。不允许任何人有超越法律的特权。这一原则表明，任何罪，不得因身份、地位、职务高低而有差异，都应当受到刑法的追究，一律平等的定罪、量刑和执行刑罚，不允许有任何超越法律的特权存在。它的确立对于维护法律的尊严与公正，有着十分重要的意义。平等适用原则的具体要求是：

（1）平等保护。对于刑法所保护的合法权益予以平等的保护。

（2）定罪平等。对于实施犯罪的任何人，都必须严格依照法律认定犯罪。

（3）量刑平等。对于任何犯罪人，都必须根据其犯罪事实与法律规定量刑。

（4）行刑平等。对于被判处刑罚的任何人，都必须严格按照法律的规定执行刑罚。

3. 罪刑相适应原则

我国《刑法》第五条规定：刑罚的轻重，应当与犯罪分子所犯罪行和承担的刑事责任相适应。罪刑相适应原则的基本含义是：罪行大小与刑事责任的大小，刑罚轻重相应、相称，重罪重判，轻罪轻判。这一原则是适应人们朴素的公平意识的一种法律思想，是由罪与刑的基本关系决定的，是预防犯罪的需要。罪刑相适应原则的具体要求是：

（1）贯彻量刑原则，解决好定罪、刑事责任与量刑的对应问题，解决好量刑的精确化问题。按照犯罪事实、犯罪的性质和情节及社会危害性的大小，处以相应的刑事责任。

（2）正确适用有关的刑罚制度，做到重罪重罚，轻罪轻罚，一罪一罚，数罪并罚，罚当其罪。

刑法的适用范围

刑法的适用范围又称刑法的效力范围，是指刑法在什么空间、什么时间内具有效力的问题。刑法的效力范围涉及国家主权、民族关系、新旧法律的关系问题。刑法的效力范围明确规定于我国《刑法》第六条至第十二条中。

1. 刑法的空间效力

刑法的空间效力是指刑法在什么地方和对什么人具有效力。在空间效力上，我国刑法以属地管辖原则为主，兼采用属人管辖原则和保护管辖原则，并有保留地采用了普遍管辖原则。

2. 刑法的时间效力

刑法的时间效力是指对刑法的生效时间和失效时间及是否具有溯及既往效力的规定。

刑法溯及既往的效力，亦称刑法溯及力，是指新的刑事法律制定后，对其生效前未经审判或者判决尚未确定的行为是否适用的规定。我国《刑法》规定：中华人民共和国成立以后本法施行以前的行为，如果当时的法律不认为是犯罪的，适用当时的法律；如果当时的法律认为是犯罪的，依照本法总则第四章第八节的规定应当追诉的，按照当时的法律追究刑事责任，但是如果本法不认为是犯罪或者处刑较轻的，适用本法。本法施行以前，依照当时的法律已经做出的生效判决，继续有效。这个规定表明我国刑法溯及力采取从旧兼从轻的原则。

犯罪的概念和特征

1．犯罪的概念

根据刑法理论的通说，犯罪是具有社会危害性、刑事违法性与应受刑罚处罚性的行为。我国《刑法》第十三条规定：“一切危害国家主权、领土完整和安全，分裂国家，颠覆人民民主专政的政权和推翻社会主义制度，破坏社会秩序和经济秩序，侵犯国有财产或劳动群众集体所有的财产，侵犯公民私人所有的财产，侵犯公民人身权利、民主权利和其他权利以及其他危害社会的行为，依照法律应当受刑罚处罚的都是犯罪，但是情节显著轻微危害不大的，不认为是犯罪。”

大陆法系认为：从形式上说，犯罪是符合构成要件的违法且有责的并且具有可罚性的行为。从实质上说，犯罪是侵害法益（法律所保护的利益）和违反义务的行为。

2．犯罪的特征

我国刑法规定的犯罪具有3个基本特征：

（1）犯罪是严重危害社会的行为，具有严重的社会危害性。这是犯罪的本质特征。有行为人所实施的行为严重危害到社会的利益和社会秩序，法律才把它规定为犯罪。如果其行为不具有社会危害性或者情节显著轻微危害不大的，就不认为是犯罪。犯罪的社会危害性决定于各种主观和客观因素，行为有无社会危害性和危害性的大小，是判断罪与非罪的主要界限。

（2）犯罪是触犯刑律的行为，即具有刑事违法性。一切犯罪行为都具有社会危害性但并非一切危害社会的行为都是犯罪。只有危害社会的行为同时又是违反刑法的行为，才构成犯罪。社会危害性是刑事违法性的基础，刑事违法性是社会危害性在刑法上的表现。刑事违法性的实质就是行为人所实施的行为，违反了刑法所规定的禁止性规范和义务性规范。所谓据罪刑法定就是说没有刑事违法性，也就没有犯罪。

（3）犯罪是应受刑罚惩罚的行为，具有应受刑罚处罚性。危害社会的行为，不仅应当达到触犯刑律的严重程度，而且必须是应当受到刑罚处罚时，才能认定为犯罪。犯罪是适用刑罚的前提，刑罚是犯罪的法律后果。这一特征表明，某种行为如果不应当受刑罚处罚，就意味着这种行为不是犯罪。必须把不应当受刑罚处罚与不需要刑罚处罚这两者的含义区别开来。不应当受刑罚处罚，即行为人的行为不是犯罪，根本上就不应当受到刑罚的处罚。不需要刑罚处罚，即行为人的行为已构成犯罪，只是考虑到犯罪情节轻微或者具有法定免除情节，而不给予刑罚处罚，其行为仍然是犯罪性质。

犯罪概念的上述 3 个特征，互相联系，不可分割，密切结合，它们共同构成区分罪与非罪的总标准，缺少任何一个都不能认定是犯罪。社会危害性是犯罪的基本属性，是刑事违法性和应受处罚性的基础。但是，如果社会危害性没有达到违反刑法应受刑罚处罚的程度，也不能构成犯罪。

犯罪的构成

犯罪构成是我国刑法所规定的，决定某一具体行为的社会危害性及其程度而为该行为构成犯罪所必须具备的一系列主客观要件的总和。

犯罪构成和犯罪概念既有联系，又有区别。

①犯罪概念说明犯罪是什么，是犯罪构成的基础。犯罪构成则在此基础上进一步说明犯罪是如何构成的，成立犯罪应该具备什么样的要件。

②概念是犯罪的总标准，犯罪构成是成立犯罪的具体标准。

③犯罪概念将犯罪作为一个整体，从宏观上揭示一切犯罪的共同特征、基本特征，犯罪构成则深入到犯罪内部，从微观上分析各个犯罪的内部结构、成立条件。

在现实生活中，任何一种犯罪都是具体的，都有诸多的具体特征。犯罪的概念仅仅是区分罪与非罪的总标准，不可能对此罪与彼罪等具体问题加以界定，这就需要运用犯罪构成对犯罪行为加以具体分析。按照我国犯罪构成的一般理论，我国刑法规定的犯罪都必须具备犯罪客体、犯罪的客观方面、犯罪主体和犯罪的主观方面这 4 个共同要件。犯罪构成的 4 个要件是一个完整的统一的有机整体，缺一不可，只有同时具备才能构成犯罪。

1. 犯罪客体

（1）犯罪客体的概念

犯罪客体是被我国刑法所保护，而为犯罪行为所侵犯的社会关系。我国《刑法》第十三条和分则的规定，具体指刑法所保护的社会关系的种类。如《刑法》第二四五条规定的非法搜查罪，侵害的客体是他人的人身权利或者和人身权利有关的住宅权不受侵犯的权利。犯罪客体是决定社会危害性的首要条件。

（2）犯罪客体具有的特征

犯罪客体具有以下特征：①犯罪客体是我国的社会关系；②犯罪客体是我国刑法所保护的社会关系；③犯罪客体是为犯罪行为所侵犯的社会关系。

（3）犯罪客体的分类

犯罪客体按其范围大小分为一般客体、同类客体和直接客体。

一般客体，又称共同客体，这是指一切犯罪所共同侵害的法益。在我国，犯罪的一般客体就是刑法所保护的作为整体的社会主义社会关系。犯罪的一般客体揭示了一切犯罪侵害的法益的总体，又是它们的共同本质。

同类客体，又称分类客体。也就是刑法所保护的社会主义社会关系的某一部分或者某一方面。同类客体说明了某一类犯罪所侵犯的社会关系的某种共同特点。

直接客体，这是指某一具体犯罪直接侵害的客体，也就是指刑法所保护的社会主义社会关系中的具体的社会关系部分。在实际案件中的犯罪都是具体的，一个犯罪行为不可能使社会关系的各个方面都受到侵害，而只能侵害某一具体的社会关系。这种具体犯罪侵害了什么具体的社会关系，就是由犯罪直接客体来揭示的。根据某种犯罪所直接侵害的法益的数量多少，又可以把直接客体分为简单客体和复杂客体。凡是某一犯罪只侵犯一个法益，属于简单客体；侵犯两个或两个以上的法益的，属于复杂客体。

（4）犯罪客体与犯罪对象

犯罪客体与犯罪对象既有联系又有区别。犯罪对象是犯罪行为所直接指向的人物，是社会关系的主体或者物质表现形式。如故意伤害的人、被盗窃的财产等。犯罪对象作为危害行为直接作用的具体人或具体物，是具体社会关系的物质表现或者具体社会关系的主体或参加者。

二者的区别有以下 4 个方面：第一，犯罪客体决定犯罪性质，犯罪对象一般不能决定；第二，犯罪客体是犯罪构成的必备要件，犯罪对象则不是必备要件，有些犯罪可以没有犯罪对象，如脱逃罪、偷越国境罪等；第三，犯罪客体必然因犯罪行为而受到侵犯，犯罪对象则不一定受到损害，如盗窃行为并不损害被盗物，而是侵害了物的所有权关系，拐卖妇女行为没有伤害被拐卖的人而是侵害了人身权利关系等；第四，犯罪客体是对犯罪进行分类的根据，犯罪对象对犯罪分类则没有影响。

2. 犯罪的客观方面

犯罪的客观方面是指刑法所规定的、说明行为对刑法所保护的社会关系有所侵犯，而其行为是成立犯罪所必须具备的客观事实特征。主要指危害社会的行为及其所造成的危害结果。犯罪客观方面是与犯罪客体紧密联系着的，在犯罪构成中，犯罪客体回答的是犯罪行为所侵害的是什么样的社会关系，而犯罪客观方面则是回答了这一客体在什么样的条件下，被什么样的行为侵害，并且造成了什么样的危害结果。犯罪的客观方面包括危害行为、危害结果，犯罪的时间、地点、方法等。其中，危害行为是一切犯罪的必备要件，其余的内容则是大多数犯罪或者某些特定犯罪所要求的要件，故称选择要件。

（1）危害行为。危害行为指行为人在其意识和意志的支配下实施的对社会有危害，应受刑罚处罚的行为。它是行为人主观意识和意志的客观表现，是一切犯罪的必备要件，在整个犯罪构成各个要件中居于核心地位。这里要排除单纯思想和无意识的举动。刑法中规定的危害社会行为，有多种多样的表现形式，归纳起来可以分作为与不作为两大类。

作为的危害行为是指行为人以积极的身体活动所实施的刑法禁止实施的危害行为，是危害行为的一种基本方式，即禁止为而为。如盗窃、抢劫、诈骗、强奸等犯罪。不作为的危害行为是指刑法要求行为人必须履行实施某种特定的积极行为的义务，行为人能够履行而没有履行该义务的不作为行为，即该为而不为。不作为是人的一种消极行为。不作为的义务来源有三：第一，来源于法律上的明确规定，即行为人所违反的义务是法律明确规定的；第二，职务上、业务上所要求的义务；第三，先行行为引起义务，指由于行为人先前实施的某一行为，使刑法所保护的法益处于危险状态，行为人此时就负有救护义务、防止危险发生的义务，如将无自救能力的儿童带到危险地带等。

（2）危害结果。危害结果是指危害社会的行为对我国刑法所保护的社会关系所造成的具体损害事实。

危害结果有物质性危害结果与非物质性危害结果之分。物质性危害结果，又称有形的危害结果，具有具体、可见、可以计量的特点。它的发生有一个过程，如人的死亡、财产的损害等。非物质性危害结果，又称无形的危害结果，抽象、不可见、不能具体测量，如名誉权受到损害、人格被侮辱、国家机关的威信遭受损害等，它们也是客观存在的。

危害行为与危害结果的因果关系，它也称为刑法上的因果关系，是指法定犯罪构成所要求的危害行为与危害结果之间引起和被引起的客观联系。我国刑法的罪及个人原则要求：一个人只能对自己行为所造成的危害结果负责任。因此，当某种危害社会的结果已经发生，要使行为人对这一结果负责任，就必须查明这一结果是由该人的行为所造成的，也就是说，要确定行为人的行为与危害结果之间存在着刑法上所要求的因果关系，没有刑法上的因果关系的，就不能认定犯罪。

（3）犯罪的时间、地点、方法。犯罪的时间、地点和方法都是犯罪客观方面的选择性要件。在法律明文规定的条件下，是否具有法律要求的时间、地点和方法，是划分罪与非罪的重要标准。在法律对犯罪时间、地点和方法没有明确要求的案例中，由于犯罪在不同的时间、地点采用不同的方法，对社会产生的危害有所不同，例如，在城市商业区大街上公然抢劫、杀人，与在僻静巷子里实施同样的犯罪产生的社会效果就有很大不同。因此，这案中犯罪的时间、地点和方法，只对于确定犯罪的危害程度和量刑具有一定意义。

3. 犯罪主体

犯罪主体是指实施了危害社会的行为，依法应负刑事责任的人。包括实施了危害社会的行为，达到刑事责任年龄，具有刑事责任能力的自然人以及实施了危害社会的行为，依法应当承担刑事责任的法人、企事业单位、国家机关、社会团体等，简称自然人犯罪主体、单位犯罪主体。犯罪主体有如下特征：

第一，犯罪主体是自然人和单位。在犯罪主体中，自然人可以成为各种犯罪的主体。根据现行刑法规定，单位只能成为特定犯罪的主体。

第二，犯罪主体是实施了危害社会的行为的自然人和单位。

第三，犯罪主体是依照刑事法律的规定应当负刑事责任的自然人或者单位。

这 3 个特征是层层递进的关系，只有满足了全部 3 个特征，才构成犯罪主体要件。

（1）自然人犯罪主体

自然人犯罪主体是指达到法定刑事责任年龄，具有刑事责任能力，实施了犯罪行为的自然人。根据我国刑法规定，自然人成为犯罪主体必须具备以下条件：①实施了危害社会的行为；②达到刑事责任年龄；③具有刑事责任能力。

刑事责任年龄，也称责任年龄，是指刑法规定的应当对自己实施的危害社会的行为承担刑事责任的年龄。我国刑法对刑事责任年龄做了具有我国特色的四分法规定。

——完全不负刑事责任时期：是不满 14 周岁的人；

——相对负刑事责任时期：已满 14 周岁不满 16 周岁的人，只对犯故意杀人、故意伤害致人重伤或者死亡，强奸、抢劫、贩卖毒品、放火、爆炸、投放危险物质这八类犯罪承担刑事责任；

——减轻刑事责任时期：已满 14 周岁不满 18 周岁的人犯罪，应当从轻或者减轻处罚；

——完全负刑事责任时期：已满 18 周岁的人，对于一切犯罪行为都应负刑事责任。

刑法虽然对因不满 14 周岁或不满 16 周岁的人不处罚，但在行为人实施危害社会的行为后，并不是完全放任不管。《刑法》第十七条第四款规定："不满 16 周岁不予刑事处罚，责令他的家长或者监护人加以管教；在必要的时候，也可由政府收容教养。"

刑事责任能力，也称责任能力，是指一个人能够理解自己行为的性质、后果和意义，并且能够控制自己行为的能力，这种能力是构成犯罪主体的必要条件之一。刑事责任力包括认识能力和控制能力。刑事责任能力分为完全刑事责任能力、限制刑事责任能力和无刑事责任能力 3 种。

刑事责任能力的有无除了与责任年龄紧密相关外，还与人的精神状况有关。

——无刑事责任能力人。我国《刑法》第十八条规定："精神病人在不能辨认或者不能控制自己行为的时候造成危害结果，经法定程序鉴定确认的，不负刑事责任，但是应当责令他的家属或者监护人严加看管和医疗；在必要的时候，由政府强制医疗。"间歇性的精神病人在精神正常的时候犯罪，应当负刑事责任。

——限制刑事责任能力人。指尚未完全丧失辨认或者控制自己行为能力的精神病人犯罪的，应当负刑事责任，但是可以从轻或者减轻处罚。

——完全刑事责任能力人，需要说明的是，与精神病人不同，醉酒的人不属于无责任能力的人。我国《刑法》第十八条第四款规定："醉酒的人犯罪，应当负刑事责任。"但是，有一种病理性酒精中毒的人，属于精神病，如果这种人在发作时犯罪，应视为无刑事责任能力人。

我国《刑法》第十九条规定："又聋又哑的人或者盲人犯罪，可以从轻、减轻或者免除处罚。"又聋又哑的人或者盲人不属于无刑事责任能力人，他们虽然有严重的生理缺陷，但并没有丧失辨认和控制自己行为的能力，所以不能免除应负的刑事责任。但是，由于他们的生理缺陷，可以根据具体情况从轻、减轻或者免除处罚。

（2）单位犯罪主体

单位犯罪是相对于自然人犯罪而言的，是指公司、企事业单位、机关、团体为本单位谋取非法利益，经单位集体研究决定或由负责人员决定实施的，危害社会且被法律明确规定为单位犯罪而应受刑罚处罚的行为。

（3）特殊的犯罪主体

刑法中大多数犯罪的犯罪主体只要求行为人具有刑事责任能力即可，但也有一部分犯罪要求犯罪主体除了具备刑事责任能力外，还必须具备特定身份才能构成，这样的犯罪主体是特殊的犯罪主体。犯罪主体的特殊身份指刑法所规定的影响刑事责任的大小和有无的行为人人身方面特定的资格、地位或状态。我国刑法中的特殊主体主要有以下几种：

具有特定职务的人：如国家工作人员、军人，例如，渎职罪的犯罪主体必须是国家机关工作人员。

具有特定法律地位的人员：如证人，伪证罪的犯罪主体只能是证人。

具有特定法律义务的人员：如家庭成员，如虐待罪、遗弃罪等的犯罪主体只能是家庭成员。

具有特定生理、病理特征的人员：如强奸罪的犯罪主体只能是男子（共犯除外）；传播性病罪的主体是明知自己是患有严重性病的人。

4. 犯罪的主观方面

犯罪的主观方面亦称犯罪主观要件，是刑法规定的成立犯罪必须具备的，犯罪主体对其实施危害社会的行为及其危害社会的结果所持的心理态度。犯罪心理态度的基本内容是故意和过失，合称为罪过。古罗马有一个公设“没有罪过不为罪，也不受刑罚”，说明了罪过在犯罪构成中的作用。

犯罪的主观方面的特征：第一，犯罪的主观方面是犯罪人的心理状态；第二，是支配行为人实施犯罪行为的主观心理状态；第三，是行为人对其行为所引起的危害社会的结果所持有的心理态度，而不是对行为本身所持有的心理态度；第四，主观方面通过故意或者过失表现出来。

（1）犯罪故意

犯罪故意是指行为人明知自己的行为会发生危害社会的结果，并希望或者放任这种结果发生的主观心理态度。犯罪故意由两个因素构成：一是认识因素，即行为人明知自己的行为会发生危害社会的结果；二是意志因素，即希望或放任这种结果发生。二者有机统一才是犯罪故意。刑法理论将犯罪故意分为直接故意和间接故意。

——直接故意，是指行为人明知自己的作为会产生危害社会的结果，并且希望这种结果发生的心理态度。我国刑法规定的大部分犯罪都可以由直接故意构成。

——间接故意，是指行为人明知自己的行为可能发生危害社会的结果，并且放任这种结果发生的心理态度。

（2）犯罪过失

犯罪过失是指应当预见自己的行为可能发生危害社会的结果，因为疏忽大意而没有预见，或者已经预见而轻信能够避免的心理状态。我国《刑法》第十五条第二款规定：过失犯罪，法律有规定的才负刑事责任。我国刑法分则规定的过失犯罪，都要求造成严重的危害结果。没有法定的严重危害结果的发生，就谈不上过失犯罪的存在。

过失犯罪有两个特征：一是在客观上实际造成了危害的结果；二是行为人造成损害结果的原因是主观上的疏忽大意或者过于自信。

过失分为疏忽大意的过失和过于自信的过失两种类型。

疏忽大意的过失，是指行为人应当预见自己的行为可能发生危害社会的结果，因为疏忽大意而没有预见，以致发生这种结果的主观心理态度。

过于自信的过失，是指行为人已经预见到自己的行为可能发生危害社会的结果，但是轻信能够避免，以致发生这种结果的主观心理态度。

根据我国刑法的规定，对于过失犯罪，法律有规定的才负刑事责任。

（3）犯罪的目的和动机

犯罪目的是指行为人主观上通过实施危害社会的行为所希望达到的某种结果。

犯罪动机是指行为人实施犯罪行为以达到犯罪目的的内心起因。

犯罪过失对危害结果具有否定性，都不可能具有犯罪目的，只有直接故意，才能具有犯罪目的；犯罪目的具有选择性，如报复的动机会产生杀人、伤害、诬告、报复陷害等不同的目的；犯罪目的具有暂时性，一旦达到便不再存在。犯罪目的是部分犯罪的构成要件。

我国刑法对犯罪动机没有明文规定，因此，它不是犯罪构成的必备要件。但是，犯罪动机是犯罪情节的重要内容之一。

犯罪形态

犯罪形态又称犯罪停止形态，是指故意犯罪在犯罪过程的不同阶段，由于主客观原因而停止下来所呈现的不同状态。包括犯罪预备、未遂、既遂和犯罪中止形态。

1．犯罪预备

（1）犯罪预备的概念和特征

犯罪预备是指行为人为了犯罪，准备工具、制造条件的行为。行为人已经进行犯罪的预备行为，由于意志以外的原因而未着手实施犯罪的人，是预备犯。犯罪预备的特征是：

——行为人已经实施犯罪预备行为，包括准备犯罪工具、调查犯罪场所和被害人行踪、出发前往犯罪现场或者诱骗被害人赶赴犯罪现场、追踪被害人或者守候被害人到来、排除实施犯罪的障碍、拟定实施犯罪的计划及其他犯罪预备行为等。

——犯罪预备行为必须在着手实行犯罪前停止下来，才是犯罪预备；如果已经进入着手实行犯罪阶段而由于行为人意志以外的原因停止下来的，则成立犯罪未遂。

——犯罪预备行为停顿在犯罪预备阶段必须是由于行为人意志以外的原因。意志以外的原因，如因作案条件不成熟而未继续着手实施犯罪，由于被害人闻讯逃避、不在现场或防范措施严密而难以着手实行犯罪，由于司法机关及时行动或被群众抓获而未能着手实施犯罪等。

（2）犯罪预备的类型

为犯罪准备工具。如为杀人而购买刀子，或自制利刃、火器等，为盗窃准备撬压工具、攀登工具等，为投毒购买毒药等均属于为犯罪准备工具。

为犯罪创造条件。如踩点、跟踪、了解、掌握犯罪对象的活动规律，确定最佳地点和最佳时间，筹集资金，学习攀登、搏斗、诱骗等技巧，均属为犯罪创造条件。

（3）犯罪预备的处罚原则

犯罪预备只是犯罪的准备工作，犯罪行为事实上并未实际发生，侵害行为和后果还没有产生。对此，刑法认为犯罪预备也是犯罪行为，应负刑事责任，《刑法》第二十二条第二款规定：对于预备犯，可以比照既遂犯从轻、减轻或者免除处罚。

2．犯罪未遂

（1）犯罪未遂的概念及特征

犯罪未遂是指犯罪分子已经着手实施刑法分则具体规定的某种犯罪，因犯罪分子意志以外的原因而没有达到犯罪的目的。犯罪未遂具备如下特征：

——行为人已经着手实施犯罪。即犯罪分子开始实施刑法分则条文规定的具体犯罪的实行行为。

——犯罪没有得逞。即指犯罪的直接故意内容没有完全实现，没有完成某一犯罪的全部构成要件。

——犯罪未得逞是由于行为人意志以外的原因。行为人意志以外的原因，是指行为人没有预料到或不能控制的主客观原因。

（2）犯罪未遂类型

以实行行为是否实行终了为标准，分为实行终了的未遂和未实行终了的未遂。

实行终了的未遂，是指行为人已经将犯罪的实行行为实施完毕，但由于行为人意志以外的原因犯罪没有得逞。

未实行终了的未遂，是指行为人在实施行为的过程中，由于行为人意志以外的客观因素的介入，导致行为人不敢或不能把行为实行终了，以致犯罪没有得逞。

以犯罪行为是否能够达到既遂状态为标准，分为能犯未遂和不能犯未遂。

能犯未遂，是指根据犯罪时的主客观情况，犯罪行为本来有可能得逞，但由于行为人意志以外因素的介入使犯罪没有得逞。

不能犯未遂，是指由于行为人主观认识上的原因或行为手段或行为对象等原因，犯罪不具备得逞的客观可能性。

（3）犯罪未遂的处罚原则

《刑法》第二十三条第二款规定：对于未遂犯，可以比照既遂犯从轻、减轻处罚。适用该规定时，同时要考虑以下因素：属于何种类型的未遂；距离犯罪既遂的远近；未遂犯本身所造成结果的轻重。

3．犯罪中止

（1）犯罪中止的概念及特征

犯罪中止是指犯罪分子在实施犯罪过程中，自动放弃犯罪或者自动有效地防止犯罪结果的发生的行为。犯罪中止的特征如下：

——时间性。在犯罪预备阶段、犯罪实行阶段及犯罪实行后阶段均可以成立中止犯。

——自动性。行为人在确信能够将犯罪进行到底的情况下，基于本人的自由意志而决定放弃犯罪行为，或者主动有效地防止犯罪结果发生。这是成立犯罪中止的实质性条件。

——有效性。犯罪人彻底抛弃了犯罪意图，放弃实施犯罪行为，或者有效地防止了犯罪结果的发生。

（2）犯罪中止的类型

自动放弃犯罪，是指犯罪分子在犯罪过程中，出于自身意志而放弃犯罪的行为。所谓出于自身意志，是指犯罪分子出于自身认识的主观因素，而非出于非主观因素的外在因素而自动放弃犯罪的。如某人深夜在街巷持刀抢劫，用刀抵住路人时发现被抢劫者是其同学，遂放弃抢劫。

自动有效地防止犯罪结果的发生，是指犯罪分子在犯罪行为实施过程中，出于自身的原因结束了犯罪行为，同时又积极作为、有效地防止了犯罪结果的发生。如甲欲杀死仇人乙，砍乙一刀，未中要害，乙倒地痛苦呻吟，甲心软，送乙去医院治疗。

（3）犯罪中止的处罚原则

对犯罪中止的犯罪嫌疑人，刑法认定应负刑事责任，《刑法》第二十四条第二款规定：对于中止犯，没有造成损害的，应当免除处罚；造成损害的，应当减轻处罚。

4. 犯罪既遂

（1）犯罪既遂的概念和特征

犯罪既遂即故意犯罪的完成形态，是指行为人所实施的犯罪行为已经具备了刑法分则所规定的某一犯罪的全部构成要件。

（2）犯罪既遂的类型

根据我国刑法分则对各种直接故意犯罪构成要件的规定，犯罪既遂形态主要有4种。

①结果犯。构成该类犯罪的既遂，除要求实施了刑法分则规定的特定犯罪的构成要件外，还必须发生某种法定的危害结果，如果该结果没有发生，只能成立该罪的未遂犯。所谓法定的危害结果，是指刑法分则明文规定的某种具体犯罪行为对犯罪对象造成物质的、有形的、可以具体测量确定的损害结果。如故意杀人罪，被害人死亡的结果；故意伤害罪，被害人轻伤、重伤的结果。盗窃、诈骗、抢夺等犯罪取得财物的结果。这些均为结果犯。

②行为犯。不管犯罪结果是否发生，只要实施了刑法分则所规定的某种犯罪的构成要件行为，就成犯罪既遂，即使犯罪行为没有实际造成危害结果的发生，甚至没有危害结果发生的现实危险的，也构成犯罪既遂，如脱逃罪，如果脱逃行为达到了使行为人摆脱监管机关和监管人员的实际控制的状态和程度的，即为脱逃罪的既遂。

③危险犯。只要实施了刑法分则所规定的足以发生某种严重危害结果的危险的行为，就成立犯罪既遂，但不要求犯罪行为实际发生某种危害结果。

一般认为，我国刑法分则第一一四条和第一一五条规定的放火罪、爆炸罪、投毒罪、决水罪、以危险方法危害公共安全罪及第一一九条规定的破坏交通工具、破坏交通设施罪，均属于危险犯。

（3）犯罪既遂的处罚原则

犯罪既遂是故意犯罪的完成形态，我国刑法分则具体条文所规定的特定故意犯罪的犯罪构成要件实际上就是特定故意犯罪的既遂形态，因此，对故意犯罪的既遂犯，应当直接按照该刑法分则具体条文所规定的刑罚定罪量刑。

共同犯罪

1．共同犯罪的概念和构成要件

（1）共同犯罪的概念

《刑法》第二十五条规定，共同犯罪是故意犯罪，是指两人以上经共同策划，共同完成的犯罪行为。

（2）构成共同犯罪应具备的3个条件

主体要件。必须是两个以上的人，包括自然人、单位。若是自然人，则必须是达到法定的刑事责任年龄的、具备刑事责任能力的自然人，例如，甲满16周岁和乙13周岁共同实施了抢劫行为，这里只有甲构成抢劫罪，乙不构成犯罪，则不构成共同犯罪。

客观要件。必须有共同犯罪的行为，各共同犯罪人的行为结成了一个整体，互相联系，共同配合，共同导致了危害结果的发生。

主观要件。共同的犯罪故意，即共犯人都有相同的犯罪故意且共犯人之间有意思联络。如某仓库保管员甲与盗窃犯乙商定，确定在某一时间甲借故离开，由乙实施盗窃，甲和乙构成共同盗窃罪。这一要件使得一些犯罪区别于共同犯罪，如共同过失犯、故意犯与过失犯、同时犯、先后故意犯、超出共同犯罪故意的行为，这些不属于共同犯罪。

2．共同犯罪的形式

它是指共同犯罪的结构或者共同犯罪人之间的结合形式。从不同的角度可以做出不同的分类，主要有以下四种：

（1）从共同犯罪可否任意形成上划分，可分为必要的共同犯罪与任意的共同犯。

如聚众劫狱罪、聚众扰乱社会秩序罪属于必要共犯。一人能够单独实施的犯罪，而由两个以上的人实施时的共犯，为任意的共犯，如两个以上的人共同伤害、共同盗窃等。

（2）从共同犯罪故意形成的时间上划分，可分为事前通谋的共同犯罪与事先无通谋的共同犯罪。共同犯罪人在着手实施犯罪之前已经形成了共同犯罪的故意为事前通谋的共同犯罪。临时产生共同犯罪故意的共同犯罪，即共同犯罪人在开始实施共同犯罪的过程中形成了共同犯罪的故意为事先无通谋的共同犯罪。

（3）以共同犯罪人之间有无分工为标准，可分为简单的共同犯罪与复杂的共同犯罪。简单的共同犯中，没有教唆犯、帮助犯、组织犯，所有的人都是实行犯，每一个人的行为都符合刑法分则规定的某种犯罪的犯罪构成。共同犯罪人在共同犯罪中的分工不同，处于不同的地位，实施了不同的行为，其中，有一人或数人实施了实行行为，但也必须有人实施了非实行行为即教唆行为、帮助行为、组织行为等，这种犯罪为复杂的共同犯罪。在复杂的共同犯罪中，其他行为只要有一种就可以，但必须要有实行行为。

（4）以犯罪人之间有无组织形式划分，可分为一般的共同犯罪与有组织的共同犯罪。共同犯罪人暂时结合在一起，在实施完某一具体犯罪后即行散伙的共同犯罪为一般的共同犯罪。

三人或三人以上以多次实行某一种或几种犯罪行为为目的结合在一起，具有一定组织性的犯罪团体的犯罪为有组织的共同犯罪，如犯罪集团。

3. 共同犯罪人的种类及其刑事责任

我国刑法将共同犯罪人分为主犯、从犯、胁从犯和教唆犯。

（1）主犯及其刑事责任

《刑法》第二十六条第一款规定，组织、领导犯罪集团进行犯罪活动的或者在共同犯罪中起主要作用的是主犯。根据刑法的有关规定，主犯分为3种：

一是在犯罪集团中起组织、策划、指挥作用的犯罪分子，即组织犯，是首要分子的一种。组织犯的犯罪活动包括建立、领导犯罪集团，制定犯罪活动计划等。

二是在聚众犯罪中起组织、策划、指挥作用的犯罪分子，这也是首要分子的一种。聚众犯罪中的首要分子是犯罪的组织者、策划者和指挥者。

三是其他在犯罪集团或一般共同犯罪中起主要作用的犯罪分子，既可以是实行犯，也可以是教唆犯。

《刑法》第二十六条第三款、第四款规定，组织、领导犯罪集团的首要分子，按照集团所犯的全部罪行处罚。对于其他主犯，按照其所参与的或者组织、指挥的全部犯罪处罚。

在共同犯罪中，有时可能有几个主犯，此时对不同的主犯仍应区别对待。

（2）从犯及其刑事责任

《刑法》第二十七条第一款规定，在共同犯罪中起次要或者辅助作用的，是从犯。从犯分为两种，一是在共同犯罪中起次要作用的从犯，即次要的实行犯。所谓次要的实行犯，是相对于主要的实行犯而言的，是指虽然直接实行犯罪，但在整个犯罪活动中其作用居于次要地位。二是在共同犯罪中起辅助作用的从犯，即帮助犯，它是指未直接实行犯罪，但在犯罪前后或者犯罪过程中给组织犯、实行犯、教唆犯以各种帮助的犯罪人。

根据《刑法》第二十七条第二款规定，对于从犯，应当从轻、减轻或者免除处罚。

（3）胁从犯及其刑事责任

《刑法》第二十八条规定：被胁迫参加犯罪的，是胁从犯。胁从犯在他人暴力威胁等精神强制下，被迫参加犯罪，在这种情况下，行为人意志受到一定控制，但没有完全丧失意志自由，因此仍应对其犯罪行为承担刑事责任。

胁从犯在共同犯罪中，无论是行为的社会危害性还是主观恶性都是最小的。按照《刑法》第二十八条的规定，对于被胁迫参加犯罪的，应当按照他的犯罪情节减轻处罚或者免除处罚。

（4）教唆犯及其刑事责任

《刑法》第二十九条第一款规定：教唆他人犯罪的是教唆犯。具体地说，教唆犯是以劝说、利诱、授意、怂恿、收买、威胁及其他方法，将自己的犯罪意图灌输给本来没有或者虽有犯意但不坚定的人，使其决意实施自己所劝说、授意的犯罪，以达到自己的犯罪目的的人。

教唆犯的刑事责任可分为以下3种情况：

按照《刑法》第二十九条第一款的规定，对于教唆犯，应当按照他在共同犯罪中所起的作用处罚，这是对教唆犯处罚的一般原则。教唆不满18周岁的人犯罪的，应当从重处罚。

按照《刑法》第二十九条第二款规定，如果被教唆的人没有犯被教唆的罪，对于教唆犯，可以从轻或者减轻处罚，这种情况在刑法理论上称为教唆未遂。

教唆不满14周岁的人或者精神病患者犯罪的，对教唆者应当按单独犯论处。

排除犯罪的事由

排除犯罪的事由是指行为虽然在客观上造成了一定损害结果，表面上符合某些犯罪的客观要件，但实际上并没有犯罪的社会危害性，并不符合犯罪构成，依法不成立犯罪的事由。如正当防卫行为，客观上给不法侵害人造成了一定损害，其行为表面上符合故意杀人罪、故意伤害罪的客观要件，但实质上没有犯罪的社会危害性，实际上也不符合故意杀人罪、故意伤害罪的构成，不仅不成立犯罪，而且是法律所鼓励的行为。

从客观上，排除犯罪的事由造成了一定的损害结果，表面上符合某些犯罪的客观要件，但实质上没有社会危害性。说“造成了一定的损害结果”，是就一般意义而言，而不是犯罪的一般结果，相反是刑法允许造成的结果。说“行为表面上符合某些犯罪的客观要件”，是从纯客观角度比较而言，而不是确实符合犯罪的客观要件，反而是刑法允许实施的行为。

从主观上看，排除犯罪的事由，在日常生活意义上是行为人“故意”实施的，但行为根本不具有刑法意义上的故意与过失。相反，在许多情况下是为了保护国家、公共利益、本人或者他人的人身、财产或者其他权利免受侵害或者威胁。所以，行为人主观上根本没有罪过，不能认为正当防卫等行为具有刑法意义上的故意与过失。

对于排除犯罪的事由，可以从理论上进行不同的分类。如以刑法有无明文规定为标准，分为法定的排除犯罪的事由与非法定的排除犯罪的事由。刑法明文规定了正当防卫与紧急避险两种排除犯罪的事由，但从刑法的相关规定来看，事实上还存在其他排除犯罪的事由，如法令行为、正当业务行为、被害人承诺的行为、自救行为、自损行为、义务冲突等。研究排除犯罪的事由的具体种类，不仅要说明这些行为本身在具备一定条件下不成立犯罪，还要特别注意研究排除犯罪的事由与犯罪行为的区别。

正当防卫

1. 正当防卫的概念

正当防卫是指为了保护国家、公共利益、本人或者他人的人身、财产和其他合法权利免受正在进行的不法侵害，而采取的对不法侵害人造成损害的方法，制止不法侵害的行为。正当防卫行为不负刑事责任。

2．成立正当防卫的条件

（1）存在现实的不法侵害，这是正当防卫的前提条件。

正当防卫的目的就是为了使国家、社会或者个人的权益免受不法侵害，因此有现实的不法侵害发生，才是正当防卫的指向，是正当防卫行为得以实施的前提。

（2）不法侵害必须正在进行，这是正当防卫的时间条件。

根据我国刑法的规定，只有针对正在进行的不法侵害才能实施正当防卫。不法侵害正在进行，是指不法侵害已经开始尚未结束的持续状态。

（3）防卫行为必须针对不法侵害者本人，这是正当防卫的对象条件。

防卫行为只能针对不法侵害者本人才能实施，而不能针对其他的第三人，不法侵害人始终是防卫行为指向的目标。

（4）防卫人必须有防卫意图的存在，这是正当防卫的主观条件。

防卫意图是指防卫人在实施防卫行为时，对其防卫行为及行为的结果所具有的心理态度。有的行为表面上虽然符合正当防卫的要件，与正当防卫也有共同之处，但却不具有正当防卫的主观要件即防卫意图，这就不是正当防卫。

（5）防卫行为不能明显超过必要限度造成重大损害，这是正当防卫的限度条件。

根据《刑法》第二十条第二款的规定，正当防卫的限度条件是正当防卫不能明显超过必要限度造成重大损害。必要限度的确定，应当以防卫行为是否能制止住正在进行的不法侵害为标准，同时考虑所防卫的利益的性质和可能遭受损害的程度，同不法侵害人造成损害的性质、程度大体相适应。正当防卫明显超过必要限度造成重大损害的，就是防卫过当，应当负刑事责任，但是应当减轻或者免除处罚。

另外，我国《刑法》第二十条第三款规定：“对正在进行行凶、杀人、抢劫、强奸、绑架及其他严重危及人身安全的暴力犯罪，采取防卫行为，造成不法侵害人伤亡的，不属于防卫过当，不负刑事责任。”

3．几种常见的非正当防卫

（1）防卫过当。它是指行为人在实施正当防卫时，超过了正当防卫所需要的必要限度，并造成了不应有的危害结果。

（2）防卫挑拨。它是指行为人故意挑逗对方，使对方对自己进行不法侵害，接着借口正当防卫而加害于对方。

（3）防卫对象错误，也称局外防卫。正当防卫必须是针对不法侵害者本人实施，而局外防卫是指防卫者对正在进行不法侵害人以外的人实施的侵害行为。

（4）假想防卫。它是指不法侵害行为根本不存在，由于行为人猜想、估计、推断不法侵害行为存在，而对其实施侵袭的一种不法侵害行为。

（5）事前防卫，也叫提前防卫。它是指行为人在不法侵害尚未发生或还未到来的时候，而对准备进行不法侵害的人采取的所谓的防卫行为。

（6）事后防卫。它是指不法侵害终止后，而对不法侵害进行的所谓防卫行为。

紧急避险

1．紧急避险的概念

紧急避险是指为使国家、公共利益、本人或他人的人身和财产或其他权益免收正在发生的危险，在不得已的情况下，损害另一较小的合法权益以保护较大合法权益的行为。

2．紧急避险的成立条件

（1）必须有现实危险的存在，是紧急避险的前提条件。

危险指国家、公共利益、个人的人身和财产或其他权利面临某种威胁，即将给合法权益造成损害的事实状态。危险的范围包括：来自大自然力量的危险、来自动物的危险、人的生理或病理原因所引起的危险、人的不法侵害所引起的危险等。

（2）危险必须是正在发生的，是紧急避险的时间条件。

所谓危险正在发生，是指从危险出现一直到危险结束之间的持续状态。危险的出现是指危险已经发生，这种危险已经对合法权益造成现实的威胁，此时如果不实行紧急避险，对合法权益的损害就不可避免。危险的结束是指危险对合法权益的威胁已经过去，损害已经造成且不会造成进一步损害，或者危险已经消失，不会再对合法权益造成损害的情形。在危险已经结束后，不得再实行避险行为。

（3）避险行为所造成的损害是对第三者造成的损害，是紧急避险的对象条件。

紧急避险是通过对另一权益的损害来避免危险的，所以紧急避险所造成的损害是对第三者利益的损害。

(4) 避险行为必须在不得已的情况下实施，是紧急避险的方法条件。

如果在当时的环境下，还有别的办法可用，就不能采取紧急避险的措施。

(5) 职务上、业务上负有特定责任的人不能为了避免本人危险而实行紧急避险，这是紧急避险的主体条件。

对于职务上、业务上负有特定责任的人，当个人遇到危险时，不能借口紧急避险而放弃职责。

(6) 必须要有避险意图，是紧急避险的主观条件。

避险意图是指避险人在实施避险行为时对其避险行为及行为的结果所持有的心理态度。

(7) 避险行为不能超过必要限度，造成不应有的损害，这是紧急避险的限度条件。

所谓必要限度，是指紧急避险行为所引起的损害必小于所避免的损害。

3. 几种常见的非紧急避险

(1) 假想避险。是指本来不存在危险，行为人误以为存在危险，实施了所谓的避险行为，这种情况是假想避险。

(2) 避险不适时。并非在危险正在发生时实施的避险行为是避险不适时，包括提前避险、拖后避险和延迟避险。

(3) 避险过当。避险过当指实施了避险行为，损害了他人的合法权益，但其避险行为超过必要限度造成了不应有损害的行为。依照我国《刑法》第二十一条第二款规定，对避险过当的，应当减轻或者免除处罚。

4. 紧急避险与正当防卫的区别

危害的来源不同。正当防卫所面临的是正在进行的不法侵害；紧急避险所面临的是正在发生的危险，危害的来源除了人的不法行为外，还包括大自然力量带来的危险、动物的侵害、人的生理疾病等原因带来的危险等。

行为的表现方式不同。正当防卫行为是与不法侵害人进行对抗的抵抗性质的行为，是积极的行为；紧急避险对于避险人而言则是对危险的消极躲避，相对于受损害的第三人而言具有积极性。

损害的对象不同。正当防卫所损害的对象只能是不法侵害者本人；紧急避险所损害的则往往是第三者的权益。

行为实施的条件不同。在面对不法侵害时，公民即使有其他方法保护合法权益免受损害，也可以实施正当防卫；而公民面临正在发生的危险时，只有在别无他法可以避免危险的不得已情况下才能实行紧急避险。

主体范围不同。法律对正当防卫的主体没有做任何限制，但紧急避险制度却不适用于职务上、业务上负有特定责任的人避免本人危险的情况。

限度条件不同。正当防卫的限度条件为不能明显超过必要限度造成重大损害；紧急避险的限度条件是不能超过必要限度造成不应有的损害。

刑罚及执行

1. 刑罚的概念

刑罚是指由国家最高立法机关在刑法中确立，由法院对犯罪人适用的限制或剥夺其某种权益并通过特定的机构执行的最为严厉的强制措施。

2. 刑罚的特征

我国刑罚作为一种法律的强制方法，不同于其他的强制方法，刑罚是专门用来对付犯罪的一种手段，它与其他强制手段相比，具有以下特征：

（1）刑罚是一种最严厉的强制手段，不仅可以剥夺犯罪分子的财产权利，还可以剥夺其政治权利和人身自由，甚至可以剥夺其生命。

（2）刑罚只适用于犯罪分子，只有当行为人的行为构成犯罪时，才能对其适用刑罚，对其他有违法行为但不构成犯罪的人不能适用刑罚。

（3）刑罚只能由人民法院依法适用，刑罚只能由人民法院代表国家依照法定程序适用，其他任何机关、团体和个人都无权使用刑罚。

（4）刑罚只能由国家最高权力机关以成文法的方式制定，其他任何机关无权制定刑罚。最高权力机关制定刑罚也只能在成文法中明确地加以规定。

（5）刑罚只能由特定国家机关执行，我国的刑罚执行机关包括人民法院、监狱、公安机关，其他任何机关或者人员无权执行刑罚。

3. 刑罚的目的

（1）惩罚犯罪；

（2）改造罪犯，预防和减少犯罪；

（3）保护人民，保障国家安全和社会公共安全，维护社会主义秩序。

刑罚的 3 个目的具有递进深入关系，即惩罚犯罪的目的在于改造罪犯，预防和减少犯罪；而改造罪犯，预防和减少犯罪则是为了保护人民，保障国家安全和社会公共安全，维护社会主义秩序。刑罚的目的主要在于预防犯罪。

4. 刑罚的种类及执行

我国刑法规定的刑罚种类有主刑和附加刑两类。

(1) 主刑

主刑是指只能独立适用的主要刑罚方法。主刑只能独立适用，不能附加适用，一个罪只能适用一个主刑，不能同时适用两个以上的主刑。主刑是主要的刑罚方法，根据《刑法》第三十三条的规定，主刑包括管制、拘役、有期徒刑、无期徒刑和死刑。

①管制

管制指对犯罪分子不予关押，但限制一定的自由，交由公安机关执行并由群众监督改造的一种刑罚方法。是主刑中最轻的一种刑罚，也是我国独创的刑罚方法。

根据《刑法》第三十八条、第四十条与第四十一条的规定，管制的期限为3个月以上两年以下。

管制的刑期从判决执行之日起计算；判决执行以前先行羁押的，羁押1日折抵刑期2日。

被判处管制的犯罪分子，由公安机关执行。被判处管制的犯罪分子，在执行期间，应当遵守下列规定：遵守法律、行政法规，服从监督；未经执行机关批准，不得行使言论、出版、集会、结社、游行、示威自由的权利；按照执行机关规定报告自己的活动情况；遵守执行机关关于会客的规定；离开所居住的市、县或者迁居，应当报经执行机关批准；对于被判处管制的犯罪分子，在劳动中应当同工同酬；被判处管制的犯罪分子，管制期满，执行机关应立即向本人和其所在单位或者居住地的群众宣布解除管制。

②拘役

拘役指短期内剥夺犯罪分子的人身自由，就近实行劳动改造的刑罚方法。拘役与行政拘留、刑事拘留存在差别。

根据《刑法》第四十二条与第四十四条的规定，拘役的期限为1个月以上6个月以下，数罪并罚时不得超过1年，故拘役属于短期自由罚。拘役的刑期从判决执行之日起计算；判决执行以前先行羁押的，羁押1日折抵刑期1日。被判处拘役的犯罪分子由公安机关就近执行。一般关押在拘留所内服刑。在执行期间，被判处拘役的犯罪分子每月可以回家一天至两天，参加劳动的，可以酌量发给报酬。

③有期徒刑

有期徒刑指剥夺犯罪分子一定期限的人身自由，并强迫其接受教育和改造的刑罚措施。有期徒刑是刑罚体系的中心，任何一种犯罪的法定刑中都有有期徒刑，也是实践中适用最多的刑种。根据《刑法》第四十五条、第五十条与第六十九条的规定，有期徒刑的期限为 6 个月以上 15 年以下，数罪并罚时不得超过 20 年。有期徒刑的刑期从判决执行之日起计算，判决执行前先行羁押的，羁押 1 日折抵刑期 1 日。被判处有期徒刑、无期徒刑的犯罪分子，在监狱或者其他执行场所执行，凡有劳动能力的，都应当参加劳动，接受教育和改造。

④无期徒刑

无期徒刑指剥夺犯罪分子终身自由，并强制其参加劳动，接受教育和改造的刑种。无期徒刑的严厉性仅次于死刑，适用对象是罪行极其严重但又不必判处死刑的犯罪分子。被判处无期徒刑时，先行羁押的期间不能折抵刑期，并且必须附加剥夺政治权利终身。被判处无期徒刑的犯罪分子必须参加劳动，接受教育和改造。事实上，被判处无期徒刑的犯罪分子一般均可得到减刑、假释的机会。

⑤死刑

死刑是对罪行极其严重的犯罪分子适用的剥夺其生命的刑罚方法。被判处死刑的必须附加剥夺政治权利终身。死刑是最严厉的刑种。我国的死刑政策是“保留死刑，少杀、慎杀”。目前我国刑法中死刑罪名共 69 种。

根据我国《刑法》第四十八条与第四十九条的规定，死刑具有以下严格的限制性规定：

适用条件的限制，死刑只适用于罪行极其严重的犯罪分子；

适用对象的限制，犯罪的时候不满 18 周岁的人和审判的时候怀孕的妇女不适用死刑，世界上所有保留死刑的国家都有该规定。

适用程序上的限制，死刑除依法由最高人民法院判决的以外，都应当报请最高人民法院核准。

死刑执行制度上的限制，规定了死刑缓期执行制度。

（2）附加刑

附加刑是指补充主刑适用的刑罚方法。附加刑既可以附加主刑适用，也可以独立适用，同时适用附加刑时，对一个犯罪可以适用两个以上的附加刑。《刑法》第三十四条规定了罚金、剥夺政治权利与没收财产三种附加刑，第三十五条规定了适用于犯罪的外国人的驱逐出境附加刑。

①罚金

罚金是财产刑的一种，指人民法院判处犯罪分子向国家缴纳一定数额金钱的刑罚方法。

刑法分则中，规定罚金的方法有以下几种：选处罚金，在法定刑中，罚金和其他刑罚并列，这时如果适用罚金，不能独立适用。单处罚金，只能判处罚金不能适用其他刑罚。单位犯罪中对犯罪的单位只能适用单处罚金。并处罚金，除了适用主刑外，还应当判处罚金。并处或单处罚金，在这种情况下，罚金既可以附加适用，也可以单独适用。

②剥夺政治权利

剥夺政治权利是指人民法院判处剥夺犯罪分子参加国家管理活动和政治活动的权利的刑罚措施。剥夺政治权利既可以单独适用，也可以附加适用。单独适用时，剥夺政治权利是一种轻刑，附加适用时，则是一种重刑。

③没收财产

没收财产，指人民法院判决没收犯罪分子个人所有财产的部分或者全部。没收财产是一种比较严厉的附加刑。没收犯罪分子全部财产的，应当对其个人及其抚养的家属保留必需的生活费用，在判处没收财产的时候，不得没收属于犯罪分子家属所有或者应有的财产，对于没收财产以前犯罪分子所负的正当债务，需要以没收的财产偿还的，经债权人请求，应当偿还。

④驱逐出境

驱逐出境是强迫犯罪的外国人离开中国国（边）境的刑罚方法。由于驱逐出境既可以独立适用，也可以附加适用，故符合附加刑的基本特征。由于驱逐出境仅适用犯罪的外国人（包括具有外国国籍与无国籍的人），故是一种特殊的附加刑。

刑罚的具体运用

犯罪是一种十分复杂的社会现象，应根据犯罪分子所犯罪行的情节、危害程度等情况，具体适用刑罚。刑罚的具体运用是将刑法付诸实际从而实现刑罚目的的关键，包括刑罚的裁量、执行中的有关问题、追诉期限等方面的内容。

1．量刑

（1）量刑的概念及其特征

量刑，指人民法院根据行为人所犯罪行及刑事责任的轻重，在定罪的基础上，依法决定对犯罪分子是否判处刑罚、判处何种刑罚、判处何种程度的刑罚及是否立即执行的刑事审判活动。

量刑具有以下 4 个特征：

①量刑是人民法院的一种审判活动，其他任何机关都没有量刑权；

②量刑的对象是犯罪分子，只有对犯罪分子才能决定是否适用刑罚、适用何种刑罚；

③定罪是量刑的前提，只有在解决了定罪问题的基础上，才能进一步决定量刑问题；

④刑事责任的大小是量刑的根据。

（2）量刑的原则

《刑法》第六十一条明确规定了量刑的原则：对于犯罪分子决定刑罚的时候，应当根据犯罪的事实、犯罪的性质、犯罪情节和对于社会的危害程度，依照本法的有关规定判处。根据该规定，量刑原则可以概括为以事实为根据，以法律为准绳。

（3）量刑的情节

量刑情节，指人民法院在对犯罪分子量刑时据以决定处罚轻重或免除处罚的各种主客观事实。某一个情节之所以会成为量刑情节，就是因为它对犯罪行为的社会危害性或者犯罪人的人身危险性有影响。量刑情节分为法定情节和酌定情节两种。

法定情节指法律明文规定的量刑情节，是刑法总则和分则中明确规定的情节。法定情节包括应当情节和可以情节。在应当情节中，法律或者明确使用了“应当”一词，或者只规定“从重处罚”，如刑法中规定：正当防卫过当，应当负刑事责任。但是应当减轻、从轻或者免于处罚。对于可以情节，法律都明确使用了“可以”一词，如又聋又哑的人或者盲人犯罪，可以从轻、减轻或者免除处分。这都是法定情节。

酌定情节指法律没有明文规定，即没有做出量刑的具体规定，只是根据有关刑事政策和经验，由法官灵活做出的量刑适用情节。酌定情节和犯罪行为的社会危害性或者犯罪人的人身危险性之间存在或然联系，在有些情况下，酌定情节会影响到社会危害性或者人身危害性，但有些情况下则不发生影响。所以，当酌定情节出现在案件中时，首先要考察该情节与社会危害性、人身危险性的关系，如果有关系，量刑时必须考虑该情节；如果没有关系，量刑时则排除该情节的适用。如刑法规定：被判处罚金的，如果由于遭受不能抗拒的灾祸，缴纳确实有困难的，可以向人民法院申请酌情减少和免除。

2. 累犯

(1) 累犯的概念

累犯，指因犯罪被判过一定刑罚的犯罪分子，在刑罚执行完毕或者赦免之后的一定期间内再犯一定的罪的犯罪分子。

(2) 累犯成立的条件

根据《刑法》第六十五条、第六十六条的规定，累犯分为一般累犯和特殊累犯，但法律后果相同。

《刑法》第六十五条规定：被判处有期徒刑以上刑罚的犯罪分子，刑罚执行完毕或者赦免后，在5年以内再犯应当判处有期徒刑以上刑罚之罪的，是累犯，应当从重处罚，但是过失犯罪除外。据此，一般累犯的成立条件如下：

——前罪和后罪都是故意犯罪，如果都是过失犯罪，或者有一个是过失犯罪，就不构成累犯。

——前罪、后罪的被判处有期徒刑以上刑罚指有期徒刑、无期徒刑和死刑。

——后罪发生在前罪刑期执行完毕或赦免以后5年之内，被假释的犯罪分子如在假释考验期内再犯新罪，不能成立累犯。在假释考验期满5年内再犯新罪的，构成累犯。前罪判处缓刑的犯罪分子在缓刑考验期满后5年之内再犯新罪的，不能成立累犯，

根据《刑法》第六十六条规定：前后两罪都是危害国家安全罪的犯罪分子是特殊累犯，不受期限的影响。

(3) 累犯的刑事责任

《刑法》第六十五条第一款规定：对于累犯，应当从重处罚。从重处罚是处理累犯的一个基本原则，对累犯必须一律从重处罚，同时对于累犯不适用缓刑。

3. 自首和立功

(1) 自首

自首，指犯罪以后自动投案，如实供述自己的罪行以及被采取强制措施的犯罪嫌疑人、被告人和正在服刑的罪犯，如实供述司法机关还未掌握的本人其他罪行的行为。自首从宽是各国刑法的一项共同规定。刑法规定的自首制度适用于一切犯罪，其目的在于鼓励犯罪人自动投案，悔过自新，不继续作案；同时也有利于案件的及时侦破与审判。

根据刑法的规定，自首包括一般自首和特别自首。

一般自首，指犯罪以后自动投案，如实供述自己的罪行的行为。成立一

般自首应具备的条件如下：

——自动投案。自动投案指犯罪分子犯罪后，在未被讯问、未被采取强制措施之前，出于本人的意志而向有关机关或个人交代自己的犯罪行为，并且将自己置于有关机关的管束下的行为。自动投案是成立一般自首的前提。

——如实供述自己的罪行。犯罪人在自动投案后，应当如实供述自己的主要罪行，主要罪行是指影响定罪量刑的重要犯罪事实和情节。

特别自首，又称特殊自首、准自首。指被采取强制措施的犯罪嫌疑人、被告人和在服刑的罪犯，如实供述司法机关还未掌握的本人其他罪行的行为。《刑法》第六十七条明文规定对这种情况“以自首论”，成立特殊自首应具备的条件如下：

——主体必须是已经被采取强制措施的犯罪嫌疑人、被告人和正在服刑的罪犯。

——必须是如实供述司法机关还未掌握的本人其他罪行。

《刑法》第六十七条第一款规定，对于自首的犯罪分子，可以从轻或减轻处罚。其中，犯罪较轻的，可以免除处罚。第六十八条第二款规定，犯罪后自首又有重大立功表现的，应减轻或者免除处罚。

（2）立功

立功，指犯罪分子有揭发他人犯罪行为，经查证属实的，或者提供重要线索，从而得以侦破其他案件等情形。

除了法律明确规定的这两种情形外，常见的立功还有：阻止他人的犯罪行为的；协助抓获其他罪犯的；其他有利于国家和社会的行为等。

《刑法》第六十八条规定，犯罪分子有立功表现的，可以从轻或者减轻处罚；有重大立功表现的，可以减轻或者免除处罚。犯罪后自首又有重大立功表现的，应当减轻或者免除处罚。

4．数罪并罚

（1）数罪并罚的概念及特征

数罪并罚指对于一人在一定期限内犯有数罪的，在分别定罪量刑的基础上，依照一定的并罚原则和刑期计算方法，决定最终执行的刑罚的制度。

数罪并罚具有如下特征：

必须是一人犯有数罪。数罪是在一定的期限内实施的。根据我国法律的规定，包括判决宣告前犯有数罪、刑罚执行期间发现漏罪、刑罚执行期间再犯新罪 3 种。

在对各罪分别定罪量刑的基础上，依照一定的并罚原则和刑期计算方法，决定最终执行的刑罚。

（2）数罪并罚的原则

数罪并罚的原则是指对一人犯数罪合并处罚所依据的原则。根据《刑法》第六十九条的规定，数罪并罚的原则有以下几种：

吸收原则：数刑中只要有一个是死刑或者无期徒刑的，就应当执行死刑或者无期徒刑。

限制加重原则：数刑中有两个以上有期徒刑、两个以上拘役或者两个以上管制的，应当在总和刑期以下、数刑中最高刑期以上，酌情决定应当执行的刑期。但是按照刑法的规定，管制最高不能超过3年，拘役最高不能超过1年，有期徒刑最高不能超过20年。

并罚原则：如果数罪中判处有附加刑的，附加刑仍须执行。

（3）我国刑法适用数罪并罚的3种情况

判决宣告以前，一个人犯有数罪的，应当对所犯各罪分别量刑，然后按照《刑法》第六十九条规定的上述原则和方法，决定应当执行的刑罚。

判决宣告以后、刑罚执行完毕以前，发现被判刑的犯罪分子在判决宣告以前还有其他罪没有判决的，按照《刑法》第七十条规定，应当对新发现的罪做判决，把前后两个判决所判处的刑罚，在最高刑期以上、总和刑期以下决定应当执行的刑罚，这就是数罪并罚计算刑期的先并后减方法。

判决宣告以后、刑罚执行完毕以前，被判刑的犯罪分子又犯新罪的，按照《刑法》第七十一条的规定，应当对新犯的罪做出判决，把前罪没有执行的刑罚与新罪所判处的刑罚在最高刑期以上、总和刑期以下决定应当执行的刑罚。这就是数罪并罚计算刑期的先减后并方法。

5．缓刑

（1）缓刑的概念

缓刑，指对被判处一定刑罚的罪犯，在一定期限内附条件的不执行所判刑罚的制度。如果在该期限内遵守了一定的条件，所判刑罚就不再执行，否则，仍然要执行所判刑罚。其特点是：既判处一定刑罚，又暂时不执行，但在一定期间保留执行的可能性。缓刑不是一种独立的刑种，而是一种量刑制度，从刑罚执行的意义上说，缓刑也是一种刑罚执行制度。我国刑法规定的缓刑制度包括一般缓刑和战时缓刑。

（2）一般缓刑

《刑法》第七十二条规定：对于被判处拘役、3年以下有期徒刑的犯罪分子，根据犯罪分子的犯罪情节和悔罪表现，适用缓刑确实不致再危害社会的，可以宣告缓刑。第七十四条规定：对于累犯不适用缓刑。根据这两个条文，一般缓刑的条件：一是适用对象是被判处拘役、3 年以下有期徒刑的犯罪分子；二是根据犯罪分子的犯罪情节和悔罪表现，适用缓刑确实不致再危害社会；三是犯罪分子不是累犯。

《刑法》第七十三条规定，拘役的缓刑考验期限为原判刑期以上一年以下，但是不能少于两个月。有期徒刑的缓刑考验期限为原判刑期以上五年以下，但是不能少于一年。缓刑考验期限，从判决确定之日起计算。实践中，对缓刑的考验期一般掌握在原判刑期的两倍左右。

根据《刑法》第七十六条、第七十七条的规定，缓刑的法律后果包括以下几种：

被宣告缓刑的犯罪分子，在缓刑考验期限内犯新罪者发现判决宣告以前还有其他罪没有判决的，应当撤销缓刑，对新犯的罪或者新发现的罪做出判决，把前罪和后罪所判处的刑罚，依照《刑法》第六十九条的规定，决定执行的刑罚。

被宣告缓刑的犯罪分子，在缓刑考验期限内，违反法律、行政法规或者国务院公安部门有关缓刑的监督管理规定，情节严重的，应当撤销缓刑，执行原判刑罚。

如果没有上述两种情形，缓刑考验期满，原判的刑罚就不再执行，并公开予以宣告。但是，被宣告缓刑的犯罪分子，如果被判处附加刑，附加刑仍须执行。

在前两种情况下，缓刑考验期不能折抵刑期，但是被宣告缓刑前先行羁押的期间应该折抵刑期。

（3）战时缓刑

《刑法》第四四九条规定：在战时，对被判处 3 年以下有期徒刑没有现实危险宣告缓刑的犯罪军人，允许其戴罪立功，确有立功表现时，撤销缓刑，不以犯罪论处。

6. 减刑

（1）减刑的概念

减刑，指对于被判处管制、拘役、有期徒刑、无期徒刑的犯罪分子，根据其在执行期间的悔改表现或者立功表现，而适当减轻其原判刑罚的制度。减刑制度只存在于中国刑法中。

（2）减刑的条件

减刑应符合以下条件：

适用减刑的对象是被判处管制、拘役、有期徒刑、无期徒刑的犯罪分子，即在刑法所规定的5种主刑中，除了死刑以外的其他种主刑都可以适用减刑。

适用减刑的实质条件是犯罪分子只要在刑罚执行期，认真遵守监规，接受教育改造，确有悔改或者立功表现，可以适用减刑。

减刑的限度条件是减刑以后实际执行的刑期，判处管制、拘役、有期徒刑的，不能少于原判刑期的二分之一；判处无期徒刑的，不能少于10年；无期徒刑减为有期徒刑的刑期，从裁定减刑之日起计算。

减刑的程序条件是由执行机关向中级以上人民法院提出减刑建议书。人民法院应当组成合议庭进行审理，对确有悔改或者立功事实的，裁定予以减刑。非经法定程序不得减刑。

7. 假释

（1）假释的概念

假释，指对于被判处有期徒刑、无期徒刑的犯罪分子，在刑罚执行一段时间后，因其有悔改表现，认为其不致再危害社会时，将其附条件的提前释放的制度。假释是附条件的提前释放，未执行完毕的刑期，作为假释罪犯的考验期，在考验期内，假释犯罪分子有法定收监执行刑法的情形，将撤销假释，从假释之日起执行未执行完毕的刑期，因此，假释犯罪分子虽然离开了监狱，但仍未完全恢复自由，在假释考验期间，接受户籍所在地公安机关的监督改造。各国刑法几乎都规定了假释制度。

（2）假释的条件

适用假释应具备以下条件：

对象是被判处有期徒刑、无期徒刑的犯罪分子。

必须已经执行了一定的刑期。《刑法》第八十一条规定，被判处有期徒刑的犯罪分子，执行原判刑期1/2以上，被判处无期徒刑的犯罪分子，实际执行10年以上，才能适用假释。如果有特殊情况，经最高人民法院核准，可以不受上述执行刑期的限制。

必须认真遵守监规，接受教育改造，确有悔改表现，假释后不致再危害社会。

限制条件：对累犯以及因杀人、爆炸、抢劫、强奸、绑架等暴力性犯罪被判处10年以上有期徒刑、无期徒刑的犯罪分子，不得假释。

假释的程序条件：对犯罪分子的假释程序，与减刑的程序相同，非经法定程序不得假释。

（3）假释的考验期及其考察

有期徒刑的假释考验期限为没有执行完毕的刑期；无期徒刑的假释考验期限为10年。

假释考验期限从假释之日起计算，如果在考验期限内，被假释的犯罪分子再犯新罪或发现判决宣告以前还有漏罪，或者有违反法律、行政法规或者国务院公安部门有关假释的监督规定的行为，应当依法撤销假释，收监执行未执行完毕的刑罚。

8．时效

（1）时效的概念

我国刑法中的时效也称为追诉时效，是指按照刑法的规定追究犯罪分子刑事责任的有效期限。犯罪分子的犯罪行为已经超过刑法规定的追诉时效期限的，不再追究其刑事责任；如果已经被追究了刑事责任，该案件应当予以撤销。

（2）追诉时效的期限

《刑法》第八十七条规定，犯罪经过下列期限不再追诉，法定最高刑为不满5年有期徒刑的，经过5年；法定最高刑为5年以上不满10年有期徒刑的，经过10年；法定最高刑为10年以上有期徒刑的，经过15年；法定最高刑为无期徒刑、死刑的，经过20年；如果20年以后认为必须追诉的，须报请最高人民检察院核准。

《刑法》第八十八条还规定，在人民检察院、公安机关、国家安全机关，立案侦查或者在人民法院受理案件以后，逃避侦查或者审判的，不受追诉期限的限制。被害人在追诉期限内提出控告，人民法院、人民检察院、公安机关应当立案而不予立案的，不受追诉期限的限制。

（3）追诉期限的计算

追诉期限从犯罪之日起计算，犯罪行为有连续或者继续状态的，从犯罪行为终了之日起计算。在追诉期限以内又犯罪的，前罪追诉的期限从犯后罪之日起计算。

我国刑法规定的犯罪种类

犯罪种类是刑法分则以犯罪的同类客体及其重要程度和社会危害性为标准，对各种犯罪行为所进行的分类。刑法分则将犯罪分为10类。

1. 危害国家安全罪

危害国家安全罪是指故意危害中华人民共和国的主权、领土完整和安全，分裂国家，颠覆国家政权，推翻社会主义制度的行为。其特征是：侵害的客体是中华人民共和国的国家安全；犯罪的客观方面表现为实施了危害国家安全的行为；犯罪的主观方面表现为故意的心理状态；犯罪的主体只能是自然人且多数为一般主体，少数为特殊主体。

刑法分则规定的危害国家安全罪，具体包括：背叛国家罪，分裂国家罪，煽动分裂国家罪，武装叛乱、暴乱罪，颠覆国家政权罪，煽动颠覆国家政权罪，资助危害国家安全犯罪活动罪，投敌叛变罪，叛逃罪，间谍罪，为境外窃取、刺探、收买、非法提供国家秘密、情报罪，资敌罪12个罪名。

2. 危害公共安全罪

危害公共安全罪是指故意或者过失地实施危害不特定多人的生命、健康或者重大公私财产安全的行为。不特定是指危害公共安全罪中的每一种犯罪都不是针对特定的个人或者特定的财产的，其严重后果往往是行为人本人也无法预料和控制的。其特征是：侵害的客体是社会的公共安全；客观方面表现为实施了危害公共安全的行为，造成特定多数人死伤或公私财产的大量破坏；主观方面既有故意，也有过失，而且以过失犯罪居多；犯罪主体多数是一般主体，少数为特殊主体。

刑法分则规定的危害公共安全罪很多，主要有放火罪、爆炸罪、以危险方法危害公共安全罪、破坏交通设施罪、交通肇事罪、重大责任事故罪等。

3. 破坏社会主义市场经济秩序罪

破坏社会主义市场经济秩序罪是指违反国家市场经济秩序管理法规，干扰国家对市场经济的管理活动，破坏社会主义市场经济秩序，使国民经济发展受到严重损害的行为。其特征是：侵害的客体是社会主义市场经济秩序；客观方面表现为违反国家经济管理法规，破坏市场经济秩序，严重损害社会主义市场经济的行为；主观方面绝大多数出于故意，并以非法获取经济利益为目的，极少数出于过失；犯罪主体多数为一般主体，少数为特殊主体。

刑法分则规定并常见的破坏社会主义市场经济秩序罪主要有：生产、销售伪劣产品罪，生产、销售有毒、有害食品罪，走私文物罪，走私淫秽物品罪，合同诈骗罪，非法经营罪等。

4. 侵犯公民人身权利、民主权利罪

侵犯公民人身权利、民主权利罪，是指故意或者过失地侵犯他人人身权利和其他与人身权利直接有关的权利，以及非法剥夺或者妨害公民自由行使依法享有的管理国家事务和参加社会政治活动等各项权利的行为。其特征是：犯罪所侵害的客体是公民的人身权利、民主权利；犯罪的客观方面是侵犯公民人身权利、民主权利的行为，行为方式大多表现为作为，少数表现为不作为；犯罪的主体多数为一般主体，少数为特殊主体；犯罪的主观方面一般出自故意，少数出自过失。

刑法分则规定的侵犯公民人身权利、民主权利罪主要有：故意杀人罪，过失致人死亡罪，强奸罪，非法拘禁罪，绑架罪，拐卖妇女、儿童罪，重婚罪，虐待罪，遗弃罪等。

5. 侵犯财产罪

侵犯财产罪是指以非法占有为目的，攫取公私财物，或者故意毁坏公私财物以及故意破坏生产经营的行为。其特征是：犯罪所侵犯的客体是公私财产所有权；犯罪的客观方面表现为实施了非法侵犯公私财产的行为；犯罪的主观方面只能出自故意；犯罪主体只能是自然人，并且大多数为一般主体，也有特殊主体。

刑法分则规定的侵犯财产罪主要有：抢劫罪、盗窃罪、诈骗罪、抢夺罪、侵占罪、职务侵占罪、挪用资金罪、敲诈勒索罪、故意毁坏财物罪等。

6. 妨害社会管理秩序罪

妨害社会管理秩序罪是指侵犯国家机关的正常职能活动，破坏社会秩序的行为。其特征是：犯罪所侵害的客体是国家机关依法对社会实行管理所形成的正常社会秩序；犯罪的客观方面是妨害国家机关的社会管理活动，破坏社会秩序，情节严重的行为；犯罪的主体多为自然人构成，并且绝大多数是一般主体，少数为特殊主体；犯罪的主观方面绝大多数只能是出自故意，个别犯罪属于过失犯罪。

刑法分则规定妨害社会管理秩序罪常见的主要有：妨害公务罪，招摇撞骗罪，聚众扰乱社会秩序罪，聚众斗殴罪，寻衅滋事罪，组织、领导、参加黑社会性质组织罪，伪证罪，传播淫秽物品罪等。

7. 危害国防利益罪

危害国防利益罪是指故意或者过失危害国防利益，依照法律应受刑罚处罚的犯罪行为。其特征是：犯罪侵犯的客体是国防利益；犯罪的客观方面表现为实施了危害国防利益的行为；犯罪主体包括自然人和单位，多数为一般主体，少数为特殊主体；犯罪的主观方面大多出于故意，个别出于过失。

刑法分则规定的危害国防利益罪主要有：阻碍军人执行职务罪，阻碍军事行动罪，破坏武器装备、军事设施、军事通信罪，聚众冲击军事禁区罪，聚众扰乱军事管理区秩序罪，冒充军人招摇撞骗罪，接送不合格兵员罪等。

8．贪污贿赂罪

贪污贿赂罪是指贪污、挪用、私分公共财物，索取、收受贿赂，或者以国家工作人员、国有单位为对象进行贿赂、收买公务人员，破坏公务廉洁性的行为。其特征是：犯罪侵犯的客体是国家机关的正常廉洁制度及公共财产的所有权；犯罪的客观方面表现为利用职务上的便利实施了谋取非法利益，破坏国家机关正常活动的行为；主观方面只能出自直接故意；犯罪主体大多为特殊客体，即国家工作人员或受国家机关委托而管理、经营国有财产的人员，少数为一般主体。

刑法分则规定的贪污贿赂罪主要有：贪污罪、挪用公款罪、受贿罪、行贿罪、巨额财产来源不明罪、私分国有资产罪等。

9．渎职罪

渎职罪是指国家机关工作人员滥用职权、玩忽职守，或者利用职权徇私舞弊，违背公务职责的公正性、廉洁性、勤勉性，妨害国家机关正常的职能活动，严重损害国家和人民利益的行为。其特征是：犯罪侵犯的客体是国家机关的正常管理活动；犯罪的客观方面表现为实施了滥用职权、玩忽职守或者利用职权徇私舞弊，致使国家和人民利益蒙受重大损失的行为；犯罪主体只能是特殊主体，即各级国家机关中的公务人员；犯罪的主观方面多为故意，也有过失。

刑法规定的渎职罪主要有：滥用职权罪，玩忽职守罪，故意泄露国家秘密罪，徇私枉法罪，枉法裁判罪，私放在押人员罪，徇私舞弊不征、少征税款罪，国家机关工作人员签订、履行合同失职罪等。

10．军人违反职责罪

军人违反职责罪是指军人违反职责，危害国家军事利益，依照法律应当受刑罚处罚的行为。其特征是：犯罪侵犯的客体是国家军事利益，包括国防建设、作战行动、军事物资保障、军事机密、军事科学研究等方面的利益；犯罪的客观方面表现为实施了违反军人职责，危害国家军事利益的行为；犯罪主体只能是特殊主体，即现役军人和执行军事任务的预备役人员、军内在编职员；犯罪的主观方面多数出自故意，少数出于过失。

刑法分则规定的军人违反职责罪常见的主要有：军人叛逃罪、战时违抗命令罪、战时临阵脱逃罪、非法获取军事秘密罪、战时自伤罪、武器装备肇事罪、遗失武器装备罪等。

第七篇　行政法基础知识

行政法是调整和规范行政权力的法律规范的总称。是我国法律体系的重要的法律部门之一，是实现国家依法行政的重要前提。行政法的规范涉及社会生活的各个方面，法律法规众多，且没有统一的行政法典。因此，本篇主要介绍行政法的基本理论和常用知识。通过学习使大中专学生对我国行政法律制度有比较全面的了解，树立依法行政的法制理念。

行政法的概念

行政法是调整和规定行政权力的法律规范的总称，它主要规范行政权力的设定、行使以及对行政权力行使后果的补救和对行政权力进行监督。行政法的全部内容包括组织法、行政行为法和行政法制监督法。理解与把握行政法的概念，首先要明确行政的含义。行政法上的行政并不是我们通常所说的企业、事业等组织所进行的内部管理活动，它特指的是国家行政机关对国家与公共事务的决策、组织、管理与调控，属于公共行政的性质。行政法在形式上没有一部统一完整的法典，而是存在于各种法律规范之中，其法律表现形式为宪法、法律、行政法规、地方性法规、行政规章以及有关国际条约与惯例。其中，《中华人民共和国行政处罚法》（以下简称《行政处罚法》）、《中华人民共和国行政复议法》（以下简称《行政复议法》）、《中华人民共和国行政诉讼法》（以下简称《行政诉讼法》）、《中华人民共和国国家赔偿法》（以下简称《国家赔偿法》）等是行政法学习中的重要法律文件。

行政法的特征

行政法作为一个独立的法律部门，有其自身的特征：

（1）内容广泛。现代公共行政不仅仅包括传统意义上的治安、国防、税收、外交等领域，而且还包括工商、卫生保护、环保绿化、劳动保护、社会福利等在内的所有社会生活领域，所以，以规范公共行政为对象的行政法的内容十分广泛。

（2）内容易变。行政法调整的行政关系遍及全社会每一个角落，它具体、复杂、发展变化极快，这就决定了行政法的内容具有易变性。

（3）规范形式复杂。行政法的表现形式除了宪法之外，还有法律法规和规章，不同表现形式的法律规范，由不同的立法主体制定，其效力状况也不同；同时，行政法律规范种类繁多，既有一般规范，也有技术性规范，还有标准性规范。因此，行政法律规范具有复杂性。

（4）行政法内容的广泛性和易变性决定了不可能像制定民法典或刑法典那样制定一部统一的行政实体法典，但是行政法领域却有统一的行政程序法典。

行政法的基本原则

行政法的基本原则是指贯穿于行政法之中，指导行政法规制定和实施等的基本精神。我国行政法的基本原则主要有行政和发行原则、行政合理性原则和行政应急性原则。这是行政法制的具体体现。

1. 合法性原则

合法性原则，是指行政权的存在、运用必须依据法律、符合法律，不能与法律相抵触。行政合法原则是指导行政活动的基本准则，是行政法的首要原则。行政合法性原则不仅要求行政权的行使要符合行政实体法，同时要求行政权的行使要符合行政程序法。该原则的具体要求是：

（1）任何行政职权的存在都必须基于法律的授权。例如，《中华人民共和国税收征收管理法》（以下简称《征管法》）明确规定，国务院税务主管部门主管全国税收征收管理工作，各地国家税务局和地方税务局应当按照国务院规定的税收征收管理范围分别进行征收管理。

（2）任何行政职权的行使都要依据法律。依据法律是指行政机关在行使行政职权时，其行为的内容、方式、程序等方面要严格依照法律的具体规定进行。例如，《中华人民共和国治安管理处罚法》（以下简称《治安管理处罚法》）规定，实施治安管理处罚应当适用传唤、讯问、取证、裁决的程序，公安机关实施处罚时必须按照这一程序规定，如果缺少一个程序步骤或者颠倒了程序顺序，则程序违法，即构成了处罚行为违法。

（3）行政授权、行政委托必须有法律依据。例如，《行政处罚法》第九条规定：法律可以设定各种行政处罚。限制人身自由的行政处罚，只能由法律设定。

2．合理性原则

合理性原则，是指行政权的行使要客观、公正、合乎理性，应体现人们应遵守的共同行为准则。合理性原则的产生主要是基于行政裁量权的存在。行政裁量权是指行政主体依法根据自己的意志，选择判断作为或者不作为以及怎样作为的权力，行政裁量权的行使要根据客观实际情况，在适度的范围内，符合社会大多数人的公平正义观念。合理性原则的具体要求：

（1）行政行为必须符合法律的目的，凡是不符合法律目的的或有悖于法律目的的行为都是不合理的行为。

（2）行政行为必须具有合法的动机，行政权的行使必须出自公心，不得抱有成见、偏私或恶意。

（3）行政行为必须考虑相关的因素，如性质、情节、社会危害性等，不应该考虑那些与行为无关的因素，如与相对人的亲疏关系、相对人的政治地位和权力大小等。

（4）平等适用法律规范，不得对同等事实给予不同对待。

（5）符合社会道德规范要求。

3．行政应急性原则

行政应急性原则，是指在某些特殊的紧急情况下，出于保护重大公共利益和公民根本利益，维护经济与社会秩序的需要，行政主体可以为没有法律依据或与法律相抵触的行政行为。应急性原则是合法性原则的例外，也是合法性原则的必要补充。行政应急性原则的法律精神包括：存在明确无误的紧急危险；应急权力的行使应该适当，应将负面损害控制在最小的程度和范围内，不得违反社会的公共道德要求。

从表面上看，在面临重大突发事件等紧急情况下实施行政应急措施，似乎违背了行政合法性要求，但实际上这是为了国家、社会和公民的长远、根本利益所作的理性选择，是利大于弊的危机管理举措，它从根本上维护了人权。如果在特殊的紧急情况下，不采取必要措施会严重危害国家安全、社会秩序和公共利益，行政主体因为没有法律依据或与法律相抵触，就放弃做出行政行为，不进行行政管理，这不仅违背行政法的目的，也是行政主体的失职。因此，行政应急性原则也是由行政法的特殊性质决定的一项行政法的基本原则。

行政法律关系

1. 行政法律关系及其构成要素

行政法律关系，是指特定利益关系经行政法律规范调整后而形成的行政主体与相对人之间的权利、义务关系。行政法律关系与其他法律关系一样，由主体、客体和内容三方面的要素构成。

行政法律关系的主体，是指行政法律关系中，享有行政权力、承担行政义务的当事人或组织，是行政法律关系的参加者。行政法律关系的一方主体必须是行政主体，即国家行政机关或经依法授权行使行政权的其他组织。有行政主体参加，是形成行政法律关系的必要前提。行政法律关系的相对方，即在行政法律关系中居于被管理者地位的一方，通常包括国家机关、社会组织、企事业单位和公民，我国有管辖权的外国人、无国籍人、外国组织和国际组织也可以成为我国行政法律关系的主体。

行政法律关系的客体，是指行政法律关系参加者的权利、义务所指向的对象或标的。它一般包括：物，即具有价值和使用价值的物质资料；行为，即主体的积极作为和消极的不作为；智力成果，即商标权、著作权、专利权等。

行政法律关系的内容，是指行政法律关系的主体所享有的权利和所承担的义务。行政主体在行政法律关系中的权利和义务，代表着国家和社会公共利益。其权利和义务既是职权同时又是职责，不得任意转让或抛弃，相对方既有服从行政管理的义务，也有对行政机关及其工作人员的违法行为进行申诉、控告、检举等权利。无论是行政主体还是相对方当事人，都要依法行使权利、履行义务。

2. 行政法律关系的特征

行政法律关系与其他法律关系相比较，具有以下特征：

（1）主体上双方地位的不平等性和一方地位的特定性。行政法律关系中，一方主体是国家行政机关，是特定的；另一方是行政行为的相对人，既可以是公民、法人、其他组织，也可以是国家机关，甚至是特殊情况下的国家，是不特定的。两者之间是管理与被管理、领导与被领导的不平等关系，这是行政法同民商法的重要区别。

（2）内容上的国家先定性和不可分割性。在行政法律关系中，主体的权利和义务是国家法律直接规定和赋予的，主体双方既不能相互约定，也不能自由选择，具有国家先定性。同时作为一方主体的国家行政机关所享有的权利和承担的义务往往是密不可分，趋于一致的，其享有的权利便是对国家担负的义务；其担负的义务往往又是其享有的权利，并且对权利和义务，既不能抛弃，也不得转让，必须依法行使和履行。

（3）客体上的特殊性。尽管行政法律关系的客体极其广泛，但是作为主要客体则是行政行为，而且这种行政行为往往表现为单方性、无续性和直接的强制性。

（4）争议解决的特殊性。行政法律关系主体之间的争议通常都通过一定行政程序或准司法程序予以解决，只有在行政相对人不服行政解决或法律另有规定的情况下，才能诉诸法院，依司法程序解决。

行政法主体

1．行政法主体概述

行政法主体又称为行政法律关系的主体，是指在行政法律关系中依法享有权利、承担义务的组织和个人，行政法主体具有行政法上的权利能力和行为能力，能够依法享有行政法上的权利和承担行政法上的义务。在我国，行政法主体主要有国家行政机关、公民、企事业组织、社会团体和其他组织以及其他国家机关。这些主体在行政法律关系中的地位是不同的，其中代表国家行使行政权的主体称为行政主体，处于被管理一方的主体称为行政相对人。行政机关以外的其他国家机关如立法机关、司法机关等作为行政管理的对象时也是行政管理相对人。此外，要注意，在一个法律关系中作为行政主体的组织，在另一个法律关系中可能会成为行政相对人。

（1）行政主体

行政主体是指依法享有国家行政职权，能够以自己的名义实施行政管理活动，并独立承担行政行为的法律后果的国家机关或社会组织。在我国行政权力主要由国家行政机关行使，而国家行政机关行使行政权力的活动又主要是通过其公务员的具体活动实现的，所以，关于国家行政机关与公务员的法律规范也是行政法的重要内容。

①国家行政机关

A．国家行政机关的概念与性质。国家行政机关是指按照宪法和组织法的规定设立，依法享有国家行政权力，对国家各项行政事务进行组织、管理的国家机关。根据宪法的规定，我国的国家行政机关是国家权力机关的执行机关，由国家权力机关产生，对国家权力机关负责并报告工作，接受权力机关的监督。

行政机关所行使的权力，其性质是行政权，这是区别于其他国家机关的实质特征。另外，与其他国家机关不同，行政机关在组织体系上实行上下级领导体制；在决策体制上一般实行首长负责制；在行使职权的方式上具有主动性、直接性和经常性的特点。规范行政机关的法律主要是行政机关组织法，具体规定行政机关的组成、设置、性质、隶属关系、职责权限、任职期限、工作原则等内容。

B. 国家行政机关的结构。每个国家的行政机关数目很多，有着自身的结构体系。在我国，以地域划分，有中央行政机关与地方行政机关；以职能划分，有公安机关、工商管理机关、税务机关、民政机关等。

中央行政机关包括国务院、国务院各部委、国务院直属机构与办事机构。国务院，即中央人民政府，是最高国家行政机关，也是最高国家权力机关的执行机关。根据《宪法》与《国务院组织法》的规定，国务院享有广泛的行政职权，包括制定行政法规、领导各级国家行政机关、领导全国各项行政工作等。国务院各部委是负责国家行政管理某一方面事务或某些职能的工作机构，是国务院的组成部门，依法对某一方面的行政事务具有全国范围内的管理权限。国务院直属机构是国务院设立的主管各项专门业务的机构，如国家工商行政管理局、海关总署等，受国务院领导，具有独立的职权和专门的职能。国务院的办事机构是国务院设立的协助总理办理专门事项的辅助性机构。

地方行政机关在性质上是国家行政机关在地方的代表，其活动范围仅限于一定行政区域范围内，其管辖事项仅限于地方性行政事务。地方行政机关包括各级地方人民政府和各级地方人民政府的职能部门两类。根据宪法与组织法的规定，按照行政区域的划分，地方各级人民政府分为省（自治区、直辖市）、市（副省级市、地级市）、县（县级市）和乡（镇）四级。地方人民政府具有双重性质：一方面，它是本级地方国家权力机关的执行机关，对本级人民代表大会及其常委会负责并报告工作；另一方面，它是国务院统一领导下的国家行政机关，服从国务院的领导，对其上一级行政机关负责并报告工作。县以上地方各级人民政府可以根据工作需要，设立若干职能部门，承担某一方面行政事务的组织与管理职能。

C. 国家行政机关的权利和义务。行政机关的权利和义务在具体的行政法律规范中表现为行政职权与行政职责。行政职权是行政机关实施国家行政管理活动的法定资格及其权能，具体包括行政立法权、行政决策权、行政执行权、行政处罚权、行政强制执行权、行政裁决权等。行政职责是行政机关在实施国家行政管理活动的过程中所必须承担的法定义务，其具体内容是依法履行职务、遵守法定权限与法定程序等。

应当强调的是，行政机关的行政职权与行政职责是统一的、重合的，享有职权就意味着要承担职责，因此行政职权是不能放弃的，放弃职权就等于放弃职责，要承担法律的责任。例如，对于某公民违反治安管理的违法行为，只有公安机关有权对其进行行政处罚，并且公安机关必须对其违法行为进行行政处罚，如果不处罚，必然会带来社会治安秩序的混乱。

②国家公务员

A. 国家公务员的含义。按照《国家公务员法》第二条的规定：本法所称公务员，是指依法履行公职、纳入国家行政编制、由国家财政负担工资福利的工作人员。这个范围扩大到党务工作人员和司法机关工作人员。我们这里只讨论国家行政机关公务员（下同）。首先，公务员必须是在中央和地方各级国家行政机关中工作的人员；其次，公务员必须是执行公务的人员，并不是凡是在行政机关中工作的人员都是公务员，只有那些在行政机关中行使国家行政权力、执行公务的人员才能称之为公务员。

B. 国家公务员的法律地位。国家公务员的法律地位体现在国家公务员接受国家行政机关的委托，执行一定行政职务，与国家行政机关之间所形成的职务关系上。行政机关实施行政管理，是由公务员来具体实现的，公务员以行政机关的名义代表国家行政机关进行管理，并且其行为所产生的法律后果，无论是积极的还是消极的，都由行政机关承担。行政机关则有权要求公务员按自己的意志活动。为保障这一点，行政机关可以在法律范围内规定公务员的纪律，并实施监督。

公务员与国家行政机关的职务关系的内容就是法律所规定的公务员的具体权利和义务。公务员必须履行的义务有：遵守宪法、法律和法规；依照国家法律法规和政策执行公务，密切联系群众，倾听群众意见，接受群众监督，努力为人民服务；维护国家的安全、荣誉和利益；忠于职守，勤奋工作，尽职尽责，服从命令，保护国家秘密和工作秘密；公正廉洁，克己奉公以及宪法和法律规定的其他义务。公务员享有的权利是：非经法定事由和非经法定程序不被免职、降职、辞退或者行政处分；获得履行职责所应有的权力；获得劳动报酬和享受保险、福利待遇；参加政治理论和业务知识的培训；对国家行政机关及领导人员提出批评和建议提出申诉和控告；提出辞职以及宪法和法律规定的其他权利。

C. 国家公务员制度的主要内容。《国家公务员法》规定了公务员管理各环节的基本原则和方法。以下对几项主要制度加以介绍。职位分类：以职位为对象进行分类，根据工作性质、难易程度、责任大小条件，将职位分为不同的类别与等级。职位分类在整个公务员制度中占有重要地位，是公务员管理制度的起点与基础，为公务员的录用、考核、晋升、培训等各项管理提供科学依据。职位分类制度主要有职务设置、确定公务员职务和级别等内容。录用：国家行政机关录用担任主任科员以下非领导职务的公务员，采取公开考试方式，按德才兼备的标准择优录用。公务员的录用，是公务员各项管理制度中的首要环节，直接关系到公务员队伍的素质。考试录用的标准和资格条件、考试录用的方法和程序以及考试录用的工作机构等问题是录用制度的主要内容。考核：行政机关按照管理权限，依据法定的考核原则、标准、内容、方法和程序，对公务员进行考察与评价，称为考核。考核的内容包括德、能、勤、绩四个方面；考核的方法实行领导与群众相结合、平时考核与年度考核相结合；考核的结果分为优秀、称职、不称职三个等级，并以此作为对公务员的奖惩、培训、辞退以及调整职务、级别和工资的依据。申诉与控告，申诉是指公务员对行政机关做出的涉及其权益的处理决定不服，依法向有关机关请求处理。控告是指公务员对行政机关及其领导人员侵害其合法权益的违法行为，向有关国家机关进行揭发，要求惩处。确立公务员申诉、控告制度，有利于保障公务员的合法权益，有利于完善行政机关内部的监督机制和民主机制。

2. 行政相对人

（1）行政相对人的概念

行政相对人是指在行政管理法律关系中与行政主体相对应的一方当事人，即处于被管理地位，其权益受到行政主体的行政行为影响的个人或组织。

（2）行政相对人的范围

在我国，行政相对人的范围非常广泛，具体有以下几类：国家组织，即国家机关和国家机构；社会组织，包括企业、事业单位和社会团体；中华人民共和国公民；外国组织和外国人。

（3）行政相对人的权利

根据我国有关行政法律法规的规定，行政相对人享有下列权利：行政参与权、行政知情权、行政申请权、行政受益权、行政保护权、行政监督权、行政救济权。

（4）行政相对人的义务

行政相对人作为行政法律关系的主体，在享有权利的同时，也承担一定的义务。行政相对人应承担的义务有：遵守行政法律规范的义务；接受和服从行政管理的义务；协助行政管理的义务。

行政行为

行政行为在行政法学中处于核心地位，它是各种行政法制度得以建立的基础，行政复议、行政诉讼和行政赔偿制度都是围绕着行政行为建立的。

1．行政行为的概念、分类及效力

（1）行政行为的概念

行政行为是指行政机关行使行政权力，实施行政管理，而做出的产生法律效果的行为。一个行为是否是行政行为，必须看其是否具备以下三个要素：

①主体要素。行政行为是行政机关所做出的行为，其他国家机关或企事业等组织的行为不属于行政行为。但应当明确一点，在行政管理领域中，不是只有行政机关才能做出行政行为，有些非行政机关组织在法律法规授权或行政机关委托的情况下，也可以做出行政行为。如高等学校对学生授予学位的行为，是根据《中华人民共和国高等教育法》等法律的授权所为的行为，属于行政行为。

②权力要素。行政行为是行政机关行使行政权力，实施行政管理的行为。行政机关做出的行为并非都是行政行为，当它运用民事权利，以民事主体的身份进行活动时，其行为是民事行为，如行政机关购买办公用品的行为。只有动用行政权力行为，才可能成为行政行为。

③法律要素。行政行为是具有法律意义、产生法律后果的行为，即能直接或间接地对当事人的权利、义务产生法律上的影响，具有法律约束力。

（2）行政行为分类

①抽象行政行为和具体行政行为。

抽象行政行为，是指行政机关以不特定的人或事为对象，制定具有普遍约束力的规范性文件的行为。其核心特征在于一般性或普遍性，如国务院制定某个在全国范围内适用的规范性文件的活动。抽象行政行为又可分为行政立法行为和一般抽象行为。两者的根本区别是其结果是否能够作为行政行为的依据。

具体行政行为，是指在行政管理过程中，行政主体针对特定的人或事所采取的具体措施的行为，如某工商局依法对某个体工商户做出的吊销营业执照的处罚，具体行政行为的内容和结果将直接影响某个人或组织的权益。具体行政行为最突出的特点，就是行为对象的特定化和具体化。

②羁束行政行为和自由裁量行政行为。羁束行政行为，是指法律明确、详细规定了行政行为的范围、条件、形式和程序等，行政机关没有自行选择、裁量的余地而做的行政行为，如税务机关必须按法定的税率征收税款。

自由裁量行政行为是指法律仅仅规定行政行为的目的、范围等，而将行为的具体条件、标准、幅度和方式等留给行政机关根据实际情况决定如何适用法律而做出的行政行为。如一般治安处罚的法定处罚形式是警告、200 元以下的罚款和 1—15 天的行政拘留，公安机关对某一治安违法行为可以在这种形式中选择自己认为最适当的做出处罚决定。

二者的根本区别是羁束行为只能严格依照法律；而自由裁量行为则可以根据实际情况，在法定幅度和范围内自由裁量决定。

③依申请的行为和依职权的行为。依申请的行为，是行政机关依据相对人的申请，行使行政权力而做出的行政行为。没有相对人的申请，行政机关不能主动为之，如行政许可。依职权的行政行为是行政机关主动行使行政权力而做出的行政行为，它不需要有相对人的申请来启动行政程序，而是行政机关根据自己的判断主动行使权力。行政行为大多数是依职权的行为，如行政处罚等。

④单方行政行为和双方行政行为。单方行政行为是指行政机关单方意思表示就能够产生法律效力的行为，具有强制为、确定力和拘束力。大部分行政行为都是单方行政行为，例如行政许可、行政强制执行、行政处罚等。

双方行政行为是指必须经过行政主体和行政相对人双方意思表示一致才能成立的行为，如行政合同等。

⑤要式行政行为和非要式行政行为。要式行政行为是指法律法规规定必须具备某种方式或形式才能产生法律效力的行政行为，如行政许可必须以颁发许可证或执照的方式表现出来，才能具备许可的效力。

非要式行政行为是指法律没有明确行政行为的具体形式，行政机关根据实际需要可以选择不同形式的行政行为。非要式行政行为在行政法上表现的情况不多，一般出现在法律授予行政机关行使紧急权力的情况，如行政机关紧急封锁、戒严、交通管制等。

（3）行政行为的效力

行政行为做出后，对人或事所产生的法律上的约束力，就是行政行为的效力。它包括确定力、拘束力和执行力。确定力是指行政行为生效后，其内容具有稳定性，非经法定程序和因法定事由不得随意改变。拘束力则是在行政行为生效后，其内容对有关人员或组织所产生的法律上的约束力量，有关人员和组织必须遵守、服从。执行力是指行政行为的内容得以实现的效力。一个生效的行政行为在内容上为行政相对人设定义务时，行政相对人必须实际履行，否则，行政机关可依法采取一定的强制手段，使行政行为的内容得以实现。

行政行为的效力是行政行为成立后所产生的，具备一定条件正式成立的行政行为，视其为合法行为，产生法律上的效力，必须遵守和服从。但是，成立并产生法律效力的行政行为不一定必然合法，行政行为只有具备主体合法、权限合法、内容合法、程序合法的条件，其行为才真正合法有效，否则就是违法的，终究要失去效力。当然，行政行为合法与否必须由法定机关经过法定程序加以判断。

行政许可

第十届全国人民代表大会常务委员会第四次会议于2003年8月27日通过《中华人民共和国行政许可法》（以下简称《行政许可法》），自2004年7月1日起施行。该法共计八章八十三条，规定了行政许可的设定、实施机关、实施程序、费用以及检查监督和法律责任。《行政许可法》的出台，对促进政府职能转变、提高行政效能、从根源上预防和治理腐败、保障和监督行政主体依法行政都具有重要意义。

1．行政许可的概念和基本原则

行政许可，是指行政主体根据相对方的申请，经依法审查，准予其从事禁止一般人从事的特定活动的行为。行政许可是一种依申请的具体行政行为；是采用颁发许可证、执照等形式的要式行政行为；是行政主体赋予相对方某种法律资格、法律权利的行政行为。有关行政机关对其他机关或者对其直接管理的事业单位的人事、财务、外事等事项的审批，不适用行政许可。

行政许可的基本原则主要有：

（1）许可法定原则

许可法定原则即设定和实施行政许可，应当依照法定的权限、范围、条件和程序进行。

（2）公开原则

公开原则即有关行政许可的规定应当公布，未经公布的，不得作为实施行政许可的依据；行政许可的实施和结果，除涉及国家秘密、商业秘密或者个人隐私之外，其余应当公开。

（3）公平公正原则

公平公正原则即符合法定条件、标准的，申请人有依法取得行政许可的平等权，行政机关不得歧视。

（4）便民原则

便民原则即行政机关应当建立和完善有关制度，推行电子政务，方便申请人提出行政许可申请；应当与其他行政机关共享有关行政许可信息，提高办事效率。

（5）救济原则

救济原则即相对方对行政主体违法实施行政许可的可以依法申请行政复议和提起行政诉讼，因行政主体的违法行政许可遭受损失的，有权依照国家赔偿法获得赔偿。

（6）信赖保护原则

信赖保护原则即相对人依法获得的行政许可受法律保护，行政主体不得任意改变、撤销已经生效的行政许可。

2. 行政许可的分类

根据行政许可在性质、功能、适用事项等方面的不同特点，可将行政许可分为五类：

（1）普通许可

普通许可指对直接涉及国家安全、公共安全、经济宏观调控、生态环境保护以及直接关系人身健康、生命财产安全等特定活动，需要按照法定条件予以批准的事项设立许可。

（2）特别许可

特别许可指对有限自然资源开发利用、公共资源配置以及直接关系公共利益的特殊行业的市场准入等，需要赋予特定权利的事项的许可。

（3）认可

认可指对提供公众服务并且直接关系公共利益的职业、行业，需要确定具备特殊信誉、特殊条件或者特殊技能等资格、资质的事项的许可。

（4）核准

核准指对直接关系公共安全，人身健康，生命财产安全的重要设备、设施、产品、物品，需要按照技术标准、技术规范，通过检验、检测、检疫等方式进行审定的事项的许可。

（5）登记

登记指对企业或者其他组织的设立等，需要确定主体资格的事项的许可。

另外，《行政许可法》规定，通过下列方式能够予以规范的，可以不设定行政许可：

公民、法人或者其他组织能够自主决定的；市场机制能够有效调节的；行业组织或者中介机构能够自律管理的；行政机关采用事后监督等其他行政管理方式能够解决的。

3. 行政许可的设定

行政许可原则上只有全国人民代表大会及其常委会、国务院、省级人民代表大会及其常委会设定，省级地方政府可以设定临时性的行政许可。国务院各部门和其他国家机关一律不得设定行政许可。但必要时，国务院可以采用发布决定的方式设定行政许可。可以创设行政许可的规范性法律文件包括：

（1）法律。全国人民代表大会及其常委会制定的，效力仅次于宪法。

（2）行政法规。国务院制定的法律规范，其效力等级是仅次于法律的一种法律规范，有三方面的权力：一是职权立法，即在法律没有做出规定时，根据职权制定的行政法规；二是授权立法，即根据全国人民代表大会及其常委会的授权制定行政法规；三是执行性立法，即根据法律的规定，对法律做具体化的规定。

（3）国务院决定。国务院制定的管理经济、文化、社会事务的行政法规以外的规范性文件。主要适用于临时性的、紧急的、比较敏感的或正式制定法律、行政法规条件尚不成熟的领域和事项。

（4）地方性法规。省级人民代表大会及其常委会制定或者批准的法律规范。省级人民代表大会及其常委会有权制定或者批准地方性法规，但新制定的地方性法规不得与法律、行政法规相抵触。

（5）省级政府规章。省、自治区、直辖市政府可以根据法律法规制定政府规章，还可以依权限制定规章，但仅限于下列情况：尚未制定法律、行政法规和地方性法规的；因行政管理的需要，确需立即实施行政许可的。省政府规章可以设定临时性的行政许可。临时性的行政许可实施满一年需要继续执行的，应当提请本级人民代表大会及其常委会制定地方性法规。

4．行政许可的实施

（1）行政许可的实施机关

行政许可的实施主体是具有行政许可权的行政机关和法律法规授权的具有管理公共事务职能的组织。

被授权的组织取得了行政管理的主体资格，可以以自己的名义独立行使被授予的行政权力，同时承担法律后果。

（2）行政许可的实施程序

行政许可程序是指有关许可证的申请、审核、颁发或拒绝、修改、更换、复查、中止、废止、撤销、转让的步骤和过程。包括：

①申请程序。行政相对人的申请是行政许可程序的前提条件。行政相对人首先提出申请，并附以许可机关要求的其他材料和证明，才能启动行政许可程序。相对人向许可机关提出许可申请，必须具备以下条件：必须是向有权颁发申请事项许可证的机关提出；必须是法律规定经许可方能进行的活动或事项；申请人必须具有申请许可事项的行为能力；必须有明确的申请许可的意思表示。

②许可申请的审核程序。对申请的审核，是指许可机关在接到申请人申请后，开始行政许可程序，依照法定权限进行审查核实。

③拒绝或颁发许可证的程序。许可机关经审核，认为符合法定条件的，由依法有权颁证的机关向申请人颁发许可证；对不符合条件的，应依法拒绝颁发许可证，并允许其具备条件时再次申请。

④对不予许可的救济程序。许可机关如果驳回相对人的申请，申请人不服的可以要求行政机关复议，也可以向人民法院提起诉讼。

⑤许可证的修改、更换、复查程序。取得许可的相对人，其活动范围超过许可的范围的，应向许可机关申请变更许可内容。许可机关也可主动变更，重新核发许可证；许可一般都有有效期限，到期后，被许可人如果想继续持有该许可证的，也可主动变更。许可机关要定期复查许可证的使用状况，发现问题及时修改或更换。

行政处罚

第八届全国人民代表大会第四次会议于 1996 年 3 月 17 日在通过了《中华人民共和国行政处罚法》，以下简称《行政处罚法》，该法于 1996 年 10 月 1 日起施行。分为八章六十四条，规定了行政处罚的种类和设定、实施机关、管辖与适用、处罚程序和执行及法律责任等内容。

1．行政处罚的概念和特征

行政处罚是指行政主体依法定权限和程序对具有一般行政违法行为尚不构成犯罪的相对人采取的一种制裁性具体行政行为。

行政处罚的特征有：行政主体的处罚权及其种类、范围，都由法律法规予以明确的确定；行政处罚的对象是作为相对方的自然人、法人或其他组织；行政处罚的前提是相对方实施了违反行政法律法规尚不构成犯罪的行为；行政处罚具有惩戒性和制裁性。

2．行政处罚的原则

《行政处罚法》规定的行政处罚原则有下列几项：

（1）合法性原则

合法性原则是指要求实施处罚的行政主体及其权限、处罚的依据、程序都必须符合法律规定。

（2）公正、公开原则

公正、公开原则是指行政处罚的设定及实施要公平，没有偏私，都必须以事实为依据，以法律为准绳；处罚的依据、过程和结果要公开，便于群众了解和监督。

（3）处罚与教育相结合的原则

处罚与教育相结合的原则是指处罚是手段，教育是目的，实现制裁与教育双重功能。

（4）及时处罚的原则

及时处罚的原则是指对于违法行为应及时查清，及时处罚，及时执行；自违法行为发生之日（违法行为有连续或继续状态的，从行为终了之日）起两年内未被发现的，不再给予行政处罚，法律另有规定的除外。

（5）处罚救济原则

处罚救济原则是指行政相对人对行政机关的行政处罚，享有陈述权、申辩权，行政机关不得因当事人的申辩而加重处罚；当事人对行政处罚不服的，可依法申请行政复议或提起行政诉讼；因行政机关违法给予处罚受到损害的，有权依法提出赔偿要求。

（6）一事不再罚原则

一事不再罚原则是指针对同一个违法行为，不能给予两次或两次以上的同一种类的行政处罚，也即针对同一个违法行为，处罚主体或者多个处罚主体不能依据同一个法律规范再次做出处罚；或者针对一个违法行为，一个处罚主体或者多个处罚主体不能根据不同的法律规范做出同一类的处罚。

3. 行政处罚的种类和管辖原则

我国的行政处罚种类包括：警告、罚款、没收违法所得或没收非法财产、责令停产停业、暂扣或者吊销许可证、暂扣或者吊销执照、行政拘留、法律法规规定的其他行政处罚，如劳动教养等。

一般来说，行政处罚由违法行为发生地（包括违法行为实施地、发现地和结果发生地）的行政主体管辖；两个以上行政主体对同一违法行为都有处罚管辖权的，或者违法行为地点难以查明的，由最先查处的行政主体管辖；行政主体认为所查处的违法行为构成犯罪的，应移送司法机关；对管辖发生争议的，报请共同的上一级行政主体指定管辖。

4. 行政处罚的程序

我国行政处罚的程序分为简易程序和一般程序。

简易程序，又称为当场处罚程序，是指在违法事实确凿，并有法定依据，对公民处以 50 元以下、对法人或者其他组织处以 1000 元以下罚款或者警告的行政处罚时，可以当场做出行政处罚决定，执法人员当场做出行政处罚决定的，应当向当事人出示执法身份证件，填写预定格式、编有号码的行政处罚决定书。行政处罚决定书应当载明当事人的违法行为、行政处罚依据、罚款数额、罚款时间、罚款地点以及行政机关名称，并由执法人员签名或者盖章，然后当场交付当事人。当场做出的行政处罚决定，必须报所属行政机关备案。

一般程序，又称为普通程序，是指除法律法规另有规定外，任何一个行政处罚决定必须适用的程序。一般程序包括以下几个步骤：立案和调查取证；听取申辩与听证。行政主体在做出行政处罚决定之前，不按规定向相对方告知处罚的事实、理由和依据，或者拒绝听取当事人的陈述、申辩，行政处罚决定不能成立，当事人放弃陈述或者申辩权利的除外；行政主体做出责令停产停业、吊销许可证或者执照、处以较大数额罚款等行政处罚决定之前，应当告知相对方有要求举行听证的权利，当事人要求听证的，行政机关应当组织听证，当事人不承担行政机关组织听证的费用；做出处罚决定并送达当事人执行。

5. 法律责任

《行政处罚法》规定，行政机关实施行政处罚，有下列情形之一的，由上级行政机关或者有关部门责令改正，可以对直接负责的主管人员和其他直接责任人员依法给予行政处分：

（1）没有法定的行政处罚依据的；

（2）擅自改变行政处罚种类、幅度的；

（3）违反法定的行政处罚程序的；

（4）违反本法第十八条关于委托处罚规定的；

（5）情节严重构成犯罪的，依法追究刑事责任。

行政救济

1. 行政救济的概念和特征

行政救济即行政法上的救济，与其他的法律救济有着同样的性质，它是指公民的权利和利益受到行政机关侵害时或可能受到侵害时的防卫手段和申诉途径，也是通过解决行政争议，纠正、制止或矫正行政侵权行为，使受到损害的公民权利得到恢复，利益得到补救的法律制度。因此，行政救济是针对行政权力运用的一种消极后果的法律补救。行政法上存在这样一个公理，即有权力必有救济，无救济，行政权力就会变成一种专制武断的权力。

行政救济的特征

行政救济，是行政法中一项重要的法律制度。行政救济是诸多的救济途径、救济手段和具体的救济制度的总称。如前所述，行政救济的主要内容是：公民和法人的权利、利益受到行政机关的侵害时，或可能受到侵害时，法律所提供的防卫手段和申诉途径，也是通过解决行政纠纷来纠正，制止或矫正行政侵权行为，使权益受到损害的人，权利得到恢复，利益得到补救。由此不难看出，行政救济的主要目的在于为相对人的合法权益提供法律保障，以此来调整行政机关与相对人之间的关系，使之在某种程度上取得相应的平衡。行政救济的内容决定了行政救济有如下特征：

（1）行政救济以行政纠纷的存在为基础

行政救济制度的产生和存在，是因为行政管理中有行政纠纷存在，行政纠纷的产生是因为行政机关在繁杂的关系和管理活动中，运用行政权力发生过错、过失或疏忽以至滥用职权，造成相对人权益的损害而引起。保障相对人的合法权益不受违法行政行为的损害，是行政法的重要宗旨。因此，在客观上要求建立解决纠纷、补救相对人受损权益的制度。行政法对行政纠纷做出的反应，就是建立救济制度，在裁决纠纷中分清是非，判明责任，通过补救受损害的相对人，使行政机关与相对人之间取得一种法律平衡。从逻辑上看，有纠纷就会产生解决纠纷的程序。通过裁决纠纷的程序补救受损一方的合法权益，才能使纠纷得到彻底的解决。行政救济制度由此而生，并以行政纠纷为其存在基础。

（2）行政救济以损害为前提

任何法律上的救济，都是因为发生了侵权损害，无侵权损害即无所谓救济。行政机关运用权力而发生过失，相对人对该行为的合法性未提出异议，不引起行政救济问题。发生损害而相对人乐于忍受而未提出救济请求，也不构成救济。因此，行政救济就其实质而言，侵权损害是救济的前提，损害而无救济，不是行政法治，或称法治行政。当行政机关行为违法或不当，造成相对人合法权益的损害，不管这种损害是否造成经济损失，或者损害是否可构成经济损失，都不影响救济的构成。行政侵权造成合法权益损害，是行政救济的唯一前提，但是救济的手段不同，如撤销违法行为、恢复权利、物质赔偿等。行政救济从程序上看，它是以相对人提出救济请求开始，救济程序的发动者是相对人，通常情况下，无救济请求，有关国家机关不主动实施救济。

（3）行政救济的目的在于补救相对人

行政救济最实质的目的，在于补救相对人受损害的合法权益，为相对人合法权益提供法律保护，是行政救济制度应有的功能。

2．我国的行政救济途径

我国目前的行政救济途径主要有：

（1）监察救济。相对人就行政侵权行为向政府系统的行政监察部门申诉，请求救济。

（2）立法救济。相对人就行政机关及其工作人员的行政侵权行为，向人民代表大会申诉，请求救济。

（3）复议救济。复议救济相对于法院救济而言，可称作行政上的救济，法院救济可称为诉讼救济或司法救济。复议救济是指相对人认为行政机关的具体行政行为侵犯其合法权益，向做出具体行政行为的上一级行政机关或其设立的专门机构申诉，请求救济。

（4）诉讼救济。诉讼救济是指相对人认为行政机关的具体行政行为侵犯其合法权益，向人民法院提起诉讼，由人民法院对被诉具体行政行为进行审查，违法行政行为予以撤销，造成损害的判令赔偿的救济途径。

（5）行政赔偿救济。在行政救济中，还有一种很重要的是行政赔偿救济。但是，它在我国不是一种独立存在的救济途径，因为我国立法并未设立一种专门的赔偿救济机关，赔偿救济的取得，可以通过复议救济途径，也可以通过诉讼救济途径。因此，目前的赔偿救济只以一种救济手段而存在。

行政复议

《中华人民共和国行政复议法》（以下简称《行政复议法》）于1999年4月29日在第九届全国人民代表大会常务委员会第九次会议上通过，1999年10月1日起施行。本法分为七章四十三条。它规定了行政复议的范围、申请、受理和决定等有关内容。

1．行政复议的概念、特点和基本原则

（1）概念

行政复议是指行政相对人认为行政主体的具体行政行为侵犯其合法权益，依法请求有复议权的行政主体重新审查原具体行政行为是否合法、适当，并做出复议决定的活动。《行政复议法》规定，因对具体行政行为不服而申请行政复议的公民、法人或者其他组织是申请人；做出具体行政行为的行政主体是被申请人。《行政复议法》还规定，行政相对人申请行政复议，行政复议机关已经依法受理的，或者法律法规规定应当先向行政复议机关申请行政复议，对行政复议决定不服再向人民法院提起行政诉讼的，在法定行政复议期限内不得向人民法院提起行政诉讼。行政相对人向人民法院提起行政诉讼，人民法院已经依法受理的，不得申请行政复议。

（2）特征

行政复议具有如下主要特征：

①行政性，即行政复议的主体只能是享有行政复议权的行政机关。

②申请性，即行政复议以行政相对人的申请为前提，行政机关不能依职

权主动进行。

③监督性，即行政复议是行政体系内部监督的基本形式之一，并且有别于行政命令等直接监督，它是一种间接监督。

④程序性，即行政复议按照特定行政程序进行，从申请的受理、审理，到决定和送达，都必须符合法定的程序要件。

⑤救济性，即行政主体的行政行为在行使行政职权的过程中，由于各种因素的影响，不可避免的会产生违法或不当的问题，行政复议就是对违法或不当的具体行政行为进行补救而建立的一种行政救济制度。

（3）原则

行政复议除遵循合法、公正、公开、及时、便民等一般原则外，还应遵循以下原则：

①复议机关依法独立行使复议权的原则；

②一级复议原则，即复议只有一次，不得再次复议；

③对具体行政行为是否合法和适当进行审查的原则；

④不调解原则；

⑤书面复议原则，即仅就案件的书面材料进行复议审理的原则。

2. 行政复议的范围和管辖

（1）行政复议范围

根据我国《行政复议法》的规定，行政复议范围包括下列具体行政行为：

①对拘留、罚款等行政处罚决定不服的；

②对限制人身自由、查封财产等行政强制措施决定不服的；

③认为行政机关侵犯法律法规规定的经营自主权的；

④认为符合法定条件，申请行政机关颁发许可证、执照等证书，或者申请行政机关审批、登记有关事项，行政机关没有依法办理的；

⑤对行政机关做出的有关许可证、执照等证书变更、中止、撤销的决定不服的；

⑥申请行政机关履行保护人身、财产、受教育权利的法定职责，行政机关没有依法履行的；

⑦认为行政机关没有依法发放抚恤金、社会保险金或者最低生活保障费的；

⑧认为行政机关违法要求履行义务的；

⑨对行政机关做出的关于确认土地、矿藏等自然资源的所有权或者使用权的决定不服的；

⑩认为行政机关变更或者废止农业承包合同，侵犯其合法权益的；

⑪认为行政机关的其他具体行政行为侵犯其合法权益的。

同时，行政行为相对人认为行政机关的具体行政行为所依据的下列规定不合法，在对行政行为申请行政复议时，可以一并向行政复议机关提出对该规定的审查申请：

①国务院部门的规定；

②县级以上地方各级人民政府及其工作部门的规定；

③乡、镇人民政府的规定，但不含国务院各部委的部门规章和地方政府规章，规章的审查依照法律、行政法规办理。

（2）行政复议管辖

行政复议管辖是行政争议应由哪一级行政机关或职能部门进行复议的权限规定。

《行政复议法》规定：对县级以上地方各级人民政府工作部门的具体行政行为不服的可以向该部门的上级人民政府申请行政复议，也可以向上一级主管部门申请行政复议。对海关、金融、国税、外汇管理等实行垂直领导的行政机关和国家安全机关的具体行政为不服的，向上一级主管部门申请行政复议；对地方各级人民政府的具体行政行为不服的，向上一级地方人民政府申请行政复议；对省、自治区人民政府依法设立的派出机关所属的县级地方人民政府的具体行政行为不服的，向该派出机关申请行政复议；对国务院部门或者省、自治区、直辖市人民政府的具体行政行为不服的，向做出该具体行政行为的国务院部门或者省、自治区、直辖市人民政府申请行政复议；对县级以上地方人民政府依法设立的派出机关的具体行政行为不服的，向设立该派出机关的人民政府申请行政复议；对政府工作部门依法设立的派出机构依照法律法规或者规章规定，以自己的名义做出的具体行政行为不服的，向设立该派出机构的部门或该部门的本级地方政府申请行政复议；对法律法规授权的组织的具体行政行为不服的，分别向直接管辖该组织的地方人民政府、地方人民政府工作部门或者国务院部门申请行政复议；对两个或者两个以上行政机关以共同的名义做出的具体行政行为不服的，向其共同上一级行政机关申请行政复议；对被撤销的行政机关在撤销前所做出的具体行政行为不服的，向继续行使其职权的行政机关的上一级行政机关申请行政复议。

3．行政复议的程序

根据《行政复议法》的规定，行政复议程序大体上依次经过 5 个阶段，即申请、受理、审理、决定和执行。

（1）行政复议申请

行政复议的申请人是公民、法人或者其他组织。根据《行政复议法》第九条的规定，行政相对人自知道该具体行政行为之日起60日内提出行政复议申请，但是法律规定的申请期限超过60日的除外。因不可抗力或者其他正当理由耽误法定申请期限的，申请期限自障碍消除之日起继续计算。

根据《行政复议法》第十一条的规定，申请人申请行政复议，可以书面申请，也可以口头申请。口头申请的，行政复议机关应当场记录申请人的基本情况、行政复议请求及申请行政复议的主要事实、理由和时间；书面申请的，应当向行政机关递交复议申请书。公民、法人或者其他组织申请行政复议，行政复议机关已经依法受理的，或者法律法规规定应当先向行政复议机关申请行政复议，对行政复议决定不服再向人民法院提起诉讼的，在法定行政复议期限内不得向人民法院提起行政诉讼。公民、法人或者其他组织向人民法院提起行政诉讼，人民法院已经依法受理的，不得申请行政复议。

（2）行政复议受理

《行政复议法》规定，行政复议机关收到行政复议申请后，应当在5日内进行审查，对不符合本法规定的行政复议申请，决定不予受理，并书面告知申请人；对符合本法规定，但是不属于本机关受理的行政复议申请，应当告知申请人向有关行政复议机关提出。

（3）行政复议审理

行政复议法对审理前的准备和审理的内容、方式、依据、期限及对审理中的其他问题等做出了明文规定。行政复议期间具体行政行为不停止执行；但是，有下列情形之一的，可以停止执行：

①被申请人认为需要停止执行的；

②行政复议机关认为需要停止执行的；

③申请人申请停止执行，行政复议机关认为其要求合理，决定停止执行的；

④法律规定停止执行的。

（4）行政复议决定

《行政复议法》规定行政复议原则上采取书面审查的方法，但是申请人提出要求或者行政复议机关负责法制工作的机构认为有必要时，可以向有关组织和人员调查情况，听取申请人、被申请人和第三人的意见。

行政复议机关负责法制工作的机构应当自行政复议申请受理之日起7日内，将行政复议申请书副本或者行政复议申请笔录复印件发送被申请人。被申请人应当自收到申请书副本申请笔录复印件之日起10日内，提出书面答复，并提交当初做出具体行政行为的证据、依据和其他有关材料。申请人、第三人可以查阅被申请人提出的书面答复，做出具体行为的证据、依据和其他有关材料，除涉及国家秘密、商业秘密或者个人隐私外，行政复议机关不得拒绝。在行政复议过程中，被申请人不得自行向申请人和其他有关组织或者个人收集证据。

行政复议决定做出前，申请人要求撤回行政复议申请的，经说明理由，可以撤回；撤回行政复议申请的，行政复议终止。

行政复议机关应当自受理申请之日起60日内做出行政复议决定；但是法律规定的行政复议期限少于60日的除外。情况复杂，不能在规定期限内做出行政复议决定的，经行政复议机关的负责人批准，可以适当延长，并告知申请人和被申请人；但是延长期限最多不超过30日。行政复议机关做出行政复议决定，应当制作行政复议决定书，并加盖印章。行政复议决定书一经送达，即发生法律效力。

（5）行政复议执行

根据《行政复议法》第三十二条、第三十三条的规定，被申请人应履行行政复议决定，对拒不执行的，行政复议机关或有关上级行政机关应当责令其限期履行；申请人逾期不起诉又不履行行政复议决定的，或不履行终局的行政复议决定的，按照下列规定分别处理：

①维持具体行政行为的复议决定，由做出具体行政行为的行政机关依法强制执行，或者申请人民法院强制执行。

②变更具体行政行为的行政复议决定，由行政复议机关依法强制执行，或者申请人民法院强制执行。

行政赔偿

行政赔偿是指国家行政机关及其工作人员违法行使职权，侵犯公民、法人或其他组织的合法权益并造成损害，由国家承担赔偿责任的制度。

1．行政赔偿的归责原则

从世界各国的立法规定来看，行政赔偿的归责原则主要有：过错原则、无过错原则和违法原则。我国《国家赔偿法》第二条规定：国家机关和国家机关工作人员违法行使职权，侵犯公民、法人和其他组织的合法权益造成损害的，受害人有依照本法取得国家赔偿的权利。可见我国采用的归责原则是违法原则。

违法原则是指行政机关及其公务员因违法执行职务侵犯了行政相对人的合法权益并造成损失，国家应承担的赔偿责任。该原则以职务违法为标准。

2. 行政赔偿责任的构成要件

(1) 侵权主体

我国行政赔偿的侵权主体是行政机关及其工作人员。行政主体包括行政机关和法律法规授权的组织。

(2) 职权行为

国家承担赔偿责任必须是行政主体及其工作人员行使职权时给公民、法人或者其他组织造成了损害。

(3) 违法行为

损害必须是违法行为造成的。

(4) 损害事实

损害必须是已经产生的，不是想象的；是直接的，不是间接的。

(5) 因果关系

行政相对人所受损害与违法行为有直接的因果关系，即行政相对人所受损害确实是由该违法行为导致的。

以上诸要件是构成行政赔偿责任的必要条件，缺一不可。

3. 行政赔偿的范围

(1) 对侵犯人身权的赔偿范围

行政机关及其工作人员在行使行政职权时有下列侵犯人身权情形之一的，受害人有获得赔偿的权利：

①违法拘留或者违法采取限制公民人身自由的行政强制措施的；

②非法拘禁或者以其他方法非法剥夺公民人身自由的；

③以殴打等暴力行为或者唆使他人以殴打等暴力行为造成公民身体伤害或者死亡的；

④违法使用武器、警械造成公民身体伤害或者死亡的；

⑤造成公民身体伤害或者死亡的其他违法行为。

(2) 对侵犯财产权的赔偿范围

行政机关及其工作人员在行使行政职权时有下列侵犯财产权情形之一的，受害人有取得赔偿的权利：

①违法实施罚款、吊销许可证和执照、责令停产停业、没收财物等行政处罚的；

②违法对财产采取查封、扣押、冻结等行政强制措施的；

③违反国家规定征收财物、摊派费用的；

④造成财物损害的其他违法行为。

（3）国家不承担赔偿责任的情形

属于下列情形之一的，国家不承担赔偿责任：

①行政机关工作人员与行使职权无关的个人行为；

②因公民、法人和其他组织自己的行为致使损害发生的；

③法律规定的其他情形。

4. 行政赔偿请求人与赔偿义务机关

（1）行政赔偿请求人

行政赔偿请求人，是指其合法权益因行政机关及其工作人员违法执行职务而遭受侵害，有权请求国家予以赔偿的公民、法人或者其他组织。

①受害的公民、法人和其他组织有权要求赔偿。如果受害的公民是无民事行为能力人或者限制民事行为能力人的，他们的监护人为其法定代理人，赔偿请求人仍然是受害的公民。

②受害的公民死亡，其继承人和其他有抚养关系的亲属有权要求赔偿。

③受害的法人或者其他组织终止，承受其权利的法人或者其他组织有权要求赔偿。

赔偿请求人请求国家赔偿的时效为 2 年，自国家机关及其工作人员行使职权的行为被依法确认为违法之日起计算，但被羁押期间不计算在内。赔偿请求人在赔偿请求时效的最后 6 个月内，因不可抗力或者其他障碍不能行使请求权的，时效中止。从中止时效的原因消除之日起，赔偿请求时效期间继续计算。

（2）行政赔偿义务机关

行政赔偿义务机关是指代表国家具体履行赔偿义务的组织。

①行政机关及其工作人员行使行政职权侵犯公民、法人和其他组织的合法权益造成损害的，该行政机关为赔偿义务机关。

②两个以上行政机关共同行使行政职权时侵犯公民、法人和其他组织的合法权益造成损害的，共同行使行政职权的行政机关为共同赔偿义务机关。

③法律法规授权的组织在行使授予的行政权力时侵犯公民、法人和其他组织的合法权益造成损害的，被授权的组织为赔偿义务机关。

④受行政机关委托的组织或者个人在行使受委托的行政权力时侵犯公民、法人和其他组织的合法权益造成损害的，委托的行政机关为赔偿义务机关。

⑤赔偿义务机关被撤销的，继续行使其职权的行政机关为赔偿义务机关，没有继续行使其职权的行政机关的，撤销该赔偿义务机关的行政机关为赔偿

义务机关。

⑥经复议机关复议的，最初造成侵权行为的行政机关为赔偿义务机关，但复议机关的复议决定加重损害的，复议机关对加重的部分履行赔偿义务。

5．行政赔偿程序

（1）请求赔偿的方式。赔偿请求人要求赔偿应当先向赔偿义务机关提出，也可在申请行政复议或提起行政诉讼时一并提出。

（2）涉及共同侵权的赔偿。赔偿请求人可以向共同赔偿义务机关中的任何一个赔偿义务机关要求赔偿，该赔偿义务机关应当先予赔偿。

（3）赔偿请求。要求赔偿应当递交申请书。赔偿请求人书写申请书确有困难的，可以委托他人代书；也可以口头申请，由赔偿义务机关记入笔录。赔偿请求人根据受到的不同损害，可以同时提出数项赔偿要求。

（4）法定期限。赔偿义务机关应当自收到申请之日起2个月内依照《国家赔偿法》的相关规定给予赔偿；逾期不予赔偿或者赔偿请求人对赔偿数额有异议的，赔偿请求人可以自期间届满之日起3个月内向人民法院提起诉讼。

（5）追偿制度。赔偿义务机关赔偿损失后，应当责令有故意或者重大过失的工作人员或者受委托的组织或者个人承担部分或者全部赔偿费用。对有故意或者重大过失的责任人员，有关机关应当依法给予行政处分；构成犯罪的，应当依法追究刑事责任。

6．行政赔偿方式与计算标准

（1）行政赔偿方式

《国家赔偿法》第二十五条规定：国家赔偿以支付赔偿金为主要方式。能够返还财产或者恢复原状的，予以返还财产或者恢复原状。由此可以看出我国行政赔偿的方式包括金钱赔偿、返还财产和恢复原状三种方式。

（2）行政赔偿计算标准

①侵犯公民人身自由的赔偿计算标准：侵犯公民人身自由的，每日的赔偿金按照国家上年度职工日平均工资计算。

②侵犯公民生命健康权的赔偿计算标准：造成身体伤害的，应当支付医疗费以及赔偿因误工减少的收入，减少的收入每日的赔偿金按照国家上年度职工日平均工资计算，最高额为国家上年度职工年平均工资的5倍；造成部分或者全部丧失劳动能力的，应当支付医疗费以及残疾赔偿金，残疾赔偿金根据丧失劳动能力的程度确定，部分丧失劳动能力的最高额为国家上年度职工年平均工资的10倍，全部丧失劳动能力的按国家上年度职工年平均工资的20倍，造成全部丧失劳动能力的，对其抚养的无劳动能力的人，还应当支付生活费；造成

死亡的，应当支付死亡赔偿金、丧葬费，总额为国家上年度职工年平均工资的20倍。对死者生前抚养的无劳动能力的人，还应当支付生活费。

③侵犯财产权的赔偿计算标准：处罚款、罚金、追缴、没收财产或者违反国家规定征收财物、摊派费用的，返还财产；查封、扣押、冻结财产的，解除对财产的查封、扣押、冻结，造成财产损坏或者灭失的，依照规定赔偿。

（3）赔偿费用

行政赔偿费用，列入各级财政预算。由赔偿义务机关先从本单位预算经费和留归本单位使用的资金中支付，支付后再向同级财政机关申请核拨。赔偿请求人要求国家赔偿的，赔偿义务机关不得向赔偿请求人收取任何费用。对赔偿请求人取得的赔偿金国家不予征税。

第八篇　劳动法基础知识

劳动法概述

1．劳动法的概念及适用范围

（1）劳动法的概念

劳动法是调整劳动关系及其与劳动关系密切联系的其他社会关系的法律规范的总称。

广义的劳动法包括劳动法律、劳动行政法规、劳动行政规章、地方劳动法规和规章以及具有劳动法律效力的其他规范性文件，关于劳动法的司法解释等。狭义的劳动法仅指《中华人民共和国劳动法》（以下简称《劳动法》）。

自中华人民共和国成立以来，我国宪法中就有关于劳动制度和劳动关系的内容，还颁布了大批单行的劳动法法规和规章。从 1978 年起，国家劳动总局会同全国总工会等有关部门联手起草全面规范我国劳动关系的劳动法。1994 年第八届全国人民代表大会常委会第八次会议通过了《劳动法》，并于 1995 年 1 月 1 日起施行。该法是中华人民共和国成立以来第一部全面规范劳动关系的劳动法律，它的颁布打破了所有制界限，建立了公平的市场竞争规则。《劳动法》规定，只要是通过劳动合同与用人单位建立劳动关系的，都由劳动法统一调整，劳动关系的主体一律平等适用劳动法。这就消除了歧视，保证劳动者竞争机会均等，保护了劳动力在劳务市场中通畅、有效运行。

（2）劳动法的适用范围

《劳动法》第二条明确规定了我国劳动法的适用范围，即在中华人民共和国境内的企业、个体经济组织（以下统称用人单位）和与之形成劳动关系的劳动者；国家机关、事业组织、社会团体和与之建立劳动合同关系的劳动者。

2．劳动法的基本原则

（1）公民享有劳动的权利、履行劳动义务的原则。

（2）劳动者民主管理原则。劳动者依照法律规定，通过职工大会、职工代表大会或者其他形式，参与民主管理或者就保护劳动者合法权益与用人单位进行平等协商。

（3）促进就业原则。国家通过促进经济和社会发展，创造就业条件；扩大就业机会。国家鼓励企业、事业组织、社会团体在法律、行政法规规定的范围内兴办产业或者拓展经营，增加就业，国家支持劳动者自愿组织起来就业和从事个体经营实现就业。

（4）男女平等原则。妇女享有与男子平等的就业权利，在录用职工时，除国家规定的不适合妇女的工种或者岗位外，不得以性别为由拒绝录用妇女或者提高对妇女的录用标准。

（5）按劳分配原则。国家实行按劳分配制度，劳动法也遵循按劳分配的原则。

劳动者的劳动权利和义务

1. 劳动者的主要劳动权利

（1）劳动者享有平等就业和选择职业的权利。劳动者就业，不因民族、种族、性别、宗教信仰不同而受歧视。

（2）取得劳动报酬的权利。有下列情形之一的，用人单位应当按照下列标准支付高于劳动者正常工作时间工资的工资报酬：①安排劳动者延长工作时间的，支付不低于工资的百分之一百五十的工资报酬；②休息日安排劳动者工作又不能安排补休的，支付不低于工资的百分之二百的工资报酬；③法定休假日安排劳动者工作的，支付不低于工资的百分之三百的工资报酬。

国家实行带薪年休假制度。劳动者连续工作一年以上的，享受带薪年休假。

（3）休息休假的权利。国家实行劳动者每日工作时间不超过八小时，平均每周工作时间不超过四十四小时的工时制度。用人单位应当保证劳动者每周至少休息一日。用人单位在下列节日期间应当依法安排劳动者休假：①元旦；②春节；③国际劳动节；④国庆节；⑤法律法规规定的其他休假节日。

用人单位由于生产经营需要，经与工会和劳动者协商后可以延长工作时间，一般每日不得超过一小时；因特殊原因需要延长工作时间的，在保障劳动者身体健康的条件下，延长工作时间每日不得超过3小时，但是每月不得超过36小时。

（4）获得劳动安全卫生保护的权利。

（5）接受职业技能培训的权利。

（6）享受社会保险和福利的权利。

（7）提请劳动争议处理的权利。

（8）法律规定的其他劳动权利。

2. 劳动者的主要劳动义务

（1）劳动者有完成劳动任务的义务。

（2）遵守劳动纪律和职业道德的义务。

（3）执行劳动安全、劳动卫生规程的义务。

（4）法律法规规定的其他义务，如履行劳动合同的义务、保守用人单位商业秘密的义务等。

劳动合同

1. 劳动合同的概念和效力

（1）概念：劳动合同是劳动者与用人单位确立劳动关系、明确双方权利和义务的协议。

（2）合同生效：依法订立的劳动合同自签订之日起生效。如果法律规定或合同约定鉴证或公证生效的，自鉴证或公证之日起生效。

（3）无效的劳动合同：

《劳动法》第十八条规定劳动合同无效的两种情况：一是违反法律、行政法规的劳动合同；二是采取欺诈、威胁等手段订立的劳动合同。无效合同又分为全部无效和部分无效。无效的劳动合同，从订立的时候起就没有法律约束力。确认劳动合同部分无效的，如果不影响其余的效力，其余部分仍然有效。此外，劳动合同还可能由于主体不合法、缺少必备条款、形式不合法和订立程序不完备等因素而无效。根据《劳动法》第十八条规定，劳动合同无效，只能由劳动争议仲裁委员会或者人民法院确认。

无效劳动合同应该采取以下办法处理：一是停止履行，劳动合同一经确认无效，即应立刻停止履行；二是赔偿损失，根据《劳动法》第九十七条的规定，由于用人单位的原因订立的无效劳动合同，对劳动者造成损害的，用人单位应承担赔偿责任；三是停业整顿、吊销营业执照或罚款，这是部分用人单位订立违法的劳动合同应当承担的行政责任；四是刑罚，订立无效劳动合同中有犯罪行为的，由司法机关追究刑事责任。

2. 劳动合同的订立

（1）订立劳动合同的原则是：应当遵守平等自愿、协商一致的原则，并且不得违反法律、行政法规的规定。

（2）劳动合同应当以书面形式订立，并具备以下条款：

①劳动合同期限；

②工作内容；

③劳动保护和劳动条件；

④劳动报酬；

⑤劳动纪律；

⑥劳动合同终止的条件；

⑦违反劳动合同的责任。

劳动合同除以上规定的必备条款外，当事人可以协商约定其他内容。

（3）劳动合同的期限

劳动合同的期限分为有固定期限、无固定期限和以完成一定的工作为期限。劳动者在同一用人单位连续工作满十年以上，当事人双方同意续延劳动合同的，如果劳动者提出订立无固定期限的劳动合同，应当订立无固定期限的劳动合同。劳动合同可以约定试用期，试用期最长不得超过 6 个月，劳动合同当事人可以在劳动合同中约定保守用人单位商业秘密的有关事项。

（4）劳动合同的解除

劳动合同期满或者当事人约定的劳动合同终止条件出现，劳动合同即行终止。经劳动合同当事人协商一致，劳动合同可以解除。但用人单位应当依照国家有关规定给予经济补偿。

①用人单位解除劳动合同的情形

劳动者有下列情形之一的，用人单位可以解除劳动合同：

A. 在试用期间被证明不符合录用条件的；

B. 严重违反劳动纪律或者用人单位规章制度的；

C. 严重失职，营私舞弊，对用人单位利益造成重大损害的；

D. 被依法追究刑事责任的。

有下列情形之一的，用人单位可以解除劳动合同，但是应当提前 30 日以书面形式通知劳动者本人，并应依照国家有关规定给予经济补偿：

A. 劳动者患病或者非因工负伤，医疗期满后，不能从事原工作也不能从事由用人单位另行安排的工作的；

B. 劳动者不能胜任工作，经过培训或者调整工作岗位，仍不能胜任工作的；

C. 劳动合同订立时所依据的客观情况发生重大变化，致使原劳动合同无法履行，经当事人协商不能就变更劳动合同达成协议的。

用人单位濒临破产进行法定整顿期间或者生产经营状况发生严重困难，确需裁减人员应当提前30日向工会或者全体职工说明情况，听取工会或者职工的意见，经向劳动行政部门报告后，可以裁减人员，但应当依照国家有关规定给予经济补偿，如在6个月内录用人员的，应当优先录用被裁减的人员。

劳动者如有患职业病或者因工负伤并被确认丧失或者部分丧失劳动能力的；或患病或者受伤，在规定的医疗期内的，或女职工在孕期、产期、哺乳期内的以及法律、行政法规规定的其他情形，用人单位不得解除劳动合同。

②劳动者解除劳动合同的情形

劳动者解除劳动合同，应当提前30日以书面形式通知用人单位。有下列情形之一的，劳动者可以随时通知用人单位解除劳动合同：在试用期内的；用人单位以暴力、威胁或者非法限制人身自由的手段强迫劳动的；用人单位未按照劳动合同约定支付劳动报酬或者提供劳动条件的。

需要引起重视的是，无论是用人单位还是劳动者，一方面有遵守劳动法律法规和规章的义务，违反者要承担相应的民事、行政责任甚至刑事责任；同时也有义务履行合法有效的劳动合同。许多劳动合同都规定了违约条款，违约方要按照合同约定承担违约责任。

（5）集体合同

企业职工一方与企业可以就劳动报酬、工作时间、休息休假、劳动安全卫生、保险福利事项签订集体合同、集体合同草案应当提交职工代表大会或者全体职工讨论通过。集体合同由工会代表职工与企业签订；没有建立工会的企业，由职工推举的代表与企业签订。集体合同签订后应当报送劳动行政部门；劳动行政部门自收到集体合同文本之日起15日内未提异议的，集体合同即行生效。依法签订的集体合同对企业和企业全体职工具有约束力。职工个人与企业订立的劳动合同中，劳动条件和劳动报酬等标准不得低于集体合同的规定。

现实的劳动关系中，经常发生没有签订劳动合同，但劳动者在事实上为用人单位提供有偿劳动的情况。这种情况被称为“事实劳动关系”。《劳动法》第九十八条规定：用人单位违反本法规定的条件解除劳动合同或者故意拖延不订立劳动合同的，由劳动行政部门责令改正；对劳动者造成损害的，应当承担赔偿责任。可见法律对于事实劳动关系也是予以保护的。但是，一旦发生劳动争议，没有劳动合同就会增加解决的难度，拖延解决的时间，给解决争议带来一定的障碍。

劳动保护和社会保险

1．劳动保护

（1）劳动安全卫生制度

按照《劳动法》的规定，用人单位必须建立健全劳动安全卫生制度，严格执行国家劳动安全卫生规程和标准。对劳动者进行劳动安全卫生教育，防止劳动过程中的事故，减少职业危害。劳动安全卫生必须符合国家规定的标准、用人单位必须为劳动者提供符合国家规定的劳动安全卫生条件和必要的劳动防护用品，从事有职业危害作业的劳动者应当定期进行健康检查。从事特种作业的劳动者必须经过专门培训并取得特种作业资格方能上岗。

（2）对女职工和未成年工的特殊保护制度

国家对女职工和未成年工实行特殊劳动保护。未成年工是指年满 16 周岁未满 18 周岁的劳动者。国家对女职工和未成年工的特殊保护表现在：劳动法规定禁止安排女职工从事矿山井下、国家规定的第四级体力劳动强度的劳动和其他禁忌从事的劳动。不得安排女职工在经期从事高处、低温、冷水作业和国家规定的第三级体力劳动强度的劳动；不得安排女职工在怀孕期间从事国家规定的第三级体力劳动强度的劳动和孕期禁忌从事的劳动；对怀孕 7 个月以上的女职工，不得安排其延长工作时间和夜班劳动。

《劳动法》规定女职工生育享受不少于 90 天的产假；不得安排女职工在哺乳未满一周岁的婴儿期间从事国家规定的第三级体力劳动强度的劳动和哺乳期禁忌从事的其他劳动，不得安排其延长工作时间和夜班劳动。

《劳动法》规定不得安排未成年工从事矿山井下、有毒有害、国家规定的第四级体力劳动强度的劳动和其他禁忌从事的劳动；用人单位应当对未成年工定期进行健康检查。

2．社会保险

社会保险是劳动者因为各种原因暂时或永久丧失劳动能力、不能劳动，或者一时找不到工作，失去生活来源，而从国家和社会获得物质帮助的一种社会保障制度。国家发展社会保障事业，建立社会保险制度，设立社会保险基金，使劳动者在年老、患病、工伤、失业等情况下获得帮助和补偿。

依照《劳动法》第七十三条规定，劳动者在下列情形下，依法享受社会保险待遇：（1）退休；（2）患病、负伤；（3）因工伤残或者患职业病；（4）失业；（5）生育。

劳动者死亡后，其遗属依法享受遗属津贴。劳动者享受社会保险待遇的条件和标准由法律法规规定。劳动者享受的社会保险金必须按时足额支付。

社会保险主要包括：养老保险、工伤保险、失业保险、医疗保险和生育保险。

（1）养老保险，是指国家和社会根据法律和法规，为解决劳动者在达到国家规定的解除劳动义务的劳动年龄界限，或因年老丧失劳动能力退出劳动岗位后的基本生活而建立的一种社会保险制度。

（2）工伤保险，是指国家和社会为在生产、工作中遭受事故伤害和患职业性疾病的劳动者及亲属提供医疗救治、生活保障、经济补偿、医疗和职业康复等物质帮助的一种保障制度。为了使劳动者切实享受到工伤保险待遇，劳动部曾于1996年8月12日公布了《企业职工工伤保险试行办法》。2003年4月27日国务院发布了《工伤保险条例》，这是现阶段实施工伤保险制度的行政法规，也是落实工伤待遇的主要依据。

（3）失业保险，是指国家通过立法强制实行的由社会集中建立基金，对因失业而暂时中断生活来源的劳动者提供物质帮助的制度。它主要是为了保障有工资收入的劳动者失业后的基本生活而建立的。

（4）医疗保险，是指为补偿劳动者因疾病风险造成的经济损失而建立的一项社会保险制度。通过用人单位和个人缴费，建立医疗保险基金，参保人员患病就诊发生医疗费由医疗保险机构给予一定的经济补偿。医疗保险具有风险共担和补偿损失两大主要功能。

（5）生育保险，是指国家通过立法，对怀孕、分娩女职工给予生活保障和物质帮助的一项社会政策。其宗旨在于通过向职业妇女提供生育津贴、医疗服务和产假，帮助她们恢复劳动能力，重返工作岗位。

社会保险基金按照保险类型确定资金来源，逐步实行社会统筹。用人单位和劳动者必须依法参加社会保险，缴纳社会保险费。国家鼓励用人单位根据本单位实际情况为劳动者建立补充保险。国家提倡劳动者个人进行储蓄性保险。

劳动争议

劳动争议，是指劳动关系当事人之间因劳动权利和义务而发生的争议，劳动争议的起因不同，可将劳动争议分为：

（1）因企业开除、除名、辞退职工和职工辞职、自动离职发生的争议；

（2）因执行国家有关工资、保险、福利培训、劳动保护的规定发生的争议；

（3）因履行劳动合同发生的争议；

（4）法律法规规定的其他劳动争议。

劳动争议的解决途径

用人单位与劳动者发生劳动争议，当事人可以依法申请调解、仲裁、提起诉讼，也可以协商解决。调解原则适用于仲裁和诉讼程序。

劳动争议发生后，当事人可以向本单位劳动争议调解委员会申请调解；调解不成，当事一方要求仲裁的，可以向劳动争议仲裁委员会申请仲裁。当事人一方也可以直接向劳动争议仲裁委员会申请仲裁。对仲裁裁决不服的，可以向人民法院提起诉讼。有关劳动争议仲裁的知识，我们在第九章仲裁法律制度中介绍。

第九篇　诉讼法基础知识

诉讼是国家公权力介入解决社会矛盾和冲突，维护当事人合法权益的制度。诉讼法是程序法，是国家司法机关和当事人以及其他诉讼参与人进行诉讼活动所必须遵循的法律规范，是我国法律体系的重要组成部分，是基本法律制度之一。我国现行的诉讼法律制度有民事诉讼、刑事诉讼和行政诉讼三大诉讼法律制度，三大诉讼制度的实施和不断完善，对于维护社会主义社会制度，维护国家、集体利益，维护人民生命财产安全，维护社会稳定，促进经济和社会各项事业的发展起到了十分重要的作用。本章将三大诉讼制度的基本理论和共性知识放在第一节概述中介绍，对于三大诉讼的特点分节介绍。通过本篇的学习，使学生了解诉讼制度的基本理论和基础知识，了解诉讼程序及诉讼当事人的权利与义务，能够通过诉讼解决简单的争议。

诉讼法的概念和种类

1．诉讼和诉讼法的概念

诉讼，是国家司法机关和诉讼参加人及其他诉讼参与人为解决争议依法进行的活动。根据争议的性质，诉讼可分为刑事诉讼、民事诉讼和行政诉讼3种。

诉讼法又称程序法，相对实体法而言，是指国家司法机关在当事人和其他诉讼参与人的参加下，按照法定程序审理案件和解决纠纷进行诉讼活动的程序制度的法律规范的总称。实体法是程序法的前提，程序法保障实体法的正确实施。二者是内容与形式的关系，相辅相成，缺一不可。如果没有程序法的保障作用，实体法就得不到正确的贯彻落实。

2．诉讼法的种类

我国现行的诉讼法有民事诉讼法、刑事诉讼法和行政诉讼法3种。

我国主要有3部诉讼法典，即1991年4月9日七届全国人民代表大会四次会议通过并实施的《中华人民共和国民事诉讼法》（以下简称《民事诉讼法》）；1979年7月1日，由五届全国人民代表大会二次会议通过，1980年1

月1日起施行，1996年3月17日八届全国人民代表大会四次会议修正的《中华人民共和国刑事诉讼法》（以下简称《刑事诉讼法》）；1989年4月4日七届全国人民代表大会二次会议通过，1990年10月1日起实施的《中华人民共和国行政诉讼法》（以下简称《行政诉讼法》）。

诉讼法的原则

1．共有原则

共有原则，是指适用于民事、刑事和行政诉讼的基本原则。我国诉讼法的共有原则主要有：

（1）司法机关依法独立行使职权原则。这一原则的含义是：国家司法权由司法机关统一行使，其他任何机关、团体和个人都无权行使这一权力；司法机关依法行使职权，不受行政机关、社会团体和个人的干涉；独立行使职权必须依照法律的规定进行。

（2）以事实为根据，以法律为准绳原则。以事实为根据，指司法机关进行诉讼活动，必须查明案件的真实情况。以查证属实的案件事实作为处理案件的基础。以法律为准绳，是指司法机关在查明案件事实的基础上，要以法律来判断是非曲直，以法律作为处理案件的唯一标准。

（3）公民在适用法律上一律平等原则。这一原则指司法机关在法律的适用和执行上对公民一律平等，当事人的诉讼权利和诉讼地位平等，不允许有任何特权。

（4）使用本民族语言文字进行诉讼原则。各民族公民都有使用本民族语言文字进行诉讼的权利；在少数民族聚居或者多民族杂居的地区，审理案件应当用当地民族通用的语言进行诉讼，法律文书应当根据实际需要使用当地民族通用的文字；如果诉讼参与人不通晓当地民族通用的语言文字，司法机关应当为他们提供翻译。

（5）人民检察院对诉讼实行法律监督的原则。人民检察院是我国的法律监督机关，它有权对民事诉讼和行政诉讼实行法律监督，对于刑事诉讼中公安机关的侦查活动和人民法院的审判活动及其判决，裁定的执行活动是否合法，实行法律监督。

（6）两审终审制原则。这一原则是指一个案件经过两级人民法院审理即告终结的制度。即当事人不服一审人民法院的判决或裁定，可以向上一级人民法院提出上诉，第二审人民法院做出的判决或裁定，是终审的判决或裁定，立即发生法律效力，交付执行。

（7）公开审判原则。人民法院审理案件，除法律另有规定的以外，一律公开进行，允许公民到法庭旁听，允许新闻记者采访、报道，对依法不公开审理的案件，宣告判决一律公开进行。

（8）回避原则。回避原则是指为了保证案件的公正裁判，与案件或案件当事人有利害关系的审判人员、检察人员、侦查人员以及书记员、翻译人员、鉴定人员不得参加该案的诉讼活动。

（9）合议原则。合议原则是指人民法院审理案件除法律规定由审判员一人独任审判以外，其他案件须由 3 名以上审判人员组成合议庭对案件进行审理。

2．特有原则

特有原则，是指仅适用于某种诉讼的基本原则。我国三部诉讼法分别规定了一些只适用于该种诉讼的特有原则。

诉讼证据

1．诉讼证据的概念和基本特征

诉讼证据是指在诉讼中能够证明案件真实情况的一切客观事实。证据有 3 个基本特征：

（1）客观性，即证据必须是客观存在的事实，任何主观臆断和虚假材料均不能作为诉讼证据。

（2）合法性，即证据必须符合法律要求的形式，由当事人提供或法定人员按照法定程序收集，经过法庭查证属实，方可作为证据使用。不符合法定形式要求、违反法定程序的材料，不能作为诉讼证据。

（3）关联性，即证据必须与特定的案件有内在的必然的联系，与该案件没有关联的事实不能作为诉讼证据。

2．诉讼证据的种类

我国诉讼法依据证据的表现形式对证据进行了如下分类：

民事诉讼证据分为：书证；物证；视听资料；证人证言；当事人的陈述；鉴定结论；勘验笔录。共 7 种。

行政诉讼证据分为：书证；物证；视听资料；证人证言；当事人陈述；

鉴定结论；勘验笔录和现场笔录。共 7 种。行政诉讼证据与民事诉讼证据基本相同，只增加了现场笔录与勘验笔录并列为第 7 种证据。

刑事诉讼证据分为：物证；书证；证人证言；被害人陈述；犯罪嫌疑人、被告人供述和辩解；鉴定结论；勘验、检查笔录；视听资料。共 8 种。

以下几种证据是 3 种诉讼法所共有的。

（1）物证

物证是指能够证明案件真实情况的物品与痕迹，它的特点是以供外部特征和所处的位置反映特定的案件事实。对查明案件事实有意义的一切物品和痕迹都是物。如刑事诉讼中的作案工具、赃款赃物、指纹、脚印，犯罪行为侵犯的对象、犯罪行为产生的物品，以及其他可能揭露犯罪和查获犯罪嫌疑人的实物和痕迹。

（2）书证

书证是指能证明案件真实情况的书面材料，包括文字、图画和符号。书证以其记载的内容证明案件事实。凡是对证明案件事实有意义的，具有一定思想内容的书面材料都是书证。如合同文本、各种信函、电报、传真、图纸、图表、文件等。书证是诉讼中运用得最为广泛的一种证据。

（3）证人证言

证人是案件当事人以外直接或间接了解案件情况，依法可以出庭作证的人。证言是证人陈述的内容，凡是知道案件的人都有法律义务为该案作证，但法律规定不能正确表达意思的人除外。证人包括两类：一类是单位证人；另一类是作为自然人的证人。单位作为证人要出庭作证时，应当由单位的法定代表人、负责人或经其授权的人代表单位作证。证言一般由证人出庭口头陈述，但若有不能出庭的正当理由，可以提供书面证言。书面证言应由证人签名和盖章。

（4）鉴定结论

鉴定结论是指鉴定人运用自己的专门知识，根据所提供的案件材料，对案件的专门性问题进行鉴别、分析后做出的结论。对待证事实是否属于专门性问题，是否有必要鉴定，应交哪一鉴定部门鉴定，应由人民法院做出决定。鉴定部门及其指定的鉴定人有权了解鉴定所需要的材料，在必要时有权询问当事人、证人；在完成鉴定工作后，应当提出书面鉴定结论，并在鉴定书上签名、盖章。在法庭对鉴定结论进行审查时，鉴定人应按法庭通知陈述鉴定的有关情况，并如实回答当事人、审判人员对鉴定结论提出的询问。诉讼中常见的鉴定包括：法医学鉴定、司法精神病学鉴定、化学鉴定、会计鉴定、痕迹鉴定等。

（5）视听资料

视听资料是指利用录音、录像等技术手段反映的声音、图像及电子计算机存储的数据等证明案件事实的证据。视听资料作为一种新的证据，是现代科技发展的结果，随着电子产品日益普及化，在诉讼中人们也越来越多地使用视听资料。常见的视听资料如录像带、录音带、胶卷，存储于软盘、光盘、电脑硬盘中的数据等。

民事诉讼法

民事诉讼是指人民法院在当事人及其他诉讼参与人的参加下，依照法定程序，根据民事法律审理和解决民事争议案件的活动。

民事诉讼法，是规定人民法院在当事人及其他诉讼参与人的参加下，审理民事案件，解决民事争议所应遵循的原则、制度和程序以及在这一系列诉讼活动中所发生的各种社会关系的法律规范的总称。广义的民事诉讼法是指一切有关民事诉讼的法律规范。狭义的民事诉讼法仅指民事诉讼法法典。民事诉讼法除具有诉讼法共有的原则外，还具有自己的特有原则：自愿和合法进行调解原则；处分原则；社会支持起诉原则。

民事诉讼中的管辖

民事诉讼中的管辖，是指确定上下级人民法院之间和同级人民法院之间受理第一审民事案件的分工和权限。

我国民事诉讼法关于管辖的种类分为级别管辖、地域管辖、移送管辖和指定管辖。

1．级别管辖

级别管辖，是指人民法院组织系统内，根据案件的性质、繁简程度、影响的范围，划分上下级人民法院之间受理第一审民事案件的分工和权限。

根据《民事诉讼法》第十八条至第二十一条的规定，我国各级人民法院管辖第一审民事案件的具体分工为：

（1）基层人民法院管辖的第一审民事案件。除法律规定由中级人民法院、高级人民法院和最高人民法院管辖的第一审民事案件外，其余的第一审民事案件都由基层人民法院管辖。

（2）中级人民法院管辖的第一审民事案件有：重大的涉外案件；在本辖区有重大影响的案件；最高人民法院确定由中级人民法院管辖的案件。

（3）高级人民法院管辖的第一审民事案件为在本辖区有重大影响的第一审民事案件。

（4）最高人民法院管辖的第一审民事案件有两类：在全国有重大影响的案件；认为应当由本院审理的案件。

2．地域管辖

地域管辖，是指确定同级的不同区域的人民法院受理第一审民事案件的分工和权限。地域管辖包括一般地域管辖、特殊地域管辖、专属管辖、协议管辖、共同管辖和选择管辖5种。

（1）一般地域管辖指民事诉讼一般由被告住所地人民法院管辖，被告住所地与经常居住地不一致的，由经常居住地人民法院管辖。一般地域管辖适用原告就被告的原则，但以下情况由原告所在地人民法院管辖：对不在中华人民共和国领域内居住的人提起的有关身份关系的诉讼；对下落不明或者宣告失踪的人提起的有关身份关系的诉讼；对被劳动教养的人提起的诉讼；对被监禁的人提起的诉讼。以上诉讼住所地与经常居住地不一样的，由其经常居住地的人民法院管辖。

（2）特殊地域管辖指以诉讼标的所在地、被告住所地与法院辖区之间的关系所确定的管辖。我国《民事诉讼法》根据案件的特殊性，采取列举的方式，规定了9种案件适用特殊地域管辖。如因合同纠纷提起的诉讼，由被告住所地或者合同履行地人民法院管辖，等等。

（3）专属管辖指法律规定某些诉讼标的特殊的案件由特定的人民法院管辖。专属管辖具有强制性和排他性，即属于专属管辖的案件，只能由享有专属管辖权的法院管辖，其他法院无权管辖，法律也不准当事人以协议变更专属管辖。如因不动产纠纷提起的诉讼，由不动产所在地人民法院管辖；因继承遗产纠纷提起的诉讼，由被继承人死亡时住所地或者主要遗产所在地的人民法院管辖。

（4）协议管辖又称约定管辖，是指当事人在纠纷发生前或发生之后，达成书面协议确定管辖的法院。《民事诉讼法》第二十五条规定，合同的双方当事人可以在书面合同中选择被告住所地、合同履行地、合同签订地、原告住所地、标的物所在地人民法院管辖，但不得违反《民事诉讼法》关于级别管辖和专属管辖的规定。

（5）共同管辖和选择管辖。共同管辖，是指两个以上的人民法院对同一诉讼都有管辖权。选择管辖，是指对同一案件两个或两个以上的人民法院都有管辖权时，原告可以选择一个人民法院起诉。共同管辖和选择管辖，实际上是一个问题的两个方面，是从不同角度来规定的。共同管辖是选择管辖的前提，选择管辖是对共同管辖的具体落实。

3. 移送管辖和指定管辖

（1）移送管辖指人民法院发现受理的案件不属于自己管辖时，应当移送有管辖权的人民法院。受移送的人民法院认为受移送的案件依照规定不属于自己管辖的，应当报请上级人民法院指定管辖。

（2）指定管辖指有管辖权的人民法院由于特殊原因，不能行使管辖权的，由上级人民法院指定管辖。人民法院之间因管辖权发生争议，由争议双方协商解决；协商解决不了的，报请它们的共同上级人民法院指定管辖。

民事诉讼参加人

民事诉讼参加人，是指参加民事诉讼的当事人和诉讼代理人。当事人包括原告、被告、共同诉讼人、诉讼代表人和第三人。诉讼参加人不同于诉讼参与人，诉讼参与人除诉讼参加人以外，还包括证人、鉴定人和翻译人员等。

1. 当事人的概念和分类

民事诉讼中的当事人，是指因民事上的权利、义务关系发生纠纷，以自己的名义进行诉讼，并受人民法院裁判拘束的利害关系人。当事人有广义和狭义之分，广义上的当事人包括原告、被告、共同诉讼人、诉讼代表人和第三人。狭义上的当事人仅指原告与被告。

（1）原告和被告。原告是因民事权益发生争议或受到侵害，向人民法院起诉要求保护其合法权益的人。被告是因民事权益发生争议或被指控侵害他人民事权益，而被人民法院通知应诉的人。原告和被告，既可以是公民，也可以是法人或者其他组织。

在民事诉讼中，原告有起诉权，并且可以放弃或变更诉讼请求和诉讼理由，被告可以承认和反驳原告的诉讼请求，有权提起反诉。双方当事人都有权委托诉讼代理人提供证据、申请回避、进行辩论、请求调解、提起上诉、申请执行等诉讼权利。同时，双方当事人必须依法行使诉讼权利，遵守诉讼秩序，履行发生法律效力的判决、裁定和调解书的诉讼义务。

（2）共同诉讼人。当事人一方或者双方为二人以上，其诉讼标的是共同的或者是同一种类的，人民法院认为可以合并审理并经当事人同意的诉讼。原告为二人以上的，为共同原告，被告为二人以上的为共同被告，共同诉讼的当事人统称为共同诉讼人。

（3）诉讼代表人指当事人为具有共同或同样法律利益，因人数众多，而由其中一人或数人作为代表进行诉讼，称为代表人诉讼。在代表人诉讼中，代表人数众多的一方当事人进行诉讼的人，便是诉讼代表人。

（4）第三人指对他人之间争议的诉讼标的具有独立请求权，或者虽无独立请求权，但案件的处理结果与其有法律上的利害关系，因而参加到他人之间已经开始的民事诉讼中去进行诉讼，以维护自己合法权益的人。第三人分为有独立请求权的第三人和无独立请求权的第三人。

2．诉讼代理人

诉讼代理人，是指以被代理人的名义，为了被代理人的利益，在法定的或者委托的权限范围内，进行诉讼活动的人。根据诉讼代理权发生的原因不同，可以将诉讼代理人分为法定代理人和委托代理人。

（1）法定代理人指根据法律规定直接行使诉讼代理权的人。《民事诉讼法》第五十七条规定，无诉讼行为能力人由他的监护人作为法定代理人代为诉讼。如未成年人以其父母为法定代理人，精神病人以其父母、配偶、成年子女为其法定代理人等。

（2）委托代理人指接受当事人、法定代理人、法定代表人的委托代为诉讼行为的人。律师、当事人的近亲属、有关社会团体或者所在单位推荐的人、经人民法院许可的其他公民，都可以被委托为诉讼代理人。委托他人代为诉讼，必须向人民法院提交由委托人签名或者盖章的授权委托书。授权委托书必须记明委托事项和权限。诉讼代理人代为承认、放弃、变更诉讼请求，进行和解，提起反诉或者上诉，必须有委托人的特别授权。

民事诉讼的举证责任

1．举证责任的概念

举证责任又称证明责任，是指民事诉讼当事人对自己提出的主张，加以证明的责任。

2. 举证责任的负担

《民事诉讼法》规定，当事人对自己提出的主张，有责任提供证据，这是举证责任的一般原则，简称谁主张谁举证。《民事诉讼法》及最高人民法院的有关司法解释具体规定了一些特殊的举证责任。

3. 证据的调查、收集、审查和判断

（1）证据的调查和收集，是指当事人及其诉讼代理人和人民法院的审判人员，根据法定程序，把有关证据予以提取或固定的行为。

（2）证据的审查，是指人民法院在诉讼参与人的参加下，对所取得的证据材料，予以核实、鉴别，辨明其真伪的诉讼活动。

（3）证据的判断，是指人民法院在审查证据的基础上，对证据进行综合分析，决定证据的取舍，并最终确定证据的证明力的诉讼活动。审查和判断证据必须依照法律的规定，坚持实事求是的原则，采取切实可行的科学的分析方法。

民事诉讼中的强制措施

民事诉讼中的强制措施，是指人民法院为了保证审判和执行活动的顺利进行，对有妨害民事诉讼行为的人，依法采取排除妨害行为的强制手段。

强制措施的种类及其适用程序

1. 拘传。指人民法院对必须到庭的被告，经两次传票传唤，无正当理由拒不到庭的，采取强制手段使其到庭的措施。

2. 训诫。指人民法院对妨害民事诉讼行为情节轻微的人，以批评、警告的方式，指出行为人违法的事实和错误，并且责令其不许再犯。

3. 责令退出法庭。指人民法院对违反法庭规则，妨害民事诉讼行为情节较轻的人，责令其退出法庭，以维持法庭的秩序，保证审判活动的正常进行。

4. 罚款。指人民法院强制妨害民事诉讼的行为人在一定期限内，缴纳一定数额货币的措施。对个人的罚款金额为人民币 1000 元以下，对单位的罚款金额为人民币 1000 元以上 3 万元以下。

5. 拘留。指人民法院对妨害民事诉讼行为情节严重的人，在一定期限内限制其人身自由的一种强制措施。拘留的期限为 15 日以下。

民事诉讼审判程序

民事诉讼的审判程序包括第一审普通程序、简易程序、第二审程序、特别程序、审判监督程序、督促程序、公示催告程序和企业法人破产还债程序。这里只介绍第一审程序和第二审程序。

1. 第一审普通程序

第一审普通程序，是指人民法院审理第一审民事案件通常所适用的程序。普通程序的内容有起诉和受理、审理前的准备、开庭审理、判决和裁定等方面的问题。

（1）起诉和受理

起诉是指公民、法人或其他组织认为自己的合法权益受到侵害，以自己的名义请求人民法院通过审判保护自己合法权益的行为。原告起诉必须具备4个条件：原告是与本案有直接利害关系的公民、法人和其他组织；有明确的被告；有具体的诉讼请求和事实、理由；属于人民法院受理民事诉讼的范围和受诉人民法院管辖。

受理是指人民法院经过对起诉的审查，认为符合法定条件，决定立案审理，从而引起诉讼程序开始的诉讼行为。人民法院收到起诉状或口头起诉后，经审查认为符合起诉条件的，应当在7日内立案，并通知当事人；认为不符合起诉条件的，应当在7日内裁定不予受理；原告对裁定不服的，可以提起上诉。

（2）审理前的准备

审理前的准备指人民法院受理起诉以后为开庭审理所做的准备工作。人民法院应当在立案之日起5日内将起诉状副本发送被告，被告在收到之日起15日内提出答辩状。被告提出答辩状的，人民法院应当在收到之日起5日内将答辩状副本发送原告。

（3）开庭审理

开庭审理指人民法院在法庭上依法对案件进行审理的诉讼活动。人民法院审理民事案件，除涉及国家秘密、个人隐私或者法律另有规定的以外，应当公开审理。离婚案件、涉及商业秘密的案件、当事人申请不公开审理的，可以不公开审理。开庭审理包括开庭前准备、法庭调查、法庭辩论、评议与宣判4个阶段。

（4）判决和裁定

人民法院审理民事案件，除用调解的方式结案外，还用判决和裁定结案。判决和裁定是人民法院针对不同的问题所制作的法律文书。判决是指人民法院对民事案件依法定程序审理后，对案件的实体问题依法做出的具有法律效力的结论性判定。裁定是指人民法院为保证审判工作的进行，就有关诉讼程序方面的问题所做的决定。

根据《民事诉讼法》的规定，第一审普通程序审理的案件，应从立案之日起6个月内审结，有特殊情况需要延长的，由本院院长批准，可以延长6个月，还需要延长的，报请上级人民法院批准。

2. 简易程序

简易程序是指基层人民法院和它派出的法庭审理简单的民事案件所适用的程序。所谓简单的民事案件是指事实清楚、权利与义务关系明确、争议不大的民事案件。

适用简易程序的简单民事案件，原告可以口头起诉。当事人双方可以同时到基层法院或者它的派出法庭请求解决纠纷，基层法院或者它的派出法庭可以当即审理，也可以另定日期审理，用简便方式传唤当事人、证人到庭，由审判员一人独任审判。

适用简易程序审理的案件，应当在立案之日起3个月内审结。

3. 第二审程序

第二审程序又称上诉审程序，是指当事人不服地方各级人民法院的第一审未生效的判决、裁定，向上一级人民法院提起上诉，上一级人民法院进行审理的程序。

当事人提起上诉的条件是：

（1）要有法定的上诉人和被上诉人。

（2）上诉对象必须是依法准予上诉的判决和裁定。

（3）当事人必须在法定的期限内提起上诉，对判决不服提起上诉的期限为15日，对裁定不服提起上诉的期限为10日。

（4）必须提交上诉状。

二审人民法院对上诉案件，经过审理，按照下列情形，分别处理：

（1）原判决认定事实清楚，适用法律正确的，判决驳回上诉，维持原判决；

（2）原判决适用法律错误的，依法改判；

（3）原判决认定事实错误，或者原判决认定事实不清、证据不足的，裁定撤销原判决，发回原审人民法院重审，或者查清事实后改判；

（4）原判决违反法定程序，可能影响案件正确判决的，裁定撤销原判决，发回原审人民法院重审。当事人对重审案件的判决、裁定可以上诉。

二审法院对判决、裁定的上诉条件，应当分别在立案之日起 3 个月内和 1 个月内审结。

刑事诉讼法

刑事诉讼法是指规定人民法院、人民检察院、公安机关处理刑事案件程序的法律规范。

刑事诉讼法的特有原则是：公、检、法三机关分工负责，互相配合、互相制约原则；被告人有权获得辩护原则；审理刑事案件实行专门机关与群众相结合的原则；保障刑事诉讼参与人依法享有诉讼权利的原则。

刑事诉讼中的管辖

刑事诉讼中的管辖，是指公安机关、人民检察院和人民法院在直接受理刑事案件上的权限划分以及人民法院系统内部在审理第一审刑事案件上的权限划分。

刑事诉讼中的管辖可分为职能管辖和审判管辖两大类。

1．职能管辖

职能管辖，又称立案管辖和部门管辖，是指人民法院、人民检察院和公安机关各自直接受理刑事案件的职权范围和权限划分。

（1）公安机关直接受理的案件。《刑事诉讼法》第十八条第一款规定，刑事案件的侦查由公安机关进行，法律另有规定的除外。这是指除由人民法院直接受理和人民检察院自行侦查的刑事案件外，刑事案件的侦查由公安机关进行。

（2）人民法院直接受理的案件。自诉案件由人民法院直接受理。所谓自诉案件，是指由被害人本人或者其近亲属向人民法院起诉的案件。自诉案件包括：告诉才处理的案件，具体指公然侮辱、诽谤案，暴力干涉婚姻自由案，虐待案及侵占他人财物案；被害人有证据证明的轻微刑事案件，具体指故意伤害（轻伤）案，重婚案，遗弃案，妨害通信自由案，非法侵入他人住宅案，生产、销售伪劣商品案；侵犯知识产权案，属于刑法规定对被告人可以判处3年有期徒刑以下刑罚的其他轻微刑事案件等；被害人有证据证明对被告人侵犯自己人身权利、财产权利的行为应当依法追究刑事责任，而公安机关或者人民检察院不予追究被告人刑事责任的案件。

（3）人民检察院直接受理的案件。贪污贿赂罪；国家工作人员的渎职犯罪；国家机关工作人员利用职权实施的侵犯公民人身权利和民主权利的犯罪；其他由人民检察院直接受理的案件。此类案件必须是国家机关工作人员利用职权实施的属于上述三类案件之外的其他案件且需要由人民检察院直接受理，并须经省级以上人民检察院决定方可由人民检察院直接受理。

（4）国家安全机关管辖危害国家安全案件。阴谋颠覆政府、分裂国家罪；间谍罪；窃取、刺探、收买、非法提供国家秘密罪；策动、勾引、收买国家工作人员叛变罪；进行其他危害国家安全的破坏活动的犯罪。

2. 审判管辖

审判管辖，是指各级人民法院之间、同级人民法院之间以及地方人民法院与专门人民法院之间、各专门人民法院之间在审判第一审刑事案件上的权限分工。审判管辖解决的是人民法院系统内部在受理案件方面的分工。

（1）级别管辖。级别管辖指各级人民法院之间在审判第一审刑事案件上的权限分工。

我国《刑事诉讼法》划分级别管辖的主要依据是：案件的性质、罪行的轻重程度和可能判处的刑罚；案件涉及面和社会影响的大小；各级人民法院在审判体系中的地位、职责和条件等。

①基层人民法院管辖第一审普通刑事案件，但是依照《刑事诉讼法》由上级人民法院管辖的除外。

②中级人民法院管辖危害国家安全案件，可能判处无期徒刑、死刑的普通刑事案件，外国人犯罪的刑事案件。

③高级人民法院管辖的第一审刑事案件是全省（自治区、直辖市）性的重大刑事案件。

④最高人民法院管辖的第一审刑事案件是全国性的重大刑事案件。

（2）地域管辖。地域管辖指同级人民法院之间，在审判第一审刑事案件上的权限划分。

《刑事诉讼法》规定，刑事案件由犯罪地的人民法院管辖。如果由被告人居住地的人民法院审判更为适宜的，可以由被告人居住地的人民法院管辖，如果几个同级人民法院都有权管辖的案件，由最初受理的人民法院审判，在必要的时候，可以移送主要犯罪地的人民法院审判。

（3）专门管辖。专门管辖指各种专门人民法院审判刑事案件的职权范围。我国的专门人民法院包括军事法院、铁路运输法院。在司法实践中，军事法院管辖的刑事案件，主要是现役军人和军内在编职工违反职责罪的犯罪案件。铁路运输法院管辖的主要是铁路运输系统公安机关负责侦破的刑事案件。

刑事诉讼参与人

刑事诉讼中的诉讼参与人，是指除侦查人员、检察人员、审判人员以外，参加刑事诉讼并在诉讼中享有一定权利、承担一定义务的人的统称。包括当事人和其他诉讼参与人两类。

1. 当事人

当事人是指与案件事实和诉讼结局有直接利害关系，为保护自身利益而参加诉讼的人，包括被害人、自诉人、犯罪嫌疑人、被告人、附带民事诉讼原告人和附带民事诉讼被告人。

（1）被害人。被害人是其合法权益遭受犯罪行为直接侵害的人。

（2）自诉人。自诉人是依照法律的规定直接向人民法院提起诉讼的人。

（3）犯罪嫌疑人、被告人。犯罪嫌疑人和被告人对因涉嫌犯罪而受到刑事追诉的人在不同的刑事诉讼程序中的两种不同的称谓。在公诉案件中，因涉嫌犯罪而受到刑事追诉的人在人民检察院向人民法院提起公诉以前，是犯罪嫌疑人，在人民检察院向人民法院提起公诉以后，是被告人。在自诉案件中，自诉案件一经人民法院受理，被自诉人起诉的人即成为被告人。

（4）附带民事诉讼的原告人。附带民事诉讼的原告人是指因被告人的犯罪行为遭受物质损失而提起赔偿请求的人。

（5）附带民事诉讼的被告人。附带民事诉讼的被告人是指在刑事诉讼中对犯罪行为所造成的物质损失负有赔偿责任的人。

2. 其他诉讼参与人

（1）法定代理人。法定代理人是由法律规定的对被代理人负有专门保护义务并代其进行诉讼的人。包括被代理人的父母、养父母、监护人和负有保护责任的机关、团体的代表。

（2）诉讼代理人。诉讼代理人是基于委托关系而代表被代理人参与刑事诉讼的人。

（3）辩护人。辩护人是在刑事诉讼中接受犯罪嫌疑人、被告人及其法定代理人的委托，或者接受人民法院的指定，为犯罪嫌疑人、被告人依法进行辩护，帮助其行使辩护权，以维护其合法权益的人。

（4）证人。证人是除当事人以外的了解案件情况并向公安机关、司法机关做出陈述的人。

（5）鉴定人。鉴定人是指接受公安机关、司法机关的指派或者聘请，运用自己的专门知识或者技能对刑事案件中的专门性问题进行分析、判断并提出书面鉴定意见的人。

（6）翻译人员。翻译人员是指接受公安机关、司法机关的指派或者聘请，为参与诉讼的外国人、少数民族人员、盲人、聋人、哑人等进行语言、文字翻译或者盲文、聋哑语翻译的人。

刑事诉讼中的特殊证据

刑事诉讼中特殊证据包括：

犯罪嫌疑人、被告人的供述和辩解，指犯罪嫌疑人、被告人就有关案件的情况向侦查、检察和审判人员所做的陈述。

勘验、检查笔录指侦查审判人员对与犯罪有关的场所、物品、尸体和人身进行勘验、检查所做的实况记录。

强制措施

强制措施是指公安机关、人民检察院和人民法院为保证刑事诉讼的顺利进行，依法对犯罪嫌疑人、被告人所采取的在一定期限内暂时限制或剥夺其人身自由的法定的强制方法。

强制措施的种类有：

1. 拘传，指人民法院、人民检察院和公安机关对未被羁押的犯罪嫌疑人、被告人经合法传唤却无正当理由拒不到案的，强制其到案接受讯问的一种强制措施。

2. 取保候审，指公安机关责令犯罪嫌疑人、被告人提出保证人或缴纳保证金，并出具保证书，保证其不逃避或不妨碍侦查、起诉和审判，并且随传随到候审不误的一种强制措施。

3. 监视居住，指人民法院、人民检察院、公安机关将犯罪嫌疑人、被告人限制在住所或指定区域，并对其行动自由进行监视的强制方法。

4. 拘留，指公安机关、人民检察院在侦查过程中，遇到紧急情况时，对于现行犯或者重大嫌疑分子所采取的临时限制其人身自由的强制方法。

5. 逮捕，指在一定时期内剥夺犯罪嫌疑人、被告人的人身自由并予以羁押的强制方法。

附带民事诉讼

附带民事诉讼是指司法机关在刑事诉讼过程中，在解决被告人刑事责任的同时，附带解决由遭受物质损失的被害人或者人民检察院所提出的由于被告人的犯罪行为所引起的物质损失而进行的诉讼。

刑事诉讼程序

1. 立案、侦查

立案是指公安机关、人民检察院、人民法院对报案、控告、举报和犯罪实施者的自首等材料，以及在自己工作中直接获得的案件材料，依照管辖范围进行审查，以判明是否有犯罪事实存在和应否追究刑事责任，并依法决定是否作为刑事案件进行侦查或审判的一种诉讼活动。

侦查是指公安机关、人民检察院在办理案件过程中，依照法律进行的专门调查工作和有关的强制性措施。

2. 提起公诉

提起公诉，指行使国家公诉权的检察机关，对公安机关侦查终结移送起诉的案件或者对自行侦查终结的案件，经过全面审查，确认侦查阶段所收集的证据已经确实、充分，犯罪嫌疑人的犯罪事实已经查清，依法应当追究刑事责任而代表国家提请人民法院审判的一项诉讼活动。

3. 审判

审判，指人民法院依法对刑事案件进行审理和判决的活动。

（1）审判组织，指人民法院审判案件的组织形式。根据《中华人民共和国刑事诉讼法》和《中华人民共和国人民法院组织法》（以下简称《人民法院组织法》）的规定，人民法院审判刑事案件的组织形式有 3 种，即独任制、合议制和审判委员会。

（2）审判程序，指人民法院审判案件的步骤和方式、方法的总和。我国《刑事诉讼法》规定了以下几种基本的审判程序。

①第一审程序。这是指人民法院根据审判管辖的规定，对人民检察院提起公诉和自诉人自诉的案件进行初次审判的程序。第一审程序可以分为公诉案件第一审程序和自诉案件第一审程序。而简易程序是简化的第一审程序，适用于基层人民法院审判、符合法定条件的公诉案件和自诉案件。其条件为：法定最高刑为3年以下有期徒刑、拘役、管制、单处罚金的案件；告诉才处理的案件；被害人自诉的轻微刑事案件。

②第二审程序。这是二审法院针对上诉人的上诉或人民检察院的抗诉，对第一审未生效的判决或裁定进行再次审理的诉讼程序。上诉人提出上诉和人民检察院提出抗诉都必须遵守一定的程序，包括上诉的期限（判决10日，裁定5日，均从接到判决和裁定书的第二天算起）、理由、方式（上诉可以用口头形式，也可以用书面形式，抗诉应当以书面形式）、程序等。

二审案件有两种审理方式：开庭审理和以阅卷与调查相结合的不开庭审理。对上诉、抗诉案件审理后应做如下处理：原判决认定事实和适用法律正确，量刑适当的，应当裁定驳回上诉或者抗诉，维持原判；原判决认定事实没有错误，但适用法律有错误或者量刑不当的应当改判；原判决事实不清楚或者证据不足的，可以在查清事实后改判，也可以裁定撤销原判，发回原审人民法院重新审判。第二审的判决、裁定和最高人民法院的判决、裁定，都是终审的判决裁定。

③死刑复核程序。死刑复核程序是指对死刑的判决和裁定进行复审核准的一种特殊程序。

《刑事诉讼法》规定，死刑立即执行案件由最高人民法院核准，死刑缓期两年执行案件由高级人民法院核准。但《人民法院组织法》又规定，对杀人、强奸、抢劫、爆炸以及其他严重危害公共安全和社会治安判处死刑的案件的核准权，最高人民法院在必要的时候，可授权省、自治区、直辖市的高级人民法院行使。

行政诉讼法

1．行政诉讼和行政诉讼法的概念

行政诉讼就是公民、法人或其他组织认为行政机关和行政机关工作人员的具体行政行为侵犯其合法权益，向人民法院提起诉讼，由人民法院依法做出裁判的制度。俗称“民告官的官司”。

行政诉讼法是调整人民法院、当事人、其他诉讼参与人以及法律监督机关进行行政诉讼活动及其在诉讼活动中的相互关系、作用的法律规范的总称。

2. 行政诉讼法的特有原则

行政诉讼法的特有原则是：对具体行政行为是否合法进行审查原则；行政机关负举证责任原则；行政诉讼期间行政决定不停止执行的原则；不适用调解的原则。

行政诉讼的受案范围和管辖

1. 行政诉讼的受案范围

（1）对拘留、罚款、吊销许可证和执照、责令停产停业、没收财物等行政处罚不服的行政案件。

（2）对限制人身自由或者对财产的查封、扣押、冻结等行政强制措施不服的行政案件。

（3）认为行政机关侵犯法律规定的经营自主权的行政案件。

（4）申请行政机关履行保护人身权、财产权的法定职责，行政机关拒绝履行或不予答复的行政案件。

（5）认为行政机关侵犯其他人身权、财产权的行政案件。

2. 行政诉讼不予受理的案件范围

（1）国防、外交等国家行为。

（2）行政法规、规章或者行政机关制定、发布的具有普遍约束力的决定、命令等抽象行政行为。

（3）行政机关对行政机关工作人员的奖惩、任免等行为。

（4）法律规定由行政机关最终裁决的具体行政行为。

3. 行政诉讼管辖

行政诉讼管辖是人民法院受理第一审行政案件的权限分工。

（1）级别管辖。级别管辖是不同级别人民法院之间审理第一审行政案件的权限分工。《行政诉讼法》对级别管辖做出以下规定：

①基层人民法院管辖第一审行政案件。

②中级人民法院管辖下列第一审行政案件：确认发明专利权的案件；海

关处理的案件；对国务院各部门或省、自治区、直辖市人民政府所做的具体行政行为提起诉讼的案件；本辖区内重大、复杂的案件。

③高级人民法院管辖本辖区内重大、复杂的第一审行政案件。

④最高人民法院管辖全国范围内重大、复杂的第一审行政案件。

（2）地域管辖。地域管辖是不同地区间的同级人民法院受理第一审行政案件的权限分工，可分为一般地域管辖、特殊地域管辖。

①一般地域管辖。未经复议的行政案件或虽经复议但复议机关未改变原具体行政行为的，由最初做出具体行政行为的行政机关所在地人民法院管辖。

②特殊地域管辖。经复议的行政诉讼的案件，复议机关改变原具体行政行为的，既可以由最初做出具体行政行为的行政机关所在地人民法院管辖，也可以由复议机关所在地人民法院管辖。对于限制人身自由的行政强制措施不服提起行政诉讼的，由被告所在地或者原告所在地人民法院管辖。对于因不动产提起的行政诉讼，由不动产所在地人民法院管辖。

行政诉讼参加人

行政诉讼参加人包括诉讼活动当事人和诉讼代理人。

1．诉讼活动当事人

诉讼活动当事人是指因对具体行政行为发生争议，向人民法院起诉、应诉和参加诉讼的自然人、法人或其他组织及行政机关，包括：原告、被告、第三人和共同诉讼人。

（1）原告。原告是依法向人民法院提起行政诉讼的自然人、法人或其他组织。行政诉讼的原告必须与行政机关的具体行政行为有直接利害关系。

（2）被告。被告是被原告起诉指控侵犯其合法权益，而由人民法院通知应诉的行政机关或组织。由于具体行政行为做出的组织不同且具体行政行为又有是否经过复议的区别，所以在行政诉讼中被告人的情况较复杂。我国《行政诉讼法》第二十五条规定：公民、法人或者其他组织直接向人民法院提起诉讼的，做出具体行政行为的行政机关是被告；经复议的案件，复议机关决定维持原具体行政行为的，做出原具体行政行为的行政机关是被告；复议机关改变原具体行政行为的，复议机关是被告；两个以上行政机关做出同一具体行政行为的，共同做出具体行政行为的行政机关是共同被告；由法律法规授权的组织所做的具体行政行为的该组织是被告；由行政机关委托的组织所做的具体行政行为的，委托的行政机关是被告；行政机关被撤销的，继续行使其职权的行政机关是被告。

（3）第三人。第三人是指同被提起诉讼的具体行政行为有利害关系，申请参加或由人民法院通知其参加诉讼的其他公民、法人或其他组织。在诉讼活动中第三人既不是原告也不是被告，是具有独立地位的诉讼参加人。

（4）共同诉讼人。共同诉讼是指当事人一方或者双方为二人以上，因同一具体行政行为发生的行政案件，或者因同样的具体行政行为发生的案件，人民法院认为可以合并审理的，为共同诉讼。共同诉讼案件的当事人为共同诉讼人。

2. 诉讼代理人

在行政诉讼中作为原告的主体必须有权利能力和行为能力，无行为能力人可由其法定代理人代为诉讼，法定代理人推诿的，可由人民法院指定其中一人代为诉讼。当事人、法定代理人可以委托一至二人代为诉讼，委托的代理人可以是律师、社会团体、提起诉讼的公民的近亲属或所在单位推荐的人以及经人民法院许可的其他公民。

行政诉讼中的举证责任

1. 行政诉讼中被告对自己做出的具体行政行为负有举证责任。

2. 在行政诉讼中被告及其代理人不得自行向原告和证人收集证据。

行政诉讼程序

1. 案件的起诉和受理

（1）起诉。在行政诉讼中，起诉是指公民、法人及其他组织因不服行政机关的具体行政行为，依法诉请人民法院，要求法院依法保护自己合法权益的诉讼行为。提起行政诉讼的条件：原告是认为具体行政行为侵犯其合法权益的公民、法人或其他组织；有明确的被告；有具体的诉讼请求和事实根据；属于人民法院受理行政诉讼的范围和受诉人民法院管辖。

（2）受理。受理是人民法院对公民、法人或其他组织的起诉进行审查，认为符合法律规定的起诉条件而决定立案审理的诉讼行为。

人民法院接到起诉状，经审查，应当在 7 日内立案或者做出裁定不予受理，原告对裁定不服的，可以提起上诉。

人民法院应当在立案之日起5日内，将起诉书副本发送被告。被告应在收到起诉状副本之日起10日内向人民法院提交做出具体行政行为的有关材料，并提出答辩状，人民法院应当在收到答辩状之日起5日内，将答辩状副本发送原告。

2. 审理程序

审理程序包括第一审程序、第二审程序、审判监督程序和执行程序。

第十篇　消费者权益保护法基础知识

消费者权利保护法概念

1. 消费者权利的概念和提出

消费者权利是指法律规定的，消费者在消费活动中所具有的权利。世界上最早明确提出消费者权利的是美国。1962 年 3 月 15 日美国总统向国会提出一份国情咨文，首先提出消费者的四项权利：一是获得商品的安全保障的权利；二是获得正确的商品信息资料的权利；三是对商品有自由选择的权利；四是有提出消费者意见的权利。这四项权利的提出引起了国际社会的重视，也为以后各国确定消费者的权利奠定了基础。世界各国广泛认同并在实践中加以发展，又相继增加了获得合理赔偿的权利，获得有益于健康的环境的权利和享受教育的权利，以作为上述消费者四项基本权利的补充。

2. 消费者权益保护法的概念

消费者权益保护法是国家调整消费者在购买、使用商品或接受服务时与经营者因消费者权益而发生的社会关系的法律规范的总称。《中华人民共和国消费者权益保护法》（以下简称《消费者权益保护法》）是 1993 年 10 月 31 日第八届全国人民代表大会常委会第四次会议通过的，是国家为保护消费者的合法权益，维护社会经济秩序，促进社会主义市场经济健康发展而制定的法律。

我国消费者的权利

我国《消费者权益保护法》借鉴国外消费者权益保护立法经验，根据我国国情，在该法第二章专门规定消费者的九项权利：

（1）安全权。安全权是指消费者在购买、使用商品和接受服务时，享有人身、财产安全不受损害的权利。安全权包括消费者人身安全权和消费者财产安全权两项内容。人身安全权仅是人的生命健康的安全，即消费者在购买、使用商品和接受服务时，享有保护身体各器官及其机能的完整以及生命不受危害的权利，而不包括其他人身安全，诸如姓名、名誉、荣誉、肖像等人身权的安全；财产安全权，是指消费者购买、使用的商品或接受的服务是安全的，不仅不会给商品或服务本身造成损害，而且不会对消费者的其他财产造成损害。

要确保消费者安全权的实现，这就要求商品或者服务在向消费者提供时，除符合上述要求外，还应达到一定的标准。在我国，依《中华人民共和国标准化法》将商品或服务的标准分为四级：国家标准、行业标准、地方标准、企业标准，其中国家标准和行业标准又分为强制性标准和推荐标准。关于保障消费者人身健康和财产安全的标准与法律法规强制规定执行的标准都是强制性标准。经营者必须严格遵守，消费者也有权进行监督。违反强制标准要承担法律责任，任何不符合国家强制性标准和强制性行业标准的产品不得生产，不得上市流通，消费者一经发现该种产品，有权拒绝购买，并可依法要求政府有关部门进行查处，因使用该种商品遭受损失有权提出索赔的要求。

（2）知情权。知情权是指消费者有知道和了解其购买、使用的商品或者接受的服务的真实情况的权利。由于科学技术的进步和生产力的发展，商品的种类、品种、品牌、性能、用途、用法日益复杂，由此带来了质量、价格等巨大差异，面对如此复杂的消费品市场，了解和掌握购买、使用的商品或接受的服务的真实情况，往往是消费者决定是否购买某种商品或接受某项服务的前提。

知情权主要有以下几层含义：一是消费者有权要求经营者标明商品或者服务的真实情况；二是消费者享有询问和了解商品或服务具体情况的权利。包括关于商品或者服务的基本情况，有关技术状况的表示，包括商品用途、性能、规格、等级、所含成分、有效期限、使用说明书、检验合格证等，有关销售状况，包括售后服务、价格等。

（3）自主选择权。自主选择权是指消费者享有自主选择商品或服务的权利。它是《民法通则》规定的自愿原则在消费领域中的体现。消费者的自主选择权包括：第一，自主选择提供商品或服务的经营者权利；第二，自主选择商品品种或服务方式的权利；第三，自主决定购买或者不购买商品，接受或者不接受服务的权利；第四，自由选择商品或服务时的比较、鉴别、挑选权。

（4）公平交易权。公平交易权是指消费者在购买商品或接受服务时所享有的获得质量保障和价格合理、计量正确等公平交易条件的权利。该权利是民事活动应遵循平等、自愿、公平、等价有偿、诚实信用原则的具体体现。它包含几个方面的内容：第一，质量保证。商品或者服务质量的保障，是公平交易的前提之一，消费者有权要求商品和服务符合国家规定的质量标准。第二，合理的价格，这是指商品或服务的价格与其实际价值相符、经营者必须做到按质论价，质价相符。第三，计量正确。包括两个方面：计量器具的使用要符合法律法规的规定；量准数量充足。经营者在提供商品或服务时，计量应当准确无误。第四，有权拒绝经营者的强制交易行为，如商品搭售，是在违背消费者真实意愿基础上建立的一种买卖关系，它损害了消费者自主选择商品或服务的权利，当然也是违反公平交易原则的。

（5）求偿权。求偿权是指消费者因购买、使用商品或者接受服务受到人身、财产损害时，依法享有获得赔偿的权利。求偿权是对消费者安全权、自主选择权、公平交易权的最终保障，也是在这些权利受到损害时的一种补偿性措施。

关于求偿权的行使，须明确以下几点：第一，求偿主体不能局限于购买、使用商品或接受服务的主体本身，也应当包括没有购买商品却使用商品的消费者，如某人买了某厂家生产的啤酒，啤酒瓶的爆炸炸伤了应邀参加聚会的朋友；还应当包括既未购买商品，也未使用商品的第三人，如某人买来的电暖器不合格引起火灾，使邻居家的财产被烧毁等。上述两种人虽不是商品的购买者和使用者，也不是接受服务者，但他们的损害却都是由于购买、使用该种商品或接受该项服务引起的，《消费者权益保护法》赋予他们与购买、使用商品或接受服务的消费者同等的求偿权。第二，求偿权的范围即赔偿损失的范围，除法律另有规定或当事人另有约定外，损失的范围包括财产损害赔偿和精神损害赔偿。其中财产损害赔偿不仅包括购买、使用商品本身和与之相关的财产的直接损失，也包括因使用商品或接受服务造成消费者身体上的损害，即间接损失，这在我国一律划入财产损失范围内。

（6）结社权。结社权是指消费者享有依法成立维护自身合法权益的社会团体的权利。其最基本的依据是我国《宪法》第三十五条所规定的公民的结社权，消费者的结社权是随着消费者运动的兴起和发展而在法律上的必然表现。这个以维护消费者权利为宗旨的团体的建立，使得消费者从分散、弱小走向集中和强大，并通过集体的力量来改变自己的弱者地位，以与实力雄厚的经营者相抗衡。这个团体，目前在我国主要是中国消费者协会和地方各级消费者协会，我国于1987年9月被接纳为国际消费者联盟的正式会员。

（7）获得有关知识权。获得有关知识权是指消费者享有获得有关消费和消费者权益保护方面的知识的权利，包括两方面的内容：一是消费知识，消费知识是消费者在进行消费活动时所应掌握的与商品和服务有关的基本知识，包括消费态度和消费心理、商品和服务的基本常识以及市场的基本知识；二是消费者权益保护的知识。一般是指我国有关法律法规规定的对消费者权益进行保护的知识，如保护消费者合法权益的法律规定，消费者权益保护机构以及消费者与经营者发生争议的解决途径等。

（8）受尊重权。受尊重权是指消费者在购买、使用商品和接受服务时所享有的人格尊严、民族风俗习惯得到尊重的权利。包括两方面的内容：第一，消费者的人格尊严权在交易过程中应得到尊重；第二，消费者的民族风俗习惯应受到尊重。

（9）监督批评权。监督批评权是指消费者享有对商品或者服务以及保护消费者权益工作进行监督的权利。监督权包括以下几个方面：第一，对商品和服务进行监督，如对价格的监督，对商品质量进行监督。第二，对消费者权益保护工作的监督，主要包括对消费者权益立法的监督，对于消费者权益保护的法律的实施进行监督。

经营者的义务

1．经营者义务的概念

经营者的义务，是指经营者在消费领域内，依照法律的规定或合同的约定所必须履行的某种责任。经营者的义务是消费者保护其权利不受侵犯的前提条件，即经营者只有一丝不苟地履行义务，才能使消费者的权利切实得到保障。同时，经营者的义务又是经营者承担法律责任的根据，经营者如果不履行义务并给消费者权利造成损害时，就会承担法律责任。

经营者的义务

（1）依法律规定或约定履行义务。此条规定将经营者的义务分为法定义务和约定义务两种。法定义务是指由国家制定和颁布实施的法律法规中明文规定经营者所必须履行的某种责任；约定义务是指经营者与消费者之间在购买商品或提供服务时，可就双方的权利、义务进行约定。在不违背法律法规的前提下，这种约定受法律的确认和保护。经营者单方违约时，也要承担相应的法律责任。

（2）听取意见和接受监督的义务。对经营者这一法定义务的规定，是从维护消费者合法权益这一核心内容出发的。它与消费者享有对商品和服务的监督权是一个问题的两个面。对于经营者而言，把接受消费者监督作为一项法定义务固定下来，可以倾听到用户最直接的反映，可以对消费者的合理化意见和建议进行分析，从而提高自己产品的质量和服务管理。因此，这一法定义务的履行，会给经营者与消费者双方带来好处。

（3）保证商品和服务安全的义务。这是与消费者的保障安全权相对应的经营者的义务。经营者履行该项义务时，必须做到要有警示说明，要说明或者标明正确使用的方法，要采取防止危害发生的措施。

（4）提供商品和服务真实信息的义务。这是与消费者的知悉真情权相对应的经营者的一项义务。它包含三方面的内容：不得做引人误解的虚假宣传；对消费者的询问应当做出答复；要明码标价。商品和服务的价格是否真实也关系到消费者的合法权益的保护。明码标价，是指将标明价格金额的价格标签放置于醒目并不易与其他商品发生混淆的位置。商品和服务实行明码标价是价格法法律法规的要求，也是保障消费者合法权益不受侵害的有效措施。

（5）标明真实名称和标记的义务。经营者的名称和标记是经营者之间相互区别的文字符号和特殊标识。这项义务有两方面的要求：第一，经营者应当标明其真实名称和标记：第二，租赁他人柜台或场地的经营者应当标明真实名称和标记。

（6）出具购货凭证和服务单据的义务。购货凭证是销售者与购买者之间在买卖合同履行后向购买者出具的书面凭证，如销货凭证、行业发票、保修单等。服务单据是服务业的经营者向其消费者出具的证明服务合同的书面凭证，如行业发票、服务卡、车船票等，使经营者与消费者之间的交易行为有据可查，有利于保护消费者实现获得赔偿的权利。因此，消费者索要购货凭证或服务单据的，经营者必须出具。

（7）保证商品或服务质量的义务。关于经营者应当保证商品或服务的质量的义务，其法律规定散见于诸多法律中，如我国的产品质量法、药品管理法、食品卫生法以及一些行政法规和规章中都有这方面的规定。《消费者权益保护法》又从保护消费者的角度对经营者的这一义务做了概括性规定：商品或服务要达到应具有的质量、性能、用途和有效期限；商品或者服务质量要与广告、产品说明、实物样品相符。

（8）履行“三包”或其他责任的义务。所谓“包”，是指包修、包换、包退。对某些商品，特别是高档耐用消费品、家用电器在保修期内实行“三包”，是国家督促经营者提高生产和服务质量，维护广大消费者利益的重要措施。“三包”通常的顺序是先修理后更换或退货。商品如经修理能够正常使用，则应先行修理。在这种情况下，消费者一般不得拒绝经营者履行修理义务，而直接提出更换或者退货的要求。商品在保修期内两次修理仍不能正常使用的，经营者应当按照消费者的要求，免费调换同型号的商品；如果无货更换或者消费者不愿调换而要求退货的，经营者就当负责退货，返还价款。

（9）不得以格式合同等方式损害消费者利益的义务。格式合同又称标准合同，是经营者事先拟定的对于消费者和经营者双方的权利、义务做出规定的合同。为了防止格式合同不合理、不公平的规定而损害消费者利益的情况，《消费者权益保护法》规定：经营者不得以格式合同、通知、声明、店堂告示等方式做出对消费者不公平、不合理的规定；不得以格式合同、通知、店堂告示等方式减轻、免除其损害消费者合法权益应当承担的民事责任。

（10）尊重消费者人格权的义务。人格权作为民事主体所享有的基本权利，主要包括姓名权、名誉权、荣誉权、肖像权、生命健康权等内容。经营者有尊重消费者人格尊严的义务，即经营者不得对消费者进行侮辱、诽谤，不得搜查消费者的身体及其携带的物品，不得侵犯消费者的人身自由。

法律责任

1. 民事责任

民事责任是对消费者权益的民事法律保护手段。承担民事责任一般由两个原因所致：一是违反合同；二是侵权。通常所说的消费者权益受到侵害即是指经营者不履行法定或合同约定的民事义务，使消费者的财产权利或人身权利受到侵害，由此引起的消费权益纠纷就需要用民事法律手段解决，追究侵权者的民事责任。有下列情形之一的，一般要依照《产品质量法》《民法通则》以及其他一些法律来追究民事责任。

（1）经营者因侵犯消费者财产权利的民事责任：第一，经营者提供的商品或服务造成消费者财产损害的，经营者负有修理、重做、更换、退货、补足商品数量、退还货款和服务费用或赔偿损失的责任。消费者可以选择一种或数种方式要求经营者承担民事责任。如果经营者与消费者已约定免责或其他责任形式，则按照双方约定履行。第二，经营者提供的商品不合格，如不符合国家法规规定的标准，经营者与消费者约定的要求，或经国家有关行政部门认定为不合格的商品，消费者一旦要求退货，经营者则应负责退货。第三，经营者以特定方式提供商品或服务不符合与消费者达成的约定，如以邮购和预收款这两种特定方式提供商品或者服务的，若经营者未按约定提供，消费者有权要求经营者履行约定或者退回货款，并承担预付款的利息和退还消费者已经支付的合理费用。第四，经营者提供商品或服务有欺诈行为的，已不仅仅是产品责任问题，经营者的法律责任不仅具有赔偿性，还有制裁性，法律要求经营者增加赔偿消费者受到的损失，增加赔偿的金额为消费者购买商品价款或者接受服务费用的一倍。

（2）经营者侵犯消费者人格尊严或人身自由应承担的民事责任：第一，消费者人身受到伤害，经营者未构成犯罪的，要负赔偿责任，赔偿内容包括医疗费、治疗期间的护理费。因误工减少的收入等费用，残疾者的生活自助器具费、生活补助费、残疾赔偿金以及由其抚养的人所必需的生活费等；构成犯罪的，要承担刑事责任，但并不排除或减轻其民事赔偿责任。第二，经营者提供商品或者服务，造成消费者或者其他受害人死亡的，应当支付丧葬费、赔偿金以及死者生前抚养的人所必需的生活费等费用。第三，侵害消费者的人格尊严或人身自由的，应当停止侵害，恢复名誉、消除影响、赔礼道歉，并赔偿损失。对消费者人格尊严的侵害和人身自由的侵犯，主要是精神损害，对于这种精神损害，经营者除了应当承担上述非财产责任外，还应当以支付精神损害抚慰金的方式承担赔偿责任。

2. 行政责任

经营者违法经营，侵犯消费者合法权益，除依法承担民事责任外，还应承担相应的行政责任，受到行政处罚。

（1）应当予以行政处罚的违法经营行为：第一，生产、销售的商品不符合保障人身、财产安全的，即经营者提供的商品有缺陷或瑕疵，不符合国家标准或行业标准。第二，在商品中掺杂、掺假，以假充真，以次充好，或者以不合格商品冒充合格商品。第三，生产国家明令淘汰的商品或者失效、变质的商品的。第四，伪造商品的产地，伪造或者冒用他人的厂名、厂址，伪造或者冒用认证标志、名优标志等质量标志的。第五，销售的商品当检验、检疫而未检验、检疫或者伪造检验、检疫结果的。第六，商品或者服务做引人误解的虚假宣传。这里指的是经营者通过广告、新闻媒介、推销等方式给消费者关于自己商品的不真实的信息。第七，对消费者提出的修理、重做、更换、退货、补足商品数量、退还货款和服务费用或者赔偿损失的要求，故意拖延或者无理拒绝，这是对不承担侵害消费者财产权利的民事法律责任的经营者进行的行政处罚。第八，侵害消费者人格尊严或侵犯消费者人身自由的。

（2）行政处罚的方式。依据《消费者权益保护法》的规定，行政处罚方式有：责令改正、警告、没收非法所得、罚款、责令停业整顿、吊销营业执照、行政拘留等。经营者如不服以上行政处罚，可根据《消费者权益保护法》的规定提起行政复议和行政诉讼。

3．刑事责任

在消费领域，尽管大量采用民事法律手段和行政法律手段来保护消费者的利益，但是由于存在着侵害消费者利益的犯罪行为，对此，仅运用民事、行政法律手段是不够的，必须运用刑罚的手段予以严惩。消费者权益保护方面并不存在独立的罪名，追究违法经营者的刑事责任要综合适用刑法典和其他刑事法律规范。

第十一篇　道路交通安全法基础知识

道路交通法概述

第十届全国人民代表大会常务委员会第五次会议于 2003 年 10 月 28 日通过了《中华人民共和国道路交通安全法》（以下简称《道路交通安全法》），该法自 2004 年 5 月 1 日起施行。这是中国第一部关于道路交通安全的法律。这部法律的实施，将对维护道路交通秩序，预防和减少交通事故，保护人身安全，保护公民、法人和其他组织的财产安全及其他合法权益，提高通行效率起到重要作用。

《道路交通安全法》共八章一百二十四条，规定了总则、车辆和驾驶人、机动车、非机动车、机动车驾驶人、道路通行条件、道路通行规定、高速公路的特别规定、交通事故处理、执法监督、法律责任等内容。

《道路交通安全法》的适用范围是：全体道路交通参与者，即车辆驾驶人、行人、乘车人以及与道路交通活动有关的单位和个人。

《道路交通安全法》的基本原则是：

1. 依法管理、方便群众的原则；
2. 保障道路交通有序、安全、畅通原则；
3. 道路交通安全管理与经济建设和社会发展相适应原则；
4. 强化道路交通安全教育原则；
5. 科学管理交通原则。

对于车辆和驾驶人员的规定

1. 机动车

车辆，包括机动车和非机动车。国家对机动车实行登记制度。机动车经公安机关交管理部门登记后，方可上道路行驶。尚未登记的机动车，需要临时上道路行驶的，应当取得临时通行牌证。除法律另有规定外，公安机关交通管理部门以外的任何单位或者个人不得发放机动车号牌或者要求机动车悬挂其他号牌。

准予登记的机动车应当符合机动车国家安全技术标准。申请机动车登记时，应当接受对该机动车的安全技术检验。但是，经国家机动车产品主管部门依据机动车国家安全技术标准认定的企业生产的机动车型，该车型的新车在出厂时经检验符合机动车国家安全技术标准，获得检验合格证的，免予安全技术检验。

驾驶机动车上道路行驶，应当悬挂机动车号牌，放置检验合格标志、保险标志，并随车携带机动车行驶证。机动车号牌应当按照规定悬挂并保持清晰、完整，不得故意遮挡、污损。任何单位和个人不得收缴、扣留机动车号牌。

机动车所有权发生转移、机动车登记内容变更、机动车用作抵押、机动车报废等情都应当办理相应的登记。

对登记后上道路行驶的机动车，应当依照法律、行政法规的规定，根据车辆用途、载客载货数量、使用年限等不同情况，定期进行安全技术检验。对提供机动车行驶证和机动车第三者责任强制保险单的，机动车安全技术检验机构应当予以检验，任何单位不得附加其他条件。对符合机动车国家安全技术标准的，公安机关交通管理部门应当发给检验合格标志。

国家实行机动车强制报废制度，根据机动车的安全技术状况和不同用途，规定不同的报废标准。应当报废的机动车必须及时办理注销登记。达到报废标准的机动车不得上道路行驶。报废的大型客、货车及其他营运车辆应当在公安机关交通管理部门的监督下解体。

警车、消防车、救护车、工程救险车应当按照规定喷涂标志图案，安装警报器、标志灯具。其他机动车不得喷涂、安装、使用上述车辆专用的或者与其相类似的标志图案、警报器或者标志灯具。警车、消防车、救护车、工程救险车应当严格按照规定的用途和条件使用。

禁止拼装机动车或者擅自改变机动车已登记的结构、构造或者特征，改变机动车型号、发动机号、车架号或者车辆识别代号；禁止伪造、变造或者使用伪造、变造的机动车登记证书、号牌、行驶证、检验合格标志、保险标志；禁止使用其他机动车的登记证书、号牌、行驶证、检验合格标志、保险标志等行为。

为了保护人民生命财产安全，国家实行机动车第三者责任强制保险制度，设立道路交通事故社会救助基金。

2. 非机动车

依法应当登记的非机动车，经公安机关交通管理部门登记后，方可上道路行驶。依法应当登记的非机动车的种类，由省、自治区、直辖市人民政府根据当地实际情况规定。非机动车的外形尺寸、质量、制动器、车铃和夜间反光装置，应当符合非机动车安全技术标准。

3. 机动车驾驶人

驾驶机动车，应当依法取得机动车驾驶证。申请机动车驾驶证，应当符合国务院公安部门规定的驾驶许可条件；经考试合格后，由公安机关交通管理部门发给相应类别的机动车驾驶证。持有境外机动车驾驶证的人，符合国务院公安部门规定的驾驶许可条件，经公安机关交通管理部门考核合格的，可以发给中国的机动车驾驶证。驾驶人应当按照驾驶证载明的准驾车型驾驶机动车；驾驶机动车时，应当随身携带机动车驾驶证。公安机关交通管理部门以外的任何单位或者个人，不得收缴、扣留机动车驾驶证。

驾驶人驾驶机动车上道路行驶前，应当对机动车的安全技术性能进行认真检查；不得驾驶安全设施不全或者机件不符合技术标准等具有安全隐患的机动车。

机动车驾驶人应当遵守道路交通安全法律法规的规定，按照操作规范安全驾驶、文明驾驶。饮酒、服用国家管制的精神药品或者麻醉药品，或者患有妨碍安全驾驶机动车的疾病，或者过度疲劳影响安全驾驶的，不得驾驶机动车。任何人不得强迫、指使、纵容驾驶人违反道路交通安全法律法规和机动车安全驾驶要求驾驶机动车。公安机关交通管理部门依照法律、行政法规的规定，定期对机动车驾驶证实施审验。

公安机关交通管理部门对机动车驾驶人违反道路交通安全法律法规的行为，除依法给予行政处罚外，实行累积记分制度。公安机关交通管理部门对累积记分达到规定分值的机动车驾驶人，扣留机动车驾驶证，对其进行道路交通安全法律法规教育，重新考试；考试合格的，发还其机动车驾驶证。

对道路通行条件的规定

全国实行统一的道路交通信号。交通信号包括交通信号灯、交通标志、交通标线和交通警察的指挥。交通信号灯、交通标志、交通标线的设置应当符合道路交通安全、畅通的要求和国家标准，并保持清晰、醒目、准确、完好。根据通行需要，应当及时增设、调换、更新道路交通信号。增设、调换、更新限制性的道路交通信号，应当提前向社会公告，广泛进行宣传。

交通信号灯由红灯、绿灯、黄灯组成。红灯表示禁止通行，绿灯表示准许通行，黄灯表示警示。

铁路与道路平面交叉的道口，应当设置警示灯、警示标志或者安全防护设施。无人看守的铁路道口，应当在距道口一定距离处设置警示标志。

任何单位和个人不得擅自设置、移动、占用、损毁交通信号灯、交通标志、交通标线。

道路两侧及隔离带上种植的树木或者其他植物，设置的广告牌、管线等，应当与交通设施保持必要的距离，不得遮挡路灯、交通信号灯、交通标志，不得妨碍安全视距，不得影响通行。道路、停车场和道路配套设施的规划、设计、建设，应当符合道路交通安全、畅通的要求，并根据交通需求及时调整。

未经许可，任何单位和个人不得占用道路从事非交通活动。因工程建设需要占用、挖掘道路，或者跨越、穿越道路架设、增设管线设施，应当事先征得道路主管部门的同意；影响交通安全的，还应当征得公安机关交通管理部门的同意。施工作业单位应当在经批准的路段和时间内施工作业，并在距离施工作业地点来车方向安全距离处设置明显的安全警示标志，采取防护措施；施工作业完毕，应当迅速清除道路上的障碍物，消除安全隐患，经道路主管部门和公安机关交通管理部门验收合格，符合通行要求后，方可恢复通行。对未中断交通的施工作业道路，公安机关交通管理部门应当加强交通安全监督检查，维护道路交通秩序。

新建、改建、扩建的公共建筑、商业街区、居住区、大（中）型建筑等，应当配建、增建停车场；停车泊位不足的，应当及时改建或者扩建；投入使用的停车场不得擅自停止使用或者改作他用。

学校、幼儿园、医院、养老院门前的道路没有行人过街设施的，应当施划人行横道线，设置提示标志。城市主要道路的人行道，应当按照规划设置盲道。盲道的设置应当符合国家标准。

对机动车通行的规定

机动车上道路行驶，不得超过限速标志标明的最高时速。在没有限速标志的路段，应当保持安全车速。夜间行驶或者在容易发生危险的路段行驶，以及遇有沙尘、冰雹、雨、雪、雾、结冰等气象条件时，应当降低行驶速度。

同车道行驶的机动车，后车应当与前车保持足以采取紧急制动措施的安全距离。下列情形不得超车：前车正在左转弯、掉头、超车的；与对面来车有会车可能的；前车为执行紧急任务的警车、消防车、救护车、工程救险车的；行经铁路道口、交叉路口、窄桥、弯道、陡坡、隧道、人行横道、市区交通流量大的路段等没有超车条件的。

机动车通过交叉路口，应当按照交通信号灯、交通标志、交通标线或者交通警察的指挥通过；通过没有交通信号灯、交通标志、交通标线或者交通警察指挥的交叉路口时，应当减速慢行，并让行人和优先通行的车辆先行。机动车遇有前方车辆停车排队等候或者缓慢行驶时，不得借道超车或者占用对面车道，不得穿插等候的车辆。在车道减少的路段、路口，或者在没有交通信号灯、交通标志、交通标线或者交通警察指挥的交叉路口遇到停车排队等候或者缓慢行驶时，机动车应当依次交替通行。机动车通过铁路道口时，应当按照交通信号灯或者管理人员的指挥通行；没有交通信号灯或者管理人员的，应当减速或者停车，在确认安全后通过。机动车行经人行横道时，应当减速行驶；遇行人正在通过人行横道，应当停车让行。机动车行经没有交通信号灯的道路时，遇行人横过道路，应当避让。

机动车载人不得超过核定的人数，客运机动车不得违反规定载货。禁止货运机动车载客。机动车行驶时，驾驶人、乘坐人员应当按规定使用安全带，摩托车驾驶人及乘坐人员应当按规定戴安全头盔。

机动车当在规定地点停放。禁止在人行道上停放机动车，在规定施划的停车泊位除外。在道路上临时停车的，不得妨碍其他车辆和行人通行。

对非机动车通行的规定

驾驶非机动车在道路上行驶应当遵守有关交通安全的规定。非机动车应当在非机动车道内行驶；在没有非机动车道的道路上，应当靠车行道的右侧行驶。残疾人机动轮椅车、电动自行车在非机动车道内行驶时，最高时速不得超过 15 公里。

非机动车应当在规定地点停放。未设停放地点的，非机动车停放不得妨碍其他车辆和行人通行。

驾驭畜力车，应当使用驯服的牲畜；驾驭畜力车横过道路时，驾驭人应当下车牵引牲畜；驾驭人离开车辆时，应当拴系牲畜。

对行人和乘车人通行的规定

行人应当在人行道内行走，没有人行道的靠路边行走。行人通过路口或者横过道路，应当走人行横道或者过街设施；通过有交通信号灯的人行横道，应当按照交通信号灯指示通行；通过没有交通信号灯、人行横道的路口，或者在没有过街设施的路段横过道路，应当在确认安全后通过。行人不得跨越、倚坐道路隔离设施，不得扒车、强行拦车或者实施妨碍道路交通安全的其他行为。

学龄前儿童以及不能辨认或者不能控制自己行为的精神疾病患者、智力障碍者在道路上通行，应当由其监护人、监护人委托的人或者对其负有管理、保护职责的人带领。盲人在道路上通行，应当使用盲杖或者采取其他导盲手段，车辆应当避让盲人。

行人通过铁路道口时，应当按照交通信号或者管理人员的指挥通行；没有交通信号灯和管理人员的，应当在确认无火车驶临后，迅速通过。

乘车人不得携带易燃易爆等危险物品，不得向车外抛洒物品，不得有影响驾驶人安全驾驶的行为。

对交通事故处理的规定

在道路上发生交通事故，车辆驾驶人应当立即停车，保护现场；造成人身伤亡的，车辆驾驶人应当立即抢救受伤人员，并迅速报告执勤的交通警察或者公安机关交通管理部门。因抢救受伤人员变动现场的，应当标明位置。乘车人、过往车辆驾驶人、过往行人应当予以协助。

在道路上发生交通事故，未造成人身伤亡，当事人对事实及成因无争议的，可以即行撤离现场，恢复交通，自行协商处理损害赔偿事宜；不即行撤离现场的，应当迅速报告执勤的交通警察或者公安机关交通管理部门。在道路上发生交通事故，仅造成轻微财产损失，并且基本事实清楚的，当事人应当先撤离现场再进行协商处理。

车辆发生交通事故后逃逸的，事故现场目击人员和其他知情人员应当向公安机关交通管理部门或者交通警察举报。举报属实的，公安机关交通管理部门应当给予奖励。

公安机关交通管理部门接到交通事故报警后，应当立即派交通警察赶赴现场，先组织抢救受伤人员，并采取措施，尽快恢复交通。交通警察应当对交通事故现场进行勘验、检查，收集证据；因收集证据的需要，可以扣留事故车辆，但是应当妥善保管，以备核查。

公安机关交通管理部门应当根据交通事故现场勘验、检查、调查情况和有关的检验、鉴定结论，及时制作交通事故认定书，作为处理交通事故的证据。交通事故认定书应当载明交通事故的基本事实、成因和当事人的责任，并送达当事人。

对交通事故损害赔偿的争议，当事人可以请求公安机关交通管理部门调解，也可以直接向人民法院提起民事诉讼。经公安机关交通管理部门调解，当事人未达成协议或者调解书生效后不履行的，当事人可以向人民法院提起民事诉讼。

医疗机构对交通事故中的受伤人员应当及时抢救，不得因抢救费用未及时支付而拖延救治。肇事车辆参加机动车第三者责任强制保险的，由保险公司在责任限额范围内支付抢救费用；抢救费用超过责任限额的，未参加机动车第三者责任强制保险或者肇事后逃逸的，由道路交通事故社会救助基金先行垫付部分或者全部抢救费用，道路交通事故社会救助基金管理机构有权向交通事故责任人追偿。

机动车发生交通事故造成人身伤亡、财产损失的，由保险公司在机动车第三者责任强制保险责任限额范围内予以赔偿。超过责任限额的部分，按照下列方式承担赔偿责任：

（1）机动车之间发生交通事故的，由有过错的一方承担责任；双方都有过错的，按照各自过错的比例分担责任。

（2）机动车与非机动车驾驶人、行人之间发生交通事故的，由机动车一方承担责任；但是，有证据证明非机动车驾驶人、行人违反道路交通安全法律法规，机动车驾驶人已经采取必要处置措施的，减轻机动车一方的责任。

交通事故的损失是由非机动车驾驶人、行人故意造成的，机动车一方不承担责任。

除上述规定外，《道路交通安全法》还规定了违反该法的行政处罚措施，包括警告、罚款、暂扣或者吊销机动车驾驶证、拘留。还规定了执法监督制度和法律责任。

第十二篇　知识产权法基础知识

知识产权是人类在社会生活实践中的智力成果，是人类文明发展进步的重要成就。21 世纪迎来了知识经济时代，在经济持续发展和法制不断健全的今天，知识产权问题也成为市场经济发展的重大课题。本篇概括介绍了知识产权制度的基础理论知识，之后分别介绍了著作权、专利权和商标权的基本理论和主要知识点。通过本篇的学习，使学生对知识产权制度有一个大致的了解，掌握著作权、专利权和商标权的基础知识，为将来走向社会、投入市场经济建设进行一定的知识储备。

知识产权的概念和特征

知识产权是公民、法人和其他组织依法对其智力活动所创造的智力成果享有的民事权利。广义的知识产权包括著作权、邻接权、商标权、商号权、商业秘密权、产地标记权、专利权、集成电路布图设计权等。狭义的知识产权包括著作权及其邻接权、专利权、商标权。

知识产权的特征是：

（1）无形性。知识产权是一种无形财产权，知识即智力成果，具有非物质性的特点，不占有一定的空间，但可通过一定的客观形式表现出来，并以此显示其价值。

（2）国家授予性。知识产权须经法律直接确认，智力成果的创造者必须按照专门法律的规定，获得国家主管机关的认可或审批，才能享有专有权，受到法律的保护。

（3）专有性。又称独占性、排他性和垄断性。由法律规定的这种权利只授予智力成果的创造者，而且只授予一次，这是知识产权的客体具有独创性的必然要求。知识产权人获得这种专有权以后，不经权利人同意或者法律的特别规定，其他任何组织和个人都不得侵犯其权利，否则就要承担法律责任。

（4）地域性。知识产权是一种受地域限制的权利，按照一个国家的法律获得的知识产权，只能在本国范围内有效。要得到其他国家的保护，必须按照其他国家的法律规定或者国际协定，经特定程序获得。

（5）时间性。知识产权只在法定的期限内有效，超过法定期限的知识产权的客体，任何人都可以自由使用。如《中华人民共和国专利法》规定，发明专利权的保护期限为 20 年，实用新型和外观设计专利权的保护期限为 10 年。

知识产权的内容和范围

知识产权的内容包括人身权和财产权两个方面。

人身权是指同知识产权所有人的人身不可分离的权利，如署名权和获得荣誉证书、荣誉称号权等。人身权利不能转让、赠予、继承。

财产权是指知识产权的主体在使用或者许可他人使用其智力成果时所享有的有经济内容的权利。如作品被出版、演出或者以其他方式使用时获得报酬的权利，专利权、商标权在转让或许可他人使用时获得的转让和许可使用的收费权等。财产权利可以转让、赠予、继承。

我国的知识产权主要包括著作权（版权）和工业产权。其中，工业产权主要是指专利权和商标权。《民法通则》规定的知识产权包括著作权、专利权、商标权、发现权和其他科技成果权。

著作权

1．著作权、著作权法的概念

著作权又称版权，是著作权人对其文学、艺术、科学、技术作品依法享有的人身权和财产权。

著作权法是有关著作权以及相关权益的取得、行使和保护的法律规范的总称。它调整的是作者、作品传播者和公众之间因著作权而产生的人身关系和财产关系。

1990 年 9 月 7 日，第七届全国人民代表大会常务委员会第十五次会议通过的《中华人民共和国著作权法》（以下简称《著作权法》），自 1991 年 6 月 1 日起施行。2001 年 10 月 27 日第九届全国人民代表大会常务委员会第二十四次会议做出了关于修改《著作权法》的决定，对《著作权法》做了较大的修改。

2. 著作权法的保护对象

著作权法的保护对象即著作权的客体是作品。作品指在文学、艺术、科学技术等领域内以一定客观形式表现出来的反映人们思想和情感的智力创作成果。

著作权法保护的作品，具体包括：（1）文学作品；（2）口述作品；（3）音乐、戏剧、曲艺、舞蹈作品、杂技艺术作品；（4）美术、建筑作品；（5）摄影作品；（6）电影作品和以类似摄制电影的方法创作的作品；（7）工程设计图、产品设计图、地图、示意图等图形作品和模型作品；（8）计算机软件；（9）法律、行政法规规定的其他作品。

依法禁止出版、传播的作品，不受著作权法的保护。此外，著作权法不适用的对象有：法律法规；国家机关的决议、决定、命令和其他具有立法、行政、司法性质的文件及其官方正式译本；时事新闻；历法、适用数表、通用表格和公式。

著作权的主体

1. 著作权的主体的概念

著作权主体又称著作权人，是著作权法律关系中权利的享有者。

著作权法规定的著作权人包括：作者；其他依照著作权法享有著作权的公民、法人或者非法人单位。著作权主体在理论上可分为原始主体和继受主体。前者是指凭作品创作者的身份而直接享有著作权的人，如作者；后者则是依法律可以享有著作权的人，如作者的继承人、受遗赠人等。

2. 著作权主体的范围

（1）作者。《著作权法》规定，创作作品的公民是作者。“创作”是直接产生文学、艺术和科学作品的智力活动。虽与创作作品有关，但未直接参加创作作品的人，不能视为作者。

由法人或者非法人单位主持，代表法人或者非法人单位意志创作，并由法人或者非法人单位承担责任的作品，法人或者非法人单位视为作者。如无相反证明，在作品上署名的公民、法人或者非法人单位视为作者。

（2）其他著作权人。其他著作权人，是指除作为作者的公民、法人或非法人单位之外，其他具有继受著作权主体资格的公民、法人、非法人单位或国家。因继承取得著作权，著作权属于公民的，公民所享有的著作权中的财产权利，如作品使用而获得报酬的权利，在公民死亡后可依照继承程序转移，即由其继承人继承。公民还可通过遗嘱，将著作财产赠给国家、集体或法定继承人以外的其他公民，上述得到著作财产权的人即成为著作权主体。但是，因继承、受赠取得的著作权，只能是著作权的财产权。

著作权属于法人或非法人单位的，该法人或非法人单位变更或终止后，其作品的著作财产权，由变更后承受其权利、义务的法人或非法人单位享有，成为著作权的主体。

国家在特定的情况下也可以成为著作权主体，如接受赠予，法律直接规定某些特殊作品的著作权归国家等。

3．著作权主体的种类

一般情况著作权属于作者。但因作品的产生方式不同，构成著作权主体的不同种类。

（1）演绎作品。又称派生作品。演绎作品是由于改编、翻译、注释、整理已有作品而产生的作品。演绎作品的著作权由改编、翻译、注释、整理人享有，但行使著作权时，不得侵犯原作品的著作权。

（2）编辑作品。编辑作品是对他人的作品进行创造性的编纂工作而创作的作品。编辑作品由编辑人享有著作权，但行使著作权不得侵犯原作品的著作权。

（3）合作作品。合作作品是两人以上合作创作的作品。合作作品的著作权由合作作者共同享有。合作作品可以分割使用的，作者对各自创作的部分可以单独享有著作权，但行使著作权时不得侵犯合作作品整体的著作权。合作作品不可以分割使用的，合作作者对著作权的行使如果不能协商一致，任何一方无正当理由不得阻止他方行使。

（4）职务作品。职务作品是公民为完成法人或者非法人单位工作任务所创作的作品。职务作品的著作权归属，区别为以下两种情况：第一，作者只享有署名权，著作权的其他权利由法人或者非法人单位享有，法人或者非法人单位可以给予作者奖励，这种情况包括：主要是利用法人或者非法人单位的物质技术条件创作，并由法人或者非法人单位承担责任的工程设计、产品设计图纸及其说明、计算机软件、地图等职务作品；法律、行政法规规定或者合同约定著作权由法人或者非法人单位享有的职务作品；第二，作者享有著作权，单位享有优先使用权。

（5）委托作品。委托作品是指作者受他人委托而创作的作品。委托作品的著作权归属于委托人还是受托人，通过合同约定。合同未作明确约定或者没有订立合同的，著作权属于受托人。

（6）影视作品。电影、电视、录像作品，是指以电影形式或者类似摄制电影的形式表现的作品。这类作品中凝聚了多方面的劳动和创作，是多方面努力的成果。电影、电视、录像作品的导演、编剧、作词、作曲、摄影等作者有署名权，著作权中的其他权利由制片者享有，这类作品中剧本、音乐等可以单独使用的作品的，作者有权单独行使其著作权。

（7）美术作品。美术等作品原件所有权的转移，不视为作品著作权转移，但美术作品原件的展览权由原件所有人享有。

（8）作者身份不明的作品，由作品原件的合法持有人享有除署名权的著作权。

（9）计算机软件作品。一般情况下著作权归软件开发者享有。

著作权的内容

1．著作权的人身权

著作人身权主要包括以下4项权利：

（1）发表权。发表权即决定作品是否公之于众的权利。作品发表的方式取决于作者是否有公之于众的权利。

（2）署名权。署名权指表明作者身份，在作品上署名的权利。署名权的内容包括：作者有决定署名的权利；有决定在作品上如何署名的权利，即署真名还是署笔名、别名或署艺名等；有要求公开利用自己作品的人在其作品上表示其姓名的权利；有权禁止他人未参加作品创作而在作品上署名。但是，在特殊情况下，作者有时须放弃署名权。

（3）修改权。修改权指修改或者授权他人修改作品的权利。所谓修改，是指在已完成的作品上，增添新的内容或删除不必要的内容等。修改权必须是由作者本人来行使，具有对作品支配的意义，他人未经授权，不得擅自修改作品。在出版行业中，编辑对作品中存在的错、漏字等加以更正或补充，对明显错误的事实部分加以纠正不属于行使修改权。

（4）保护作品完整权。这指禁止他人违背作者意志对作品进行歪曲、篡改的权利。所谓歪曲，是指一切曲解作品本意，有意或无意损伤了作品表现形式的行为；所谓篡改，是指一切擅自增补、删节或实质性变更作品的行为。

2．著作权的财产权

著作财产权主要包括以下10项权利：

复制权、发行权、出租权、展览权、放映权、广播权、信息网络传播权、摄制权、改编权、汇编权。

对著作权的权利的限制

为了协调作者与广大公众之间的利益关系，推动文化、教育、科学事业的发展，著作权法对作者的权利做了某些限制，规定在下列情况下使用作品，可以不经著作权人许可，不向其支付报酬，但应当指明作者姓名、作品名称，并且不得侵犯著作权人依照本法享有的其他权利，这称为合理使用：

（1）为个人学习、研究或者欣赏，使用他人已经发表的作品。

（2）为介绍、评论某一作品或者说明某一问题，在作品中适当引用他人已经发表的作品。

（3）为报道时事新闻，在报纸、期刊、广播电台、电视台等媒体中不可避免地再现或者引用已经发表的作品。

（4）报纸、期刊、广播电台、电视台等媒体刊登或者播放其他报纸、期刊、广播电台、电视台等媒体已经发表的关于政治、经济、宗教问题的时事性文章，但作者声明不许刊登、播放的除外；

（5）报纸、期刊、广播电台、电视台等媒体刊登或者播放在公众集会上发表的讲话，但作者声明不许刊登、播放的除外。

（6）为学校课堂教学或者科学研究，翻译或者少量复制已经发表的作品，供教学或者科研人员使用，但不得出版发行。

（7）国家机关为执行公务在合理范围内使用已经发表的作品。

（8）图书馆、档案馆、纪念馆、博物馆、美术馆等为陈列或者保存版本的需要，复制本馆收藏的作品。

（9）免费表演已经发表的作品，该表演未向公众收取费用，也未向表演者支付报酬。

（10）对设置或者陈列在室外公共场所的艺术作品进行临摹、绘画、摄影、录像。

此外，将中国公民、法人或者其他组织已经发表的以汉语言文字创作的作品翻译成少数民族语言文字作品在国内出版发行；将已经发表的作品改成盲文出版，也属于合理使用。

著作权的保护

1. 著作权的保护期限

根据著作权法的规定，作品的署名权、修改权、保护作品完整的保护期不受限制；公民的作品发表权、著作财产权的保护期为终生及其去世后50年的12月31日；合作作品的发表权、著作财产权的保护期截止到最后去世的作者去世后50年的12月31日；法人或非法人单位的作品、音像摄影作品的发表权、著作财产权的保护期为作品发表日起50年的12月31日，但作品完成后50年内未发表的，不再保护。

2. 著作权许可使用合同

使用他人作品应当同著作权人订立著作权许可使用合同或取得许可。著作权许可使用合同的主要条款包括：（1）许可使用作品的方式；（2）许可使用的权利是否是专有使用；（3）许可使用的范围、期间；（4）付酬标准和办法；（5）违约责任；（6）双方认为需要约定的其他内容。

合同的有效期限不超过10年，期满可以续订。同著作权人订立合同或取得许可使用其作品，应当采取书面形式，但是报社、杂志社刊登的作品除外。

著作权法规定，图书出版者出版图书应当和著作权人订立出版合同，并支付报酬，在合同约定期间享有专有出版权。图书出版者重印、再版作品的，应当通知著作权人并支付报酬。

侵犯著作权的行为及其法律责任

著作权法规定了侵犯著作权应承担的民事责任、行政责任和刑事责任。

（1）民事责任。有下列行为的，应当根据情况，承担停止侵害、消除影响、公开赔礼道歉、赔偿损失等民事责任：未经著作权人许可，发表其作品的；未经合作者许可，将与他人合作创作的作品当作自己单独创作的作品发表的；没有参加创作为谋取个人名利，在他人作品上署名的；歪曲、篡改他人作品的；剽窃他人作品的；未经著作权人许可，以表演、播放、展览、发行、摄制电影、电视、录像或者改编、翻译、注释、编辑等方式使用作品的，本法另有规定的除外；使用他人作品，应当支付报酬而未支付的等。

（2）行政责任或刑事责任。著作权法规定，有下列侵权行为的，除承担民事责任外，并可以由著作权行政管理部门给予没收非法所得、罚款等行政处罚，构成犯罪的依法追究刑事责任：未经著作权人许可，复制、发行、表演、放映、广播、汇编、通过信息网络向公众传播其作品的；出版他人享有专有出版权的图书的；未经表演者许可，复制、发行、录制其表演的录音、录像制品或者通过信息网络向公众传播其表演的；未经录音、录像制作者许可，复制、发行、通过信息网络向公众传播其制作的录音、录像制品的；未经许可，播放或者复制广播、电视的；未经著作权人或者与著作权人有关权利人许可，故意避开或者破坏权利人为其作品、录音录像制品等采取的保护著作权或者与著作权有关的权利的技术措施的；未经著作权人或者与著作权人有关权利人许可，故意删除或者改变作品、录音录像制品等的权利管理电子信息的；制作、出售假冒他人署名的作品的。对于上述行为，法律另有规定的除外。

著作权纠纷的解决途径

（1）调解。著作权侵权纠纷和著作权合同纠纷，都可以调解，调解可由有关部门或者单位根据自愿、合法原则进行。

（2）仲裁。著作权合同纠纷的当事人可以依据合同中的仲裁条款或者事后达成的书面协议，向著作权仲裁机构申请仲裁。对于仲裁裁决，当事人应当履行。当事人不履行仲裁裁决的，另一方可以申请人民法院执行。

（3）诉讼。著作权侵权纠纷当事人不愿调解，或者调解不成，或者调解达成协议后一方反悔的，可以向人民法院起诉。著作权合同纠纷当事人没有在合同中订立仲裁条款，事后又没有书面仲裁协议的，可以直接向人民法院起诉。当事人对行政处罚不服的，可以在收到行政处罚决定书 3 个月内向人民法院起诉，期满不起诉又不履行的，著作权行政管理部门可以申请人民法院执行。

专利权

1．相关概念

（1）专利。专利一词通常有三种含义：第一，从法律角度看是指专利权的简称；第二，从技术角度看是指发明创造；第三，从表现形式看是指专利文献。通常，专利与专利权通用。

（2）专利权。专利权是指国家专利机关依照专利法的规定，授予发明人、设计人或其所属单位，在一定期限内对某项发明创造所享有的专有权。

（3）专利法。专利法是调整因专利权的确认和使用而产生的各种社会关系的法律规范的总称。

我国的专利法主要有2000年8月25日第九届全国人民代表大会常务委员会第十七次会议修订的《中华人民共和国专利法》以及配套的法规。

2. 专利权的特征

专利权同时具有人身权和财产权的内容。具有法律确认性、公开性、实用性、专有性、地域性和时间性的特征。

专利权的客体

专利权的客体即专利法的保护对象，是指依照专利法可以授予专利的发明创造。

（1）可以授予专利的发明创造。专利法规定的发明创造包括发明、实用新型和外观设计。这三种发明创造依法获得专利权后，就分别称之为发明专利、实用新型专利和外观设计专利。

发明，指对产品、方法或其改进所提出的新的技术方案。是专利权的重要客体。

实用新型，指对产品的形状、构造或其结合所提出的适于实用的新的技术方案。

外观设计，指对产品的形状、图案、色彩或其结合所做出的富有美感并适用于工业应用的新设计。

（2）不授予专利的对象。专利法规定，下列对象不授予专利权：

违反国家法律、社会公德或妨害公共利益的发明创造；

科学发现；

智力活动的规则和方法；

疾病的诊断和治疗方法；

动植物品种；

用原子核变换方法获得的物质。

专利权的主体

专利权的主体即专利权人，是指依法享有申请并获得专利权的公民、法人和其他组织。包括以下几类：

（1）公民。公民作为发明或实用新型的创造人或者外观设计的制作人，对其非职务发明专利享有所有权，在发明或设计经申请批准后，即成为专利权主体。

（2）法人。法人对发明人为完成本单位的任务或主要利用单位的物质技术条件所完成的发明创造享用专利权，又称为职务发明创造。职务发明创造的专利申请属于单位享有的，申请被批准后，该单位为专利权人。

（3）共同发明人。共同发明指由两个或两个以上的人共同完成的发明创造。共同非职务发明，专利申请权由共同发明人共同行使，申请被批准后，专利权属于共同发明人。

（4）合法受让人。合法受让人指通过继承、赠予、转让等方式承受专利权的自然人和社会组织。

（5）外国人。依我国专利法和国际公约规定，对我国境内有经常居住地或营业所的外国人或外国法人，实行国民待遇；对在我国境内无经常居住地或营业所的外国人或外国法人，应依其所属国与中国签订的协议或共同参加的国际条约，或依互惠原则确定其专利主体资格。

专利权的内容

专利权的内容是指专利权人所享有的权利和应承担的义务。

1. 专利权人的权利

专利权人的权利包括人身权利和财产权利两个方面。

专利人身权，指专利权人为发明人、设计人时，其本人所享有的与人身不可分离的权利。如发明或者设计人有在有关专利文件中写明自己是发明人、设计人的权利。

专利财产权，指专利权人因取得专利而依法享有的具有经济内容的权利。主要包括：

（1）专利实施权，指专利权人依法对其获得专利的发明创造享有独占制造、使用、销售的权利。

（2）转让权，指专利权人有权以有偿或赠予的方式转让专利的所有权。

（3）许可权，指专利权人有权根据许可合同将专利的使用权转让给他人，允许其实施该专利。

（4）放弃权，专利权人在其专利权有效期限届满前，有权以书面形式或不按规定缴纳年费等方式放弃其专利权。

（5）标记权，专利权人有权在其专利产品或其包装上标明专利标记和专利号。

（6）提请法律保护的权利。

2. 专利权人的义务

专利权人主要有以下义务：

（1）缴纳专利年费。专利年费是专利人自专利权被授予的当年起，在专利保护期内依规定逐年向专利局缴纳的费用。

（2）依法实施专利义务。首先表现为专利权人应实施或者许可他人实施其专利。如果专利权人在一定期限内，自己不实施也不允许他人实施其专利，或其他专利的实施有赖于该专利的实施，专利机关可以根据申请人的申请，做出申请人实施专利的强制性决定。

（3）专利权人许可他人实施或者转让其专利时，不得向专利受让人提出限制技术竞争的技术发展的交易条件。

（4）公开专利内容的义务，即专利权人应该在说明书中将专利内容充分公开，使同行业一般技术人员能够理解和实施。

（5）专利权人将其在国内完成的发明创造向国外申请专利的，应先向中国专利局申请专利，并经国务院有关主管机关同意后，委托国务院指定的专利代理机构办理。

（6）专利权的所有单位应当对职务发明创造的发明人或设计人给予奖励，发明创造专利实施后，根据其推广应用的范围和取得的经济效益，对发明人或设计人给予合理的报酬。

专利权的授予条件和程序

1. 专利权的授予条件

授予发明和实用新型专利权的实质条件有 3 个：新颖性、创造性和实用性。

（1）新颖性，是指申请专利的发明创造成果依法应具有前所未有、未公知公用的属性。专利法规定在申请日前没有同样的发明或实用新型在国内外出版物上公开发表过，在国内外公开使用过或以其他方式为公众所知，也没有同样的发明或实用新型由他人向专利局提出过申请并记载在申请日以后公布的专利申请文件中。

（2）创造性，是指申请专利的发明或实用新型在技术效果、性能、手段等方面比已知技术先进。专利法规定，对于发明，必须是同申请日前已有的技术相比，该发明有突出的实质性特点和显著的进步；对实用新型，必须具有实质性特点和进步。

（3）实用性，是指申请专利的发明或实用新型是能够制造或使用并且能产生积极效果。

授予专利权的外观设计应当同申请日前国内外出版物上公开发表过或国内外公开使用过的外观设计不相同或不相近似。它具体表现为新颖性、独创性、美感和适于工业应用。

2. 专利权的授予程序

（1）专利的申请。发明和实用新型专利的申请，应向国家专利局提交请求书、说明书、摘要和权利要求书。外观设计专利的申请，应提交请求书及该外观设计的图片或照片等文件，并写明使用该外观的产品及其所属的类别。

（2）专利权的审查和批准。国家专利局收到申请后，就进入审查批准阶段。

发明专利的审批程序主要有：发明专利要经过初步审查、早期公开、实质审查和授予专利权 4 个步骤。实用新型和外观设计专利的审批程序是，实用新型和外观设计专利提出申请后，专利局经初步审查没有发现驳回理由的，即授予专利权，发给专利证书，予以登记、公告。

（3）复审程序。自专利局公告授予专利权之日起，任何单位或个人认为专利权的授予不符合专利法规定的，都可以请示专利复审委员会宣布该专利权无效。对专利复审委员宣告专利权无效或维持专利权的决定不服的，可以自收到通知之日起 3 个月内，向人民法院起诉。

专利权的保护

（1）专利权的保护期限。专利法规定，发明专利的保护期限为 20 年，实用新型和外观设计专利权的保护期限为10年，自申请日起计算。

（2）专利权的保护范围。发明或者实用新型专利权的保护范围以专利文件中记载的权利要求书的内容为准，说明书及附图可以用于解释权利要求。外观设计专利的保护范围以显示在图片或者照片中的该外观设计的专利产品为准。

（3）专利权的保护方式。对专利侵权行为，专利权人或者利害关系人可以请求专利管理机关处理，也可直接向人民法院起诉。根据不同的侵权行为，我国专利法规定了不同的保护方式。

商标权

（1）商标的概念。商标是商品的生产者和服务的提供者为了使自己的商品和服务与其他人的商品和服务相区别而使用的一种标记。通常由特定的文字、图形或其他组合构成。

（2）商标权的概念。商标权是指商标权人依法对其注册商标享有的专用权。我国商标权的取得采取注册制度，只有经商标局核准注册的商标，才享有商标专用权，并受到法律的保护，非注册商标不能享有专用权。

（3）商标法的概念。商标法是调整商标在注册、使用、管理和保护的活动中所发生的各种社会关系的法律规范的总和。

我国现行的商标法是2001年10月27日第九届全国人民代表大会常务委员会第二十四次会议修订的《中华人民共和国商标法》。

商标的分类

根据不同的分类标准可以分类为：

（1）根据商标的构成分为：平面商标和立体商标；

（2）根据是否注册分为：注册商标和未注册商标；

（3）根据经营者和经营项目分为：商品商标和服务商标；

（4）根据注册人不同和用途不同分为：集体商标和证明商标。

商标权的取得

取得商标权的唯一途径是商标注册，取得注册商标权。

1．商标注册的原则

（1）申请在先原则。

（2）自愿注册原则。

2．商标构成的条件

（1）商标标识必须是视觉可感知的标志。

（2）商标禁止使用的标志：与中国和外国的国家标志、政府间国际组织的标志，红新月、红十字标志相同或者近似的不得使用。带有民族歧视的、夸大欺骗宣传的、有害社会风尚的不得使用。

（3）禁止注册的标志：本商品的通用名称和图形，直接表示商品的质量、主要原料、功能、用途、重量、数量及其他特点的；缺乏显著特征的，但上述标志经过使用取得显著特征，并便于识别的，可以作为商标注册。

3．商标注册程序

申请商标注册的本国申请人可以直接办理，也可以委托商标代理组织办理。外国人或者外国企业在中国申请商标注册或办理其他商标事宜，应当委托国家工商局指定的商标代理组织办理。

申请商标注册应向商标局提交申请书、商标图样，附送有关证明文件，缴纳申请费用。

商标局收到申请书文件后便开始进行商标审查工作，整个审核程序包括审查、公告、异议、核准4个阶段。

凡商标局做出的决定，申请人或者异议人不服的，可以在收到裁定通知之日起15日内，向商标评审委员申请复审。当事人对商标评审委员会的裁决不服的，可以自收到通知之日起30日内向人民法院起诉。

商标权的内容

1．使用权

使用权是指注册商标所有人在核定使用的商品上使用该注册商标的权利。商标的使用方式主要是直接使用于商品、商品包装、商品容器，也可以是间接地将其用于商品交易文书、商品广告宣传、展览及其他业务活动中。

使用权的效力范围，以核准注册的商标和核定使用的商品为限。

2. 禁止权

禁止权是指商标所有人禁止任何第三方未经其许可在相同或类似商品上使用与注册商标相同或近似的商标的权利。禁止权的效力范围大于使用权的效力范围。

3. 许可权

许可权是注册商标所有人许可他人使用其注册商标的权利。商标许可使用关系中，许可人应提供合法的被许可使用的注册商标，监督被许可人使用注册商标的商品质量。被许可人应在合同约定的范围内使用被许可商标，保证被许可使用商标的产品质量，以及在生产的商品或包装上应标明自己的名称和商品产地。

4. 转让权

转让权是指注册商标所有人将其注册商标转移给他人所有的权利。转让注册商标，除了由双方当事人签订合同之外。转让人和受让人应向商标局提出申请，经核准并予以公告。未经核准登记的，转让合同不具有法律效力。

商标的续展注册

注册商标的有效期为 10 年，但商标所有人需要继续使用该商标并维持专用权的，可以通过续展注册延长商标权的保护期限。续展注册应当在有效期满前 6 个月内办理，在此期间未能提出申请的，有 6 个月的宽展期。宽展期仍未提出申请的，注销其注册商标。每次续展注册的有效期为 10 年。

注册商标的撤销

商标撤销，是指对有问题的已注册商标通过一定程序使其商标权归于消灭。

1. 注册不当商标的撤销

注册不当商标可分为两种情况：一是商标本身不具备注册条件，违反商标构成的绝对条件，使用了不得作为商标使用的标志；二是因商标注册而侵犯他人合法权利，此种有问题商标违反商标注册的相对条件。如将他人驰名商标抢注，侵犯他人著作权、外观设计专利权、姓名权等权利；以虚假地理标志注册；抢先注册他人已有一定影响的未注册商标，均侵犯他人合法权利。此类商标依法应该撤销。

2. 争议商标的撤销

注册商标的争议，是指在后注册的商标与在先注册的商标相同或近似，注册在先的商标所有人对注册在后的商标提出反对意见。请求撤销相同或近似商标的申请人必须是商标注册人，其商标注册在先。申请撤销的时间为争议商标注册之日起5年内。

被撤销的注册不当商标和争议商标，其商标权视为自始即不存在。

第十三篇 仲裁法律基础知识

争议解决的方式除了司法解决方式之外，还有一种非司法解决的方式，就是仲裁。仲裁作为一种重要的非司法解决争议的方式，近年来越来越发挥出重要的作用。仲裁除适用于民商事领域外，还大量地被运用于劳动争议的处理，农业承包合同争议的处理等领域。本篇主要介绍民商事仲裁和劳动争议仲裁的基础知识。目的是使学生了解仲裁的基本程序，学会利用仲裁来解决简单的劳动争议和民商事争议，以适应自身维权和走向社会后的工作需要。

仲裁机构

1．仲裁委员会的设立

我国仲裁法规定的常设性仲裁机构是仲裁委员会。该委员会可以在直辖市和省、自治区人民政府所在地的市设立，也可以根据需要在其他的设区的市设立，不按行政区划层层设立。

仲裁委员会的设立条件：有自己的名称、住所和章程；有必要的财产；有该委员会的组成人员；有聘任的仲裁员；仲裁委员会经省级司法行政机关登记，取得法人资格。

2．仲裁员

仲裁员在思想品德方面要公道正派，同时应具有较高的业务水平。《中华人民共和国仲裁法》（以下简称《仲裁法》）规定，仲裁员从职业、工作年限、职称方面规定须具备下列条件：从事仲裁工作满 8 年的；从事律师工作满 8 年的；曾经担任审判员满 8 年的；从事法律研究、教学工作并且具有高级职称的；具有法律知识、从事经济贸易等专业工作且具有高级职称或者具有同等专业水平的。

3．中国仲裁协会

《仲裁法》规定，中国仲裁协会是社会团体法人。仲裁委员会是中国仲裁协会的会员。中国仲裁协会的章程由全国会员大会制定。中国仲裁协会是仲裁委员会的自律性组织，中国仲裁协会实行会员制。中国仲裁协会指导、协调仲裁委员会的工作。仲裁委员会根据《仲裁法》和《民事诉讼法》的有关规定，制定仲裁规则以及其他仲裁规范性文件。中国仲裁协会根据章程对仲裁委员会及其组成人员、仲裁员的违纪行为进行监督。

仲裁协议

1. 仲裁协议的概念和特征

仲裁协议，是指双方当事人自愿把他们之间已经发生的或者将来可能发生的合同纠纷及其他财产权益争议提交仲裁解决的一种书面协议。仲裁协议是仲裁制度的基础，它既是争议当事人将其争议提交仲裁的依据，也是仲裁机构对某一特定案件取得管辖权的前提。

2. 仲裁协议的内容与效力

仲裁协议的内容。根据《仲裁法》的规定，仲裁协议应当具有以下内容：请求仲裁的意思表示；仲裁事项；选定的仲裁委员会。仲裁协议独立存在，合同的变更、解除、终止或无效，不影响仲裁协议的效力。仲裁协议具有排斥起诉权、获得仲裁权并限定仲裁范围、排斥司法管辖的法律效果。

仲裁协议的效力。有权确认仲裁协议的效力的机构有两个，即仲裁机构和人民法院。当事人对仲裁协议的效力有异议的，可以请求仲裁委员会做出决定或者请求人民法院做出裁定。一方请求人民法院做出裁定，另一方请求仲裁机构做出决定的，由人民法院裁定。当事人对仲裁协议的效力有异议的，应当在首次开庭前提出。

3. 仲裁协议的无效

《仲裁法》规定，有下列情形之一的，仲裁协议无效：约定的仲裁事项超出法律规定的仲裁范围的；无民事行为能力人或限制民事行为能力人订立的仲裁协议；一方采取胁迫手段迫使对方订立仲裁协议的。

仲裁程序

1. 申请与受理

（1）申请仲裁的条件。当事人申请仲裁应当符合下列条件：有仲裁协议；有具体的仲裁请求和事实、理由；属于仲裁委员会的受理范围。

（2）受理仲裁委员会收到仲裁申请书之日起 5 日内，认为符合受理条件的，应当受理，并通知当事人；认为不符合受理条件的，应当书面通知当事人不予受理，并说明理由。

2. 仲裁庭的组成

仲裁庭可以由3名仲裁员或者1名仲裁员组成。仲裁法规定当事人约定由3名仲裁员组成仲裁庭的，应当各自选定或者各自委托仲裁委员会主任指定一名仲裁员，第三名仲裁员应当由当事人共同选定或者共同委托仲裁委员会主任指定，第三名仲裁员是首席仲裁员。当事人为三方或三方以上的，约定由3名仲裁员组成仲裁庭的，当事人应当共同选定3名仲裁员，并选定其中1名为首席仲裁员；或者共同委托仲裁委员会主任指定2名仲裁员和首席仲裁员。

《仲裁法》规定，当事人约定由1名仲裁员组成仲裁庭的，应当由当事人共同选定或者共同委托仲裁委员会主任指定仲裁员。当事人没有在仲裁规则规定的期限内约定仲裁庭的组成形式或者选定仲裁员的，由仲裁委员会主任指定。仲裁庭组成之后，仲裁委员会应当将仲裁庭的组成情况书面通知当事人。

3. 开庭和裁决

《仲裁法》规定，仲裁应当开庭进行。当事人协议不开庭的，仲裁庭可以根据仲裁申请书、答辩书以及其他材料做出裁决。当事人协议公开开庭的，可以公开开庭，但案件涉及国家秘密的，仲裁庭不得公开开庭。

申请人可以放弃或者变更仲裁请求，被申请人可以承认或者反驳仲裁请求，有权提出反请求。

仲裁庭通常按照下列顺序进行开庭调查：当事人陈述；告知证人的权利、义务，证人作证，宣读未到庭的证人证言；出示物证、书证和视听资料；宣读勘验笔录；宣读鉴定结论。

裁决应当按照多数仲裁员的意见做出，少数仲裁员的不同意见可以记入笔录。仲裁庭不能形成多数意见时，裁决应当按照首席仲裁员的意见做出。独任仲裁庭仲裁案件的裁决按照独任仲裁员的意见做出。裁决书自做出之日起即具有法律效力。仲裁庭仲裁纠纷时，其中一部分事实已经清楚，可以就该部分先行裁决。

4. 仲裁中的和解与调解

《仲裁法》规定，当事人申请仲裁后，可以自行和解。达成和解协议的，可以请求仲裁庭根据和解协议做出裁决书，也可以撤回仲裁申请。当事人自愿调解的，仲裁庭应当调解。调解不成的应当及时裁决。调解达成协议的，仲裁庭应当制作调解书或者根据协议的结果制作裁决书。调解书与裁决书具有同等法律效力。调解书经双方当事人签收后，即发生法律效力。

仲裁裁决的撤销

1．撤销仲裁裁决的概念

撤销仲裁裁决是指对符合法定应予撤销情形的仲裁裁决，经由当事人提出申请，人民法院组成合议庭审查核实，裁定撤销仲裁裁决的行为。这是对仲裁的司法监督。其含义是：

第一，撤销仲裁裁决是法院的职权；

第二，法院不能主动撤销，必须由当事人提出撤销仲裁裁决的申请；

第三，仲裁裁决有法律规定的应予撤销的情形；

第四，法院必须对当事人的申请进行审查，才能做出撤销行为。

2．申请撤销仲裁裁决的条件和理由

（1）申请撤销仲裁裁决的条件：申请撤销仲裁裁决，必须符合以下条件：

提出申请的主体必须是当事人；必须向仲裁委员会所在地的中级人民法院提出申请；应当自收到裁决书之日起 6 个月内提出申请；必须有证据证明裁决有法律规定的应予撤销的情形。

（2）申请撤销仲裁裁决的理由。根据《仲裁法》的规定，申请撤销仲裁裁决，必须符合以下理由之一：没有仲裁协议；仲裁的事项不属于仲裁协议的范围或者仲裁委员会无权仲裁；仲裁庭的组成或者仲裁的程序违反法定程序；裁决所依据的证据是伪造的；对方当事人隐瞒了足以影响公正裁决的证据；仲裁员在仲裁该案时有索贿受贿、徇私舞弊、枉法裁决行为；仲裁裁决违背社会公共利益。

（3）申请撤销裁决的结果。法院受理撤销仲裁裁决的申请后，经审查核实当事人提出申请所依据的理由成立的，应当在 2 个月内裁定撤销该裁决。仲裁裁决被法院依法撤销后，当事人之间的纠纷并未解决，要想通过仲裁方式解决其纠纷，必须重新签订仲裁协议，根据新的仲裁协议再申请仲裁。若当事人达不成新的仲裁协议，或者不愿通过仲裁来解决纠纷，则任何一方当事人都可以向人民法院起诉。

仲裁裁决的执行

1. 执行的概念

仲裁裁决的执行，即仲裁裁决的强制执行，是指人民法院经当事人的申请，采取强制性措施使裁决书的内容得以实现的行为和过程。

2. 执行的条件

人民法院执行仲裁裁决，应当具备以下条件：必须有胜诉方当事人的申请。裁决做出后，一方当事人不履行，另一方当事人须向人民法院提出执行的申请，人民法院才会予以执行。申请执行的期限，双方或者一方是公民的为1年；双方是法人或者其他组织的为6个月。当事人必须向有管辖权的法院提出申请。当事人申请执行仲裁裁决，须向有管辖权的人民法院提出。根据《仲裁法》的规定，仲裁裁决由被执行人住所地或者被执行财产所在地人民法院执行。

3. 仲裁裁决的不予执行

根据《民事诉讼法》和《仲裁法》的规定，被申请人提出证据证明有下列情形之一的，经人民法院合议庭审查核实后，裁定不予执行：

（1）当事人在合同中没有仲裁条款或事后没有达成仲裁协议的；

（2）裁决的事项不属于仲裁协议的范围或者仲裁机构无权仲裁的；

（3）仲裁庭的组成或者仲裁的程序违反法定程序的；

（4）认定事实的主要证据不足的；

（5）适用法律确有错误的；

（6）仲裁员在仲裁该案件时有索贿受贿、徇私舞弊、枉法裁决行为的。

涉外仲裁

涉外仲裁是指由中国国际经济贸易仲裁委员会和中国海事仲裁委员会根据中、外当事人之间产生的国际或涉外的契约性或非契约性的经济贸易争议、运输和海事争议达成的仲裁协议进行的仲裁。

按照《民事诉讼法》及《仲裁法》的有关规定，对中国的涉外仲裁机构的裁决，一方当事人不履行的，对方当事人可以申请被申请人住所地或者财产所在地的中级人民法院执行。申请人向人民法院申请执行中国的涉外仲裁机构的裁决，必须提出书面申请，并附裁决书正本。如果申请人为外国一方当事人，其申请书须用中文文本提出。

依照我国《民事诉讼法》和《仲裁法》的规定，我国涉外仲裁机构做出的仲裁裁决，当事人请求执行的，如果被执行人或者其财产不在中国领域内，应当由当事人直接向有管辖权的外国法院申请承认和执行。

按照我国《民事诉讼法》规定：国外仲裁机构的裁决需要我国人民法院承认和执行的，应当由当事人直接向被执行人住所地或者其财产所在地的中级人民法院申请，人民法院应当依照我国缔结或者参加的国际条约或者按照互惠原则办理。

劳动争议仲裁

1. 概念

（1）劳动争议的概念

劳动争议是指劳动关系当事人之间因订立、履行、解除劳动合同及其他与劳动行为有关的劳动权利和义务方面的纠纷。用人单位与劳动者发生劳动争议，当事人可以依法申请调解、仲裁、提起诉讼，也可以协商解决。

（2）劳动争议仲裁的概念

劳动争议仲裁是依法设立的仲裁机构在当事人及有关人员参与下，依照法定程序解决劳动争议的活动。

（3）现行法律法规与规章

关于劳动争议处理的现行法律法规主要有：

1994 年 7 月 5 日第八届全国人民代表大会常务委员会第八次会议通过的《中华人民共和国劳动法》（以下简称《劳动法》）。1993 年 6 月 11 日，国务院发布的《中华人民共和国企业劳动争议处理条例》（以下简称《企业劳动争议处理条例》）以及国务院有关部委发布的规章。

2. 劳动争议仲裁的适用范围

《企业劳动争议处理条例》规定：本条例适用于中华人民共和国境内的企业与职工之间的下列劳动争议：

（1）因企业开除、除名、辞退职工和职工辞职、自动离职发生的争议；

（2）因执行国家有关工资、保险、福利、培训、劳动保护的规定发生的争议；

（3）因履行劳动合同发生的争议；

（4）法律法规规定应当依照本条例处理的其他劳动争议。

3. 处理劳动争议的原则

（1）着重调解，及时处理；

（2）在查清事实的基础上，依法处理；

（3）当事人在适用法律上一律平等。

4. 劳动争议的解决途径

劳动争议发生后，当事人可以采取的解决方式有：

（1）自行协商解决。

（2）调解解决。不愿协商或者协商不成的，可以向本企业劳动争议调解委员会申请调解。

（3）调解不成的，可以向劳动争议仲裁委员会申请仲裁。

（4）当事人也可以直接向劳动争议仲裁委员会申请仲裁。

（5）对仲裁裁决不服的，可以向人民法院起诉。

5. 企业调解

企业可以设立劳动争议调解委员会负责调解本企业发生的劳动争议调解，调解委员会由职工代表、企业代表、企业工会代表组成。职工代表由职工代表大会（或者职工大会，下同）推举产生；企业代表由厂长（经理）指定；企业工会代表由企业工会委员会指定。调解委员会组成人员的具体人数由职工代表大会提出并与厂长（经理）协商确定，企业代表的人数不得超过调解委员会成员总额的1/3。

调解委员会调解劳动争议，应当自当事人申请调解之日起30日内结束；到期未结束的，视为调解不成。

调解委员会调解劳动争议应当遵循当事人双方自愿原则，经调解达成协议的，制作调解协议书，双方当事人应当自觉履行；调解不成的，当事人在规定的期限内，可以向劳动争议仲裁委员会申请仲裁。

6. 仲裁

（1）劳动争议仲裁委员会

劳动争议仲裁委员会设在县、市、市辖区。仲裁委员会由劳动行政主管部门的代表、工会的代表、政府指定的经济综合管理部门的代表三方面的人员组成。仲裁委员会组成人员必须是单数，主任由劳动行政主管部门的负责人担任。仲裁委员会可以聘任劳动行政主管部门或者政府其他有关部门的人员、工会工作者、专家学者和律师为专职的或者兼职的仲裁员。

劳动行政主管部门的劳动争议处理机构为仲裁委员会的办事机构，负责办理仲裁委员会的日常事务。

仲裁委员会处理劳动争议，实行仲裁员、仲裁庭制度。仲裁委员会实行少数服从多数的原则。

（2）仲裁庭

仲裁委员会处理劳动争议，应当组成仲裁庭。仲裁庭由3名仲裁员组成。简单劳动争议案件，仲裁委员会可以指定一名仲裁员处理。

仲裁庭对重大的或者疑难的劳动争议案件的处理，可以提交仲裁委员会讨论决定；仲裁委员会的决定，仲裁庭必须执行。

仲裁委员会组成人员或者仲裁员有下列情形之一的，应当回避，当事人有权以口头或者书面方式申请其回避：

①是劳动争议当事人或者是当事人近亲属的；

②与劳动争议有利害关系的；

③与劳动争议当事人有其他关系，可能影响公正仲裁的。

（3）当事人和仲裁参与人

当事人可以委托一至二名律师或者其他人代理参加仲裁活动。委托他人参加仲裁活动，必须向仲裁委员会提交有委托人签名或者盖章的委托书，委托书应当明确委托事项和权限。

民事行为能力的和限制民事行为能力的职工或者死亡的职工，可以由其法定代理人代为参加仲裁活动；没有法定代理人的，由仲裁委员会为其指定代理人代为参加仲裁活动。

当事人双方可以自行和解。

与劳动争议案件的处理结果有利害关系的第三人，可以申请参加仲裁活动或者由仲裁委员会通知其参加仲裁活动。

（4）申请仲裁的时效

当事人应当从知道或者应当知道其权利被侵害之日起6个月内，以书面形式向仲裁委员会申请仲裁。

当事人因不可抗力或者有其他正当理由超过前款规定的申请仲裁时效的，仲裁委员会应当受理。

（5）仲裁申请

当事人向仲裁委员会申请仲裁，应当提交申诉书，并按照被诉人数提交副本。申诉书应当载明下列事项：

①职工当事人的姓名、职业、住址和工作单位；企业的名称、地址和法定代表人的姓名、职务。

②仲裁请求和所根据的事实和理由。

③证据、证人的姓名和住址。

（6）受理

仲裁委员会应当自收到申诉书之日起7日内做出受理或者不予受理的决定。仲裁委员会决定受理的，应当自做出决定之日起7日内将申诉书的副本送达被诉人，并组成仲裁庭；决定不予受理的，应当说明理由。

被诉人应当自收到申诉书副本之日起15日内提交答辩书和有关证据。被诉人没有按时提交或者不提交答辩书的，不影响案件的审理。

仲裁委员会有权要求当事人提供或者补充证据。

（7）审理前的准备

仲裁庭应当于开庭的4日前，将开庭时间、地点的书面通知送达当事人。当事人接到书面通知，无正当理由拒不到庭或者未经仲裁庭同意中途退庭的，对申诉人按照撤诉处理，对被诉人可以缺席裁决。

（8）调解和仲裁

仲裁庭处理劳动争议应当先行调解，在查明事实的基础上促使当事人双方自愿达成协议。协议内容不得违反法律法规。

调解达成协议的，仲裁庭应当根据协议内容制作调解书，调解书自送达之日起具有法律效力。

调解未达成协议或者调解书送达前当事人反悔的，仲裁庭应当及时裁决。

仲裁庭裁决劳动争议案件，实行少数服从多数的原则。不同意见必须如实笔录。

仲裁庭做出裁决后，应当制作裁决书，送达双方当事人。

仲裁庭处理劳动争议，应当自组成仲裁庭之日起60日内结束。案情复杂需要延期的，经报仲裁委员会批准，可以适当延期，但是延长的期限不得超过30日。

仲裁委员会在处理劳动争议时，有权向有关单位查阅与案件有关的档案、资料和其他证明材料，并有权向知情人调查，有关单位和个人不得拒绝。

仲裁委员会及其工作人员对调查劳动争议案件中涉及的秘密和个人隐私应当保密。

7. 仲裁裁决的效力和执行

当事人对仲裁裁决不服的，自收到裁决书之日起15日内，可以向人民法院起诉；期满不起诉的，裁决书即发生法律效力。

当事人对发生法律效力的调解书和裁决书，应当依照规定的期限履行。一方当事人逾期不履行的，另一方当事人可以申请人民法院强制执行。